障害児保育

鶴 宏史 編著

晃洋書房

はしがき

　「障害児保育」が保育士養成課程の必修科目に位置付けられてから20年近くが経過した（2001年厚生省告示第198号）．この間，障害のある子どもに関わる制度・政策は大きく変わると共に，保育士や幼稚園教諭などの保育者が障害のある子どもに対応する機会が増加している．
　本書は，国が示す保育士養成カリキュラム（通知「指定保育士養成施設の指定及び運営の基準について」（平成15年雇児発第1209001号）に示される教科目の教授内容）[1]に準拠し，学生が保育者に必要な専門職としての価値・倫理，知識，技術の基本を理解し習得することを目指したテキストである．同時に，保育士養成カリキュラムにはない項目も追加し，現職の保育者が障害児保育を学べるような構成をとっており，保育士等キャリアアップ研修「障害児保育」のテキストとしても使用できる．
　本書は，全8部31章から構成される．
　第Ⅰ部では，障害児保育の基本について学ぶ．第1章では，ICF（生活機能分類），医学的診断基準，法律，さらには「気になる子ども」，障害当事者の視点から「障害」が何かについて概観する．第2章では，ノーマライゼーションやインクルージョンなどの障害児保育の理念を取り上げ，その歴史的経緯や特徴を述べる．第3章では，障害児保育の対象と保育形態，そして障害児保育が実施される施設・学校の特徴や現状についてふれる．
　第Ⅱ部では，いくつかの障害の特徴と基本的援助方法について学ぶ．第1章では，子ども理解の基本となる「発達」をどのような視点から捉えるのかを提示する．第2章からは，肢体不自由，視覚障害，聴覚障害，自閉スペクトラム症，ADHD，LD，重症心身障害の特徴や診断基準を解説し，事例を通して基本的な援助方法と留意点を論じる．第8章では，障害児が併発しやすい疾病の概要と保育者の留意点について解説する．
　第Ⅲ部では，保育所や幼稚園などで障害児保育を展開する際の基本について学ぶ．第1章と第2章では，指導計画，記録，評価の方法について解説し，個別の支援計画の作成の方法や過程，留意点について述べる．第3章から第5章にかけては，障害のある子どもの遊びと生活を支えるための保育者の援助と環境構成のあり方と，子ども同士の育ち合いを支えるための視点と保育者の役割について論じる．第6章では，職員間の協働をすすめる方法の1つとしてのカンファレンスについて事例を交えて解説する．
　第Ⅳ部では，障害のある子どものいる家庭との連携とその家族への支援のあり方について学ぶ．第1章では，障害のある子どもの親の抱えるダブル・バインドと障害受容研究，家族の感情表出研究を解説する．さらに障害のある子どものきょうだい支援及び家族からの自立についてふれる．第2章では，家族を支援するための社会資源と，家族へのアプローチ方法について概観する．
　第Ⅴ部では，障害児保育を実施する保育所などが連携する関係機関や連携の方法について

学ぶ．第1章では，関係機関との連携の留意点を説明し，代表的な連携先の機関や施設内連携のあり方について解説する．第2章では，障害のある子どもに関わる小学校就学の制度を解説し，そして，就学に対する保護者の思いに関する研究を概観する．これらを踏まえ，小学校との連携の上での課題と連携の方法について論じる．

　第Ⅵ部では，障害児保育と子育て支援に有用な援助理論を学ぶ．第1章から第4章にかけて，インリアルアプローチ，応用行動分析，感覚統合，ソーシャルワークについての理論，基礎的な技術・技法を解説した上で，事例を通して具体的な理解を図る．

　第Ⅶ部では，障害児保育の歴史，障害児保育に関連する制度等の現状と課題について学ぶ．第1章では，明治時代から現在の特別支援教育までの歴史を，教育や保育に関する制度や実践者を含めて概観する．第2章と第3章では，障害のある子どもに関わる医療，保健，福祉，教育の現状と課題を，制度・政策の動向やデータを踏まえて解説する．

　第Ⅷ部では，近年大きな社会的関心を集めている出生前診断テーマにいくつかの演習課題を通して考える．出生前診断に焦点を当てるのは，本診断が「障害」と不可分なものとして報道・議論されることが少なくないことによる．

　本書を通して，学生や保育者が障害児保育についての学びを深めることを心から願う次第である．

編者　鶴　宏史

注
1）保育士養成カリキュラムは見直しが行われ，今後，教授内容が変更される予定である．その内容は，保育士養成課程等検討会「保育士養成課程等の見直しについて～より実践力のある保育士の養成に向けて～（検討の整理）」（2017年12月4日）などで示されているが，本書はその内容も踏まえている．

目　次

はしがき

第Ⅰ部　障害児保育の基本

第1章　「障害」の概念 …………………………………………………………… 2

第2章　障害児保育の理念 ………………………………………………………… 10

第3章　障害児保育の対象と障害児保育の場 …………………………………… 16

第Ⅱ部　障害の理解と保育における発達の援助

第1章　発達の理解 ………………………………………………………………… 24
　　　　　──乳幼児期の発達の概要と発達検査の見方──

第2章　肢体不自由児の理解と援助 ……………………………………………… 34

第3章　視覚障害児の理解と援助 ………………………………………………… 49

第4章　聴覚障害児の理解と援助 ………………………………………………… 56

第5章　知的障害児の理解と援助 ………………………………………………… 65

第6章　発達障害児の理解と援助①（自閉スペクトラム症）………………… 78

第7章　発達障害児の理解と援助②（ADHD・LD）…………………………… 91

第8章　重症心身障害児の理解と援助 …………………………………………… 100

第9章　併発しやすい疾病 ………………………………………………………… 112

第Ⅲ部　障害児保育の実際

第1章　全体的な計画に基づく指導計画の作成と記録及び評価 …………… 118

第2章　個別の支援計画の作成 ……………………………………………… 126

第3章　遊びの援助と環境構成 ……………………………………………… 134

第4章　生活の援助と環境構成 ……………………………………………… 145

第5章　子ども同士の関わりと育ち合い …………………………………… 154

第6章　職員間の協働 ………………………………………………………… 161

第Ⅳ部　家庭との連携及び支援

第1章　保護者や家族の理解 ………………………………………………… 168

第2章　保護者や家族に対する支援 ………………………………………… 175

第Ⅴ部　関係機関との連携

第1章　地域の専門機関等との連携 ………………………………………… 184

第2章　小学校等との連携 …………………………………………………… 192

第Ⅵ部　障害児保育及び子育て支援の基盤となる援助理論・技法

第1章　インリアル・アプローチ …………………………………………… 200

第2章　応用行動分析 ………………………………………………………… 211

第3章　感覚統合 …………………………………………………………… 222

第4章　ソーシャルワーク ………………………………………………… 228

第Ⅶ部　障害児保育の歴史と現状・課題

第1章　障害児保育の歴史的変遷 ………………………………………… 238

第2章　保健・医療における現状と課題 ………………………………… 246

第3章　福祉・教育における現状と課題 ………………………………… 249

第Ⅷ部　保育者の倫理と子どもの尊厳

第1章　出生前診断 ………………………………………………………… 256

第2章　出生前診断の現実的課題 ………………………………………… 260

索　　引　（265）

第 I 部
障害児保育の基本

　第I部では，障害児保育の基本について学ぶ．第1章では，ICF（生活機能分類），医学的診断基準，法律の視点から「障害」が何かについて概観する．さらに，「気になる子ども」，障害当事者の視点から障害について論じる．第2章では，障害児保育の理念としてノーマライゼーション，インテグレーション，インクルージョンを取り上げ，その歴史的経緯や特徴を述べる．第3章では，障害児保育の対象と保育形態，そして障害児保育が実施される保育所，幼稚園・こども園，特別支援学校幼稚部，障害児通所支援・入所支援の特徴や現状についてふれる．

第1章

「障害」の概念

第1節　ICF（国際生活機能分類）による「障害」

　「障害」の概念としては，国際的な分類を表すものとしてWHO（World Health Organization：世界保健機関）が2001年に提唱したICF（International Classification of Functioning, Disability and Health：国際生活機能分類）がある．WHOは1980年に最初の障害の概念として，ICIDH（国際障害分類）を提唱した．ICIDHは，障害のマイナス面を分類するという考え方が中心であるのに対し，ICFは生活機能というプラス面からみるように視点を転換し，さらに環境因子などの観点を加えていることが特徴である．ICFは，人の生活機能と障害について，「心身機能・身体構造」，「活動」，「参加」の3つの次元と，それらに影響を及ぼすものとして「個人因子」，「環境因子」の2つの背景因子と「健康状態」があるとしている［World Health Organization 2001：17］（図1-1）．日本語では障害を一括りにされてしまいがちだが，「障害」とは多様である．

　ICFにおける障害は，生活機能がマイナスに促進していることを意味する．例えば，車椅子を使用する身体障害者が歩道橋の階段に阻まれ，道路の反対側に渡れずスーパーへ買い物に行けない，電車に乗れないなどの生活機能に支障が生じる．この場合の障害は，動かない足，あるいは歩道橋の階段を思い浮かべる人が多いだろう．しかし，他にも手伝う人がいない，そもそも障害者が渡ることを考えずに歩道橋を作る社会の価値観，考え方なども障害と捉えることができる．ICFに照らし合わせると，「動かない足」が「心身機能・身体構造」で，そのため階段を上がることができないという「活動」の限定につながる．「活動」ができないことで，買い物をする，友だちと遊びにいくという「社会参加」が制限される．しかし，歩道橋にエレベータやスロープがあるという物理的環境や，声をかければ支援する人がいるという人的環境，障害者に優しい街づくりなどの社会的環境があれば，活動が補われ社会参加が可能になる．つまり，障害とは本人が持っているのではなく，「人」と「環境」との相互作用の中で生じる，生活上の困難，生きづらさを意味する．

　私たちは，「心身機能・身体構造」や「活動」だけで，障害の重さや軽さを考えてしまいがちだが，物理的環境，人的環境，社会的環境などどのような環境で暮らしているかを踏まえ，生きづらさとしての障害を捉える必要がある．

　生活上の困難，生きづらさを抱えていたら誰しもが障害者といえばそうではない．生活に

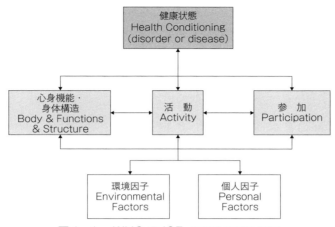

図1-1　WHOのICF（国際生活機能分類）

（出所）World Health Organization [2001：17].

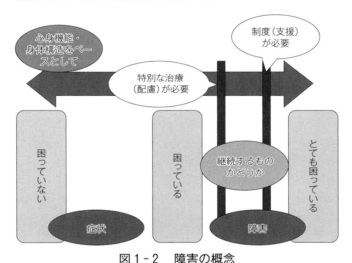

図1-2　障害の概念

（出所）筆者作成.

困っていても，それが一時的であったり，何かで補うことができたりする場合は障害にはならない．けがをして歩けないとしてもいずれ回復する場合や，眼鏡やコンタクトレンズで補うことができれば障害にはならない．また，コミュニケーションが難しいという「傾向」があっても，特別な配慮や何らかの支援が必要でなければ，「症状」であって障害にはならない（図1-2）．

このように障害は社会の中で規定される概念であり，時代や場所，周囲の環境に左右される．社会が変われば，障害を問い直すことも必要である［松井 2011：1-24］．

第2節　環境で異なる障害

保育者は子どもに障害があると考えているのに，保護者が子どもの障害を理解していない

ため，加配をつけることができず対応に苦慮すると感じることがある．一方で，保護者は子どもに障害があるのではなく，保育者が未熟なため対応できていないと不満を抱くことがある．なぜこのようなすれ違いが生じるのだろうか．

家庭と保育所では，子どもの置かれている環境が異なるので，生きづらさが違って当たり前である．家庭では子どもに合わせた個別的環境を準備しやすいため，障害特性に起因する行動が表出されない．しかし，集団生活の場である保育や教育現場などでは十分な配慮がない場合，障害特性が表出し「困った行動」になる．双方に障害は固定的なものではなく，環境によって変化するものだと認識し，子どもが直面している生きづらさについて相互理解を求め，適応できる環境を準備するため話し合うことが大切である．

広い視点で障害を理解することは，保育士と保護者にとどまらず，他職種と連携する上でも大切である．医療や看護の領域では治療が大きな目標であり，治療すべき「病気」の部分を中心に障害を診ていることが多い．教育や保育の領域は，発達的視点，運動や認知，社会性といった学習，つまり「活動」を中心に障害を捉える．社会福祉領域では，福祉サービスの利用が必要か社会参加の視点で考えることが大切である．このように他職種と連携する時には，ICFのどこを軸にアプローチしているのかを意識する必要がある．

第3節　医学上の障害

ICFの中の「健康状態／疾病」及び「心身機能や身体構造」，つまり病気や症状の分類や診断基準について触れる．

1　診断基準というものさし

疾病を分類する基準にWHOが作成したICDがある．病気，変調，傷害などの健康状態は主にICD-10（国際疾病分類第10版）によって分類されている．ICDとICFは補完関係にあり，病気，変調やその他の健康状態の「診断」を提供する．ICD-10は22章まであり，疾病ごとにわかれている．5章が「精神および行動の障害」で，F0～99のコードで精神障害や知的障害，発達障害などが分類されている［World Health Organization 1992］．

同じように精神疾患を診断し，分類するものにDSM-5がある．DSM-5は，アメリカ精神医学会が発表している精神疾患を診断し，研究や治療のための診断カテゴリーであり，2013年5月に13年ぶりにDSM-Ⅳ-TRから改訂され，名称や診断基準の変更および統合があった．例えば，アスペルガー症候群や広汎性発達障害といった名称は，自閉スペクトラム症／自閉症スペクトラム障害に統合され，新たにコミュニケーション症群／コミュニケーション障害群ができた．また，自閉スペクトラム症の診断基準も変更され，DSM-Ⅳ-TRにはなかった新たな診断基準，つまり障害特性が加わった［Frances 2013］．このように，精神疾患の分類は研究の進展によって変化する．

近年，発達障害の診断を受ける人が増えている．これは，発達障害者が増加していること

も考えられるが，社会的関心の変化による児童精神科に対する需要の増加であり，診断を受けることによって利用可能となるサービスが量的にも質的にも大きく変化したとも考えられる［田中 2009：8-11］．

2 診断でみるところ

「疾病」によって診断の概念は異なる．例えば，ダウン症候群は21番目の染色体が1本多いことから引き起こされる．それによって，身体的特徴，合併症や知的能力障害が生じる［玉井 2016：4-5］．一方で，知的能力障害は知的検査による知的機能と適応機能や日常生活活動の機能の面で診断される．知的障害が引き起こされる原因は，ダウン症候群などの染色体の異常や中毒など様々である．原因が明確な疾病については診断が可能になる場合が多いが，適応や行動から判断される場合，発達の個人差や経験値，視る側の経験からくる主観，時代や文化などに左右されるため確定診断は難しい．例えば，ICD-10では，軽度の知的障害はIQ50～69と定義されている．IQ69とIQ70では「障害」か「障害ではない」といった診断上大きな違いが生じるが，臨床像に大きな違いはないだろう．症状もまた連続しており，「障害」か「障害ではない」に線を引くのは難しい．

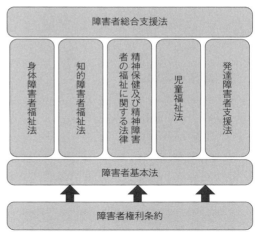

図1-3　障害福祉に関する法律体系
（出所）筆者作成．

第4節　法律上の障害

日本の社会福祉や児童福祉の法律では，その法律が対象とする障害が定義されている．障害児者の福祉の中核を成す法律は，基本原則を定め施策の基本となる「障害者基本法」，それぞれの障害等に対応した各法律，そして障害福祉サービスを規定している「障害者総合支援法」で構成され，その他関連する法律がある（図1-3）．

1 障害者権利条約

日本は，2014年1月に障害者の権利に関する条約に批准した．条約とは国際的な規約であり，条約に批准するということは障害児者に関する国内の環境を国際的な水準に高めるという意味をもつ．権利条約において障害者の定義は以下の内容である［外務省 2016］．

> 障害者には，長期的な身体的，精神的，知的又は感覚的な機能障害であって，様々な障壁との相互作用により他の者との平等を基礎として社会に完全かつ効果的に参加することを妨げ得るものを有する者を含む．

この条約の批准に伴い障害者福祉の法整備がなされ，障害者基本法の「障害」定義が改正された．

2　障害者基本法

障害者福祉の基本原則を定め，施策の基本となる「障害者基本法」では，障害を次のように定義している［厚生労働省 2017］．

> 身体障害，知的障害，精神障害（発達障害を含む．）その他の心身の機能の障害がある者であって，障害及び社会的障壁により継続的に日常生活又は社会生活に相当な制限を受ける状態にあるもの

ここでいう，社会的障壁とは「障害がある者にとつて日常生活又は社会生活を営む上で障壁となるような社会における事物，制度，慣行，観念その他一切のものをいう」とされている．

3　各法律による障害定義

1）身体障害者福祉法

身体障害者福祉法における身体障害の定義は，「身体障害者障害程度等級表に掲げる身体上の障害がある18歳以上の者であって，都道府県知事から手帳の交付を受けたもの」であり，「視覚障害」，「聴覚障害」，「平衡機能障害」，「音声・言語・そしゃく機能障害」，「肢体不自由」，「内部障害」の6つがある．1～7級の等級まであるが，身体障害者手帳が交付されるのは6級までである．

2）知的障害者福祉法

知的障害者福祉法には，知的障害の定義はなく，身体障害のように法律上定められた手帳がない．そのため，通知によって療育手帳制度要綱に沿い都道府県または指定都市ごとに手帳が運用されている．自治体で手帳の名前を変えてもよいことになっており，多くの自治体では「療育手帳」が使われている．療育手帳は級ではなく，A，Bの判定が一般的で，中程度の判定を加える場合はA，B1，B2といった判定が用いられている［厚生労働省 2017］．

3）精神保健及び精神障害者福祉法

「精神保健及び精神障害者の福祉に関する法律」における精神障害の定義は，「統合失調症，精神作用物質による急性中毒またはその依存症，知的障害，その他の精神疾患を有する者」とされている．2022年に法律が改正され，定義から「精神病質」の言葉が削除された．知的障害を除いた精神障害者に対して精神障害者保健福祉手帳が交付されており，手帳の有効期限は2年で，1～3級がある．

4）発達障害者支援法

発達障害者支援法における「発達障害」とは，「自閉症，アスペルガー症候群その他の広汎性発達障害，学習障害，注意欠陥多動性障害その他これに類する脳機能の障害であってその症状が通常低年齢において発現するもの」と定められている．発達障害だけを対象とした

手帳はないが，症状や重複する障害，その他のニーズによって精神障害者保健福祉手帳あるいは療育手帳を交付する自治体もある．

5）障害者総合支援法

障害者総合支援法は，障害児者への福祉サービスを規定する法律である．知的障害，身体障害，精神障害といった障害種別で利用できるサービスが決まるのではなく，標準的な支援の度合を総合的に示す障害支援区分によって利用できるサービスが決められる．障害支援区分は区分1から区分6まであり，区分6が最も支援が必要，つまり障害の程度が重いことを意味する．その認定は，市町村に申請し，80項目の訪問調査の結果をコンピューター入力して出された結果を（1次審査），有識者が集まる障害認定審査会（2次審査）で確認して決められる．障害支援区分と各法に基づく手帳の級や判定は異なるものである．

2012年に障害者総合支援法の前身である障害者自立支援法制定時に「発達障害」が，2014年には障害者基本法の定義の改正の影響を受け「難病等」が加わった．

第5節　保育現場における「気になる子ども」

保育現場では，「気になる子ども」という表現が用いられる場合がある．「気になる子ども」とはどのような子どもだろうか．「気になる子ども」という表現が頻繁に使われるようになったのは1990年代頃からである．「気になる子ども」は保育者の子ども観によるところも大きいが，概ね「発達障害が疑われる子ども」や「発達に限らないが気がかりが児自身にある子ども」と「親の不適切なかかわりがある子ども」にわけることができる［大河内 2014：1-8］．「発達障害が疑われる子ども」については，診断書を作成し診療するのが医師の独占業務であるため，保育者の見立てで発達障害と確定診断することはできないので，診断はないものの発達障害児と同様の行動特性や遅れがある場合，「気になる子ども」という表現を用いることになる．

一方で，「気になる子ども」という表現は，保育者の保育技術の未熟さを子どもの障害，子ども自身の問題に置き換える「合理化」にもなりうるため，慎重に用いなければならない．「気になる子ども」に出会った時は，「気になる子ども」のままにするのではなく，他の職員や他職種と連携し子どもを多角的に捉え，気になる原因を明らかにする必要がある．

第6節　障害当事者

障害当事者は，自身の障害をどのように考えているのだろうか．

1970年代，障害者運動を牽引してきた脳性麻痺者の横塚晃一は，健全者と脳性麻痺者とは明らかに肉体的に違いがあるので，人間観，社会観，生活環境や見える風景は健全者と別だと考えた．そして，健全者を目標とし，自分もいつの間にか健全者になったつもりで全てを思考し発言する考えを「健全者思想」と言い，その思想と戦い続けなければならないと述べ

た［横塚 2007］．このような考え方に影響を受け，障害の「差異」にこだわった活動に，身体障害者による劇団「態変」や障害者プロレス「ドッグレッグス」がある．

視覚障害者の倉本智明は，「障害者」とされている人間が障害者でなくなったり，逆に「健常者」とされている人間が「障害者」になる可能性もあると障害の普遍性を述べている［倉本 2006］．また，自己免疫疾患の難病患者である大野更紗は，難病になったことで「あたりまえのこと，どうってことない動作，無意識にできていたこと，『普通』がとんでもなく大変」で，自分のことを「困っているひと」と言い，障害の困難性に着目した［大野 2011］．

身体障害者だけでなく最近では，自閉スペクトラム症本人による積極的な発信がなされている．ドナ・ウィリアムズ（Williams, D）は自叙伝『自閉症だった私へ』で，自閉スペクトラム症の特徴を「わたしの世界」として解説し，自閉症研究に大きな影響を与えた［Williams 1992］．同じく自閉症スペクトラム障害で会話が難しい東田直樹は，執筆活動を通し自らの障害について積極的に発信している．その中で，東田は「普通の人から見れば，障害者は気の毒でかわいそうな存在に見えるのでしょう．ところが，普通の人をうらやましいと思う反面，障害者である自分しか知らない僕にとっては，今の毎日が当たり前です．この自閉症という障害も，僕の一部だと受け止めているのです」［東田 2007：124］と述べる．

障害者自身による発信は，特性によって生まれる豊かな世界観を描きだし，文化としての障害を感じることができる．

引用・参考文献

Allen Frances［2013］*Essentials of psychiatric diagnosis, Responding to the challenge of DSM-5*：the Guilford press（大野裕・中川敦夫・柳沢圭子訳『DSM-5 精神疾患診断のエッセンス DSM-5の上手な使い方』金剛出版，2014年）．
Donna Williams［1992］*Nobady Nowhere*（河野万里子訳『自閉症だったわたしへ』新潮社，1993年）．
東田直樹［2012］『自閉症の僕が生きていく風景 風になる』ビッグイシュー日本．
「厚生労働省法令等データベース」厚生労働省HP（http://www.hourei.mhlw.go.jp/hourei/）
倉本智明［2006］『だれか，ふつうを教えてくれ！』理論社．
松井彰彦［2011］「社会の中の障害者──なぜ，「障害」を問い直さなければならないのか？──」松井彰彦・川島聡・長瀬修編『障害を問い直す』東洋経済新報社．
森野百合子・海老島健［2021］「ICD-11における神経発達症群の診断について──ICD-10との相違点から考える──」『精神神経学雑誌』123（4）．
大河内彩子・田高悦子［2014］「「気になる子ども」の概念分析──保険・医療・保育・教育職の認識──」『横浜看護学雑誌』7（1）．
大野更紗［2011］『困っているひと』ポプラ社．
「障害者の権利に関する条約」外務省HP（http://www.mofa.go.jp/mofaj/gaiko/jinken/index_shogaisha.html）
玉井浩「A ダウン症児の特徴と育ちを理解する──2 心身の特徴──」玉井浩編『ダウン症児の学びとコミュニケーション支援ガイド』診断と治療社．
田中哲「医療機関における発達症関係の状態──梅ヶ丘病院での変化──」平成20年度厚生労働省障害者保健福祉推進事業障害者自立支援調査研究プロジェクト『今，発達障害が増えているのか その実態と理由，新たなニーズを探る』社団法人日本発達障害福祉連盟．
World Health Organization［1992］*The ICD-10 Classification of Mental and Behavioral Disorders : Clinical de-*

scriptions and diagnostic guidelines（融道男・中根允文・小見山実他監訳『ICD-10　精神及び行動の障害――臨床記述と診断ガイドライン――』医学書院，1993年）．
World Health Organization［2001］*International Classification of Functioning, Disability and health*（障害者福祉研究会編『ICF 国際生活機能分類――国際障害分類改訂版』中央法規．
横塚晃一［2007］『母よ！殺すな』生活書院．

第2章

障害児保育の理念

第1節　障害児保育の理念

　障害児保育の理念としてノーマライゼーション，インテグレーション，インクルージョンを取り上げる．これら三者の関係について，河東田博は「ノーマライゼーションはインテグレーションやインテグレーションから発展したインクルージョンとの違いを明確にし，ノーマライゼーションは私たちが目指すべき理念，つまりインテグレーションなど様々な方法や手段から定義づけられている概念を超える上位概念として位置づけられてきている．ノーマライゼーションは，対人関係や社会福祉，さらには人間社会全体にかかわる普遍的な概念になってきた」[河東田 2007：298]と整理している．

　後述するように，最初に生まれた理念はノーマライゼーションであるが，それをもとにして，インテグレーションやインクルージョンが生まれた．そして，インテグレーションやインクルージョンは，ノーマライゼーションを具現化し，実践として表している理念であるとともに，これらの理念はノーマライゼーションを発展させているとも考えられる．

第2節　ノーマライゼーション

　「ノーマライゼーション（normalization）」の理念の発端は，1951年にデンマークで結成された知的障害者の「親の会」の運動であった．当時の知的障害者の処遇は，保護主義が強く，隔離的であった．さらに，1500床以上にもなる巨大施設もあり，知的障害児・者を大勢詰め込んでいる状況であった．このような背景があり，「親の会」は社会問題省に様々な要求を盛り込んだ覚書を送る．この時，社会問題省の官僚として「親の会」の要求を法律に反映させようとした人物が，「ノーマライゼーションの生みの父」と呼ばれるバンク＝ミケルセン（Bank-Mikkelsen, N. E.）である．

　ミケルセンによれば，ノーマライゼーションとは，知的障害者を「その障害とともに（障害があっても）受容することであり，彼らにノーマルな生活条件を提供することである．すなわち，最大限に発達できるようにするという目的のために，障害者個人のニードに合わせた処遇，教育，訓練を含めて，他の市民に与えられているのと同じ条件を彼らに提供することを意味している」[Bank-Mikkelsen 1978：邦訳 145]という．このような考えを反映させたのが，

「1959年法（精神遅滞者法）」である．ミケルセンの理念は，障害を持った存在を特別な存在ではなく，我々と同じ人間として理解し，行政的には「特別法から一般法」への統合を図ることを目指したのである．

スウェーデンにおいては1960年代にノーマライゼーションの理念が広まった．これに貢献したのが，ノーマライゼーションの理論化と制度化，具体的目標を提示した「ノーマライゼーションの育ての父」と呼ばれるベンクド＝ニィリエ（Nirje, B.）である．

ニィリエは，ノーマライゼーションの原理を「社会の主流となっている規範や形態にできるだけ近い，日常生活の条件を知的障害者が得られるようにすること」[Nirjie 1969：邦訳 22-23]とした．さらに「ノーマライゼーションの8つの原理」として，以下の8つを示している[Nirjie 1970：邦訳 58-66]．

① ノーマルな一日のリズムを送ること
② ノーマルな一週間のリズムを送ること
③ ノーマルな一年のリズムを送ること
④ 個人のライフサイクルを通してのノーマルな発達的経験をする機会をもつこと
⑤ 知的障害者の選択や願い，要望ができる限り考慮され尊重されなければならない（ノーマルな個人の尊厳と自己決定権）
⑥ 男女が共に住む世界での生活（その文化におけるノーマルな両性の経験）
⑦ ノーマルな経済水準を得ること
⑧ 施設等の物理的設備基準がノーマルであり，一般市民を対象とする施設と同等なものであるべき（その地域におけるノーマルな環境水準）

これらの原理は，人間としての様々な権利を明確に示していたため，世界各国の福祉関係者に注目されるようになった．

その後，ヴォルフェンスベルガー（Wolfensberger, W.）は，ノーマライゼーションをアメリカやカナダで紹介し，ネブラスカ州などで政策に導入し実践した．ヴォルフェンスベルガーは，ノーマライゼーションを「可能なかぎり文化的に通常である身体的な行動や特徴を維持したり，確立するために，可能なかぎり文化的に通常となっている手段を利用すること」[Wolfensberger 1972：邦訳 48]と定義し，障害者が通常に近い生活水準や生活様式だけでなく，標準に近い行動や外見をとることも重視した．

しかし，社会条件とともに行動や外見などもノーマルにしようとすることは，適応主義に陥る可能性や障害者の尊厳を否定しかねないという批判があった．彼はその批判を受け止め，ノーマライゼーションの原理に代わる「ソーシャル・ロール・バロリゼーション（Social Role Valorization：社会的役割の実践）」を提唱した．これは，社会的に低い役割が与えられている障害者などに対して，高い社会的役割を与え，なおかつそれを維持するように能力を高めるように促すことで，社会的意識の改善を目指すものである．

歴史的にみれば，北欧型のノーマライゼーションでは，障害者のノーマルでない生活条件

や社会環境の改善に力点を置く特徴がある．それに対してアメリカのノーマライゼーションの特徴は，個人の能力の向上や社会的イメージの向上を重視する点であろう．

　ノーマライゼーションの理念が国際的に用いられたのは，1971年に国連で採択された「知的障害者の権利宣言」である．その後，「障害者の権利宣言」(1975年) が採択された．1981年には，ノーマライゼーションの実現のために「完全参加と平等」をテーマに国連で「国際障害者年」が定められ，「完全参加と平等」を具体化するため，1982年には「障害者に関する世界行動計画」が採択された．さらには，「児童に関する権利条約」(1989年) や「国連・障害者の十年」(1983～1992年)，「アジア・太平洋障害者の十年」(1993～2002年，2003～2012年に延長) などにおいてもその理念が盛り込まれた．

　また，1993年には国連で「障害者の機会均等化のための標準規則」が採択された．「機会均等化」とは，「社会の仕組みと，サービスや活動，情報，文書といった環境を，全員に，特に障害を持つ人に利用できるようにする過程である」と示されている．これは，機会の平等化や社会参加の促進を目指した環境整備を指す用語で，ノーマライゼーションの理念に近い概念と捉えられる．

　堀正嗣によれば，これまでのノーマライゼーションの定義には，①同化的側面，すなわち，障害者の生活を通常の生活に近づけることと，②異化的側面，すなわち，全ての人々が共に生活できるように社会のあり方を変革することの2つの側面があると指摘する．すなわち「ノーマライゼーションは障害者の通常の社会への同化を一方では目指しつつ，他方，通常の社会を批判しつくり変えようとするのである」[堀 1994：92-93]．

　ノーマライゼーションの理念は，当初は同化的側面が強かった．しかし，徐々に異化的側面が現れてきた．今日では，「いかなる少数派も尊重し，多様性こそを認め合いつつ共生しうる社会，他と異なる独自の価値観や生活様式をもつ少数派であることに互いに誇りをもっていきいきと生きることができる社会を実現することを重要な社会目標に掲げている理念」[定藤 1996：14-15] という，共生の原理として展開されている．

第3節　インテグレーション

　ノーマライゼーションの理念は，排除されていた少数者の人権の尊重や社会への統合という考え方につながる．これが「インテグレーション (integration)」である．インテグレーションは社会の様々な場面で追求されるものであるが，狭義には，学校教育における統合を指す場合が多い．すなわち，障害児と健常児が，通常の学級で学ぶ「統合教育」である．背景には，国際障害者年で謳われている「全ての障害のある児童を通常学級へ」に基づき，日本を含めた各国において，「分離教育」から「統合教育」へ展開していった．

　インテグレーションと同じような考え方に，「メインストリーミング (mainstreaming)」がある．清水貞夫 [2003] によれば，メインストリーミングは，通常教育と障害児教育を可能な限り近接させる試み，ないしは障害児教育を通常教育 (主流＝メインストリーム) に合流さ

せる考え方であり，インテグレーションは，分離した環境にある通常教育と障害児教育を1つにまとめる（統合＝インテグレーションと呼ばれる）考え方であると指摘する．いずれにしても，障害児を健常児と同じ教育環境に置き，共に過ごせるようにする試みと理解される．

こうした流れが一定の効果を生みつつも，場の統合のみが重視され，障害児が通常学級に参加することを求める傾向が強く見られた．個別的な支援のない単なる場の統合は，ダンピング（dunping：統合という名の下の放置）として批判されるようになった．

そのため，1975年のアメリカの全障害児教育法は，「最も制約の少ない環境での教育」という統合教育の追求と，個別の教育計画（IEP）による個別的対応の追求の，両方の側面からの最適化を義務づけた．イギリスでも，1981年の教育法以降，障害種別による分類をなくして，1人1人の子どもの「特別な教育的ニーズ（Special Educational Needs：SEN）」という概念を導入して，統合された環境での適切な教育を目指している．

ただ，障害児と健常児を分けて考える二元論に基づく点や，あくまでも普通教育カリキュラムに障害児がついていくことが前提である点などの問題を残した．これらの批判を受けて，新たな概念として登場したのが「インクルージョン（inclusion）」である．

第4節　インクルージョン

「インクルージョン（inclusion）」は，1980年代以降，アメリカの障害児教育分野で注目されるようになった概念である［直島 2014］．「包含」「包括」と一般的には訳されるが，インテグレーションとの違いは，障害児や健常児といった違いを前提に統合するのではなく，元来，社会の中に障害児や健常児が含まれているという認識である．

1990年代から議論されてきたが，サラマンカ声明を契機にして使用されるようになった［UNESCO 1994］．サラマンカ声明の「前書き」では，インクルージョンの原則について「『万人のための学校』――すべての人を含み，個人主義を尊重し，学習を支援し，個別のニーズに対応する施設に向けた活動の必要性の認識」であるとしている．

そして，「特別なニーズ教育に関する行動の枠組み」において，インクルーシブな学校の基本原則は，「すべての子どもはなんらかの困難さもしくは相違をもっていようと，可能なさいはいつも共に学習すべきである」とし，「様々な学習スタイルや学習の速さについて調整をしながら，また，適切なカリキュラムと，編成上の調整，指導方略，資源の活用，地域社会との協力を通じ，すべての子に対し質の高い教育を保障しながら，生徒の多様なニーズを認識し，それに応じなければならない．そのさい，すべての学校内ででくわす様々な特別のニーズにふさわしい，様々な支援やサービスがなければならない」と示している．また，「特殊学校――もしくは学校内に常設の特殊学級やセクション――に子どもを措置することは，通常の学級内での教育では子どもの教育的ニーズや社会的ニーズに応ずることができない，もしくは，子どもの福祉や他の子どもたちの福祉にとってそれが必要であることが明白に示されている，まれなケースだけに勧められる，例外であるべきである」としている．

これらを受け，松友了は，インクルージョンを「通常の場面における，援助付きの共生戦略」[松友 1997：91]と説明したが，インクルージョンは，子ども1人1人が独自の存在で，それぞれの違いが当然であることを前提にして，全ての子どもを包含する教育システムの中で，個々の特別なニーズに応じた教育や支援を目指すものである．

また，徳永豊［2008］は各国の状況を比較した上で，インクルージョンのポイントとして，①多様な子どもを対象とする（障害児だけでなく，多様な支援を必要とする子どもを含む），②多様な学習の困難から生じる多様なニーズに応じて，適切な学校教育を提供する，③②のために適切なカリキュラム，教授方法の工夫，リソースの利用，地域との連携などで，質の高い教育を提供できるように学校が変化する必要があるの3点を挙げている．

近年では，2006年12月に国連で「障害者権利条約」が採択された．この条約の成立にあたっては，当事者である障害者の意見を重視し，各専門家とともに障害者団体が大きな役割を果たした．"Nothing About Us, Without Us（私たちを抜きに私たちのことを決めるな）"のスローガンがそのことを示している．障害のある人々の平等を実現するために，権利条約では「インクルーシブな（包摂・包含する）社会」の創造を目標に掲げている．この条約ではノーマライゼーションは使用されておらず，インクルージョンが使用されている（該当する条文は，第3条「一般原則」(C)，第19条「自立した生活及び地域社会へのインクルージョン」，第24条「教育」，第27条「労働及び雇用」など）．

また，この条約の第2条では，「合理的配慮」の考え方が示された．合理的配慮とは，「障害者が他の者との平等を基礎として全ての人権及び基本的自由を享有し，又は行使することを確保するための必要かつ適当な変更及び調整であって，特定の場合において必要とされるものであり，かつ，均衡を失した又は過度の負担を課さないものをいう」とされている．つまり，障害者の個々のニーズに応じた，社会的障壁の除去（≒特別な配慮）でかつ，提供者側に過度な負担がないものを意味する．

障害者差別解消法第7条においては，これらに加えて，「障害者から現に社会的障壁の除去を必要としている旨の意思の表明があった場合」という意思の表明が合理的配慮の要件として挙げられている．もちろん，障害者本人の意思表明が困難な場合，その家族，介助者など，支援者が本人を補佐して行う意思の表明も含む．また，子どもに関しては，「幼少期の障害児の意思の表明については，本人の障害の受け止め方・表明のあり方が一様でないと推定されるため――中略――少なくとも幼児期と初等及び中等教育段階では，意思の表明は合理的配慮の発生要件ではないと考えるのが妥当であろう」[清水・西村 2016：47]などの指摘がある．

いずれにしても，合理的配慮が今後，インクルージョンの実現や差別解消のために必要不可欠な考え方であることは間違いない．

以上のように，障害児保育に関する理念は，まずはノーマライゼーションが誕生し，この理念が発展していく中で，インテグレーションの理念が生まれ，そこからさらにインクルー

ジョンの理念が展開した．今後，子ども1人1人の多様性を前提に，全ての子どもを包含する集団や社会の中で，子ども1人1人のニーズに応じた保育を目指すという，インクルージョンの理念に基づく保育の展開が求められる．

引用・参考文献

Bank-Mikkelsen, N. E. [1976] "Normalization", *FLASH on the Danish National Service for the Mentally Retarded* Ⅱ, 39（中園康夫訳「ノーマリゼーション（normalization）の原理」『四国学院大学論集』42, 1978年）.

花村春樹著・訳［1994］『「ノーマリゼーションの父」N・E・バンク-ミケルセン――その生涯と思想――』ミネルヴァ書房.

堀正嗣［1994］障害児教育のパラダイム転換――統合教育への理論研究――』明石書店.

河東田博［2007］「ノーマライゼーション」中村優一・一番ヶ瀬康子・右田紀久恵監修，岡本民夫・田端光美・濱野一郎・古川孝順・宮田和明編『エンサイクロペディア社会福祉学』中央法規.

松友了［1997］「インクルージョン」『リハビリテーション研究』91.

直島正樹［2014］「障害児保育に関する理念と動向」堀智晴・橋本好市・直島正樹『ソーシャルインクルージョンのための障害児保育』ミネルヴァ書房.

内閣府「障害を理由とする差別の解消の推進に関する基本方針（平成27年2月24日閣議決定）」.

Nirje, B. [1969] "The normalization principle and its human management implications." in R. B. Kugel & W. Wolfensberger eds., *Changing Patterns of Residential Services for the Mentally Retarded*. Washington, DC: President's Committee on Mental Retardation（橋本由紀子訳「ノーマライゼーションの原理とその人間的処遇とのかかわり合い」河東田博・橋本由紀子・杉田穏子・和泉とみ代訳編『ノーマライゼーションの原理（新訂版）現代書館, 2004年）.

Nirje, B. [1970] "The Normalization Principle: Implications and comments", *British Journal of Mental Subnormality*, 16（橋本由紀子訳「ノーマライゼーション原理の意味するもの」同上訳書）.

定藤丈弘［1996］「ノーマライゼーション理念の意義と課題」『都市問題研究』48（4）.

「サマランカ声明」. 国立特別支援教育総合研究所HP（http://www.nise.go.jp/blog/2000/05/b1_h060600_01.html）（2018年2月18日閲覧）

清水貞夫［2003］『特別支援教育と障害児教育』かもがわ出版.

清水貞夫・西村修一［2016］『合理的配慮とは何か――通常学級と特別支援教育の課題――』クリエイツかもがわ.

徳永豊［2008］「教育におけるインクルージョンの国際比較（2005年調査）――障害のある子どものインテグレーション，及びインクルージョン――」『世界の特別支援教育』22.

Wolfensberger, W. [1972] *The Principle of Normalization in Human Services*, National Institute on Mental Retardation（中国康夫・清水貞夫訳『ノーマリゼーション――社会福祉サービスの本質――』学苑社, 1982年）.

第3章

障害児保育の対象と障害児保育の場

第1節　障害児保育の対象

1　障害のある子ども

　障害児保育の対象となるのは，当然ながら障害のある子どもである．「障害」には様々な種類があり，保育者はそれぞれの障害について理解する必要がある．本書では，第Ⅱ部で肢体不自由児，視覚障害児，聴覚障害児，知的障害児，発達障害児，重症心身障害児を紹介する．しかし，例えば肢体不自由児1つとってもその状態は子どもによって様々である．また，障害のある子どももそれぞれに個性があり，障害名だけにとらわれると，子どもを正しく理解できない可能性がある．

　そのため，保育者には2つの視点が求められる．1点目は，それぞれの障害の一般的な特性を知ることである．同じ障害を持っている子どもには似た特徴や特性がある．それらを理解することは，障害のある子どもが何に困っているのかを読み解く助けになる．2点目は，目の前の子ども1人1人を理解しようとすることである．同じ障害をもっていても，子どもの得意なこと，苦手なこと，好きなこと，嫌いなことは異なる．この2つの視点を常に持ちながら，障害のある子ども1人1人の理解を深め，保育することが重要である．

2　特別な支援が必要な子ども

　もう1つ留意すべきことは，障害の診断を受けていなくとも，特別な支援が必要な子どもがいることである．例えば，発達障害児は早期に障害の判断をするのが難しく，乳幼児期には明確な診断を受けていないことも多い．そのため，乳幼児期の子どもに関わる保育者は，障害の診断の有無によらず，子どもの困り感に応じて支援をする姿勢が求められる．一見しただけでは，わがままを言っているように見える子どもが，実は集団の中でどのように行動すればよいかわからず困っていることがある．保育者は子どもの行動から，保育の中に適応しない"困った子"と評価するのではなく，"困っている子"であることに気づき，支援する必要がある．

第2節　障害児保育の形態

障害のある子どもを保育する形態としては，主に分離保育と統合保育という2種類がある．さらに，近年インクルーシブ保育という考え方が浸透してきている．以下では，それらの違いを説明する．

1　分離保育

分離保育とは，障害のある子どものみを集めて保育を行うことである．例えば，特別支援学校の幼稚部や児童発達支援センター（旧：障害児通園施設）などで行われている．

分離保育の場では，専門的な知識をもったスタッフや専門職が障害に応じた保育や支援を行うため，1人1人に合わせたきめ細やかな対応ができることがメリットといえる．また，一般的な保育園や幼稚園よりもスタッフ1人当たりの子どもの数が少ないため，1人1人に応じた柔軟な対応が行いやすい．さらに，「障害のある子どもをもつ親」という同じ立場の保護者が集まるため，保護者同士の情報交換や交流の場として機能しやすい．

一方で，デメリットとして，障害のある子ども同士では相互交流が生まれにくく，個人での活動に終始しやすいことが挙げられる．また，分離保育の場は数が限られており，居住地から離れた施設に通わなければならないこともある．

2　統合保育

統合保育とは，障害のある子どもを障害のない子どもと一緒に保育することである．一般的に，保育所や幼稚園等で行われているのが統合保育になる．統合保育の場では，障害のある子どもが障害のない子どもと一緒に生活することで子ども同士の関わりが多くなり，障害のある子どもの発達が促されるメリットがある．また，障害のない子どもは，乳幼児期から障害のある子どもと共に生活することで，自然に障害を理解し，受け入れていくといわれている．

しかし，ただ生活の場を共にするだけではこうしたメリットは得られず，障害のある子どもが孤立したり，からかわれたりする場合もある．また，物理的な障壁（例えば，保育室の入口に段差がある，2階に上がるのに階段しかないなど）があることで，障害のある子どもが生活しにくい場合もある．保育者は，物理的な障壁をなくす取り組みや，障害のある子どもと障害のない子どもが共に育つための保育を意識して行う必要がある．

3　インクルーシブ保育

さらに，近年ではインクルーシブ保育が一般的になっている．これは，形態としては"統合保育"と同様だが，考え方が少し異なる．統合保育は「障害のある子どもを障害のない子どもと一緒に保育する」という考え方で，子どもを障害の「ある」子どもと障害の「ない」

子どもという2種類に分けている．これに対してインクルーシブ保育では，「障害のある子どもだけではなく，様々な背景や様々な特徴をもつ子どもを，すべて包み込んで（インクルーシブ）保育する」という考えであり，障害の有無を超えて1人1人の子どもの多様性を認める考えに基づいている．そのため，障害のある子どもだけを保育の中に統合していくのではなく，保育の場にいるすべての子どもたちがよりよく生活し，発達していくことを目指すこととなる．この1人1人のニーズに合わせた保育を行うという考えは，障害児保育に限らず保育そのものの基礎となる．

ただし，1つ気を付けなければならないことがある．インクルーシブ保育は，どの子どもも区別なく同じ方法で保育を行うということではない．すべての子どもにわかりやすいユニバーサルデザインの保育を行いながら，むしろそれぞれの子どもの違いを意識し，すべての子どもが「できた，わかった，おもしろい」を実感できるように個別的な配慮を並行して行う必要がある．

第3節　障害児保育の場

本書では，主に保育所における障害児保育を想定している．しかし，障害児保育を行う場は保育所だけではなく，分離保育を行う児童発達支援センターなどもある．保育者は，それぞれの場の特徴を理解し，子どもや家族のニーズに応じて，様々な場を紹介したり，連携したりすることが求められる．

1　保育所

まずは，保育所における障害児保育の現状を示す．図3-1にあるように，特別児童扶養手当の対象となる障害児を受け入れている保育所は平成27年度で7668カ所であり，障害児数は1万2286名である．さらに，特別児童扶養手当の対象にならない軽度障害児も含めると，1万6093カ所，6万174名となる．

特別児童扶養手当の対象は，障害等級1級および2級の障害児であるが，近年はこれに該当しない発達障害児などが認識されるようになった．そのため，特別児童扶養手当の対象にならない障害児も含めて実態把握がされるようになり，その数は年々増加している．

こうした状況から，1つの保育所や1つのクラスに障害のある子どもが複数在籍していることも珍しいことではない．そのため，保育所では少数の障害のある子どもを特別に受け入れるという姿勢ではなく，前述したインクルーシブ保育のように障害のある子どもも当たり前に保育所の中で生活できるような支援が必要である．

また，保育所における障害児保育の特徴として，保育所在籍中に子どもの障害が明らかになることがある．生後すぐに発見できない障害（例えば，知的障害や発達障害）の場合には，保護者が子どもの障害に気づいていない段階から保育所に通い，通所中に発達の遅れに気づくことがある．そうした場合，保育者は保護者が子どもの障害に直面する過程に寄り添いなが

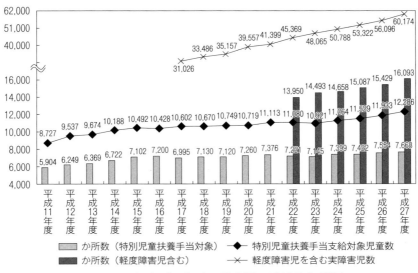

図3-1 保育所における障害児の受け入れ状況

(出所) 厚生労働省HP.

ら，他の専門機関と連携をとって支援を行うことになる．

　保育所における障害児保育を支える制度として，保育士を加配するための助成制度がある．これは，障害のある子どもの数や配慮が必要な状況に合わせて，通常定められた保育士数以上の保育士を配置できるように，自治体が助成金を出すものである．これによって配置された保育士のことを加配保育士という．配置基準や認定方法は自治体によって異なり，療育手帳や障害の医学的診断を条件とする場合もあるが，近年では知的な遅れがない発達障害児も対象となってきている．加配保育士は，障害のある子どもの支援を行う保育士としてクラスに補助的に入る場合もあるが，クラスの1担任として配置され，複数担任制をとる場合もある．単に保育士が増えれば，それだけで障害児保育がうまくいくわけではないため，クラス内や園内で対話を重ね，複数の保育士間で連携がとれるよう工夫することが大切である．

2　幼稚園・認定こども園

　保育所同様に幼稚園や認定こども園にも障害のある子どもが在籍している．しかし，その数については，保育所のように明確に示されていない．

　幼稚園においては，平成19年の学校教育法一部改正にともなう特別支援教育の本格的な導入により，特別な支援を要する幼児への適切な教育が義務づけられている．これにより，小中学校と同様に幼稚園でも特別支援教育コーディネーターの指名や園内委員会の設置，個別の支援計画・指導計画の作成など支援体制の整備が進んでいる．しかし，**図3-2**にあるように，コーディネーターの指名や個別の支援計画・指導計画の作成などの実施率は小学校・中学校に比べて低いことが課題である．

　幼稚園にも，保育所の加配保育士のような制度がある．公立幼稚園は「特別支援教育支援

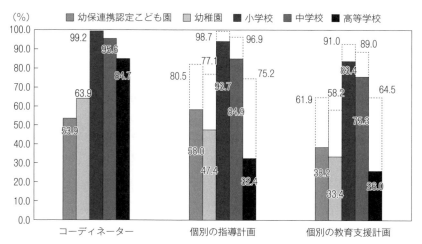

図3-2 平成28年度特別支援教育体制整備状況調査結果
（学校種別・項目別実施率）

（注）点線箇所は，作成する必要のある該当者がいない学校数を調査対象校数から引いた場合の作成率を示す．
（出所）文部科学省HP．

員」の配置に係る経費が補助され，私立幼稚園も私学助成による補助金等で支援員を増やして対応することができる．しかし，現実にはこれらの補助金だけでは十分な職員を配置できず，障害のある子どもへの手厚い支援を行うことは難しい現状がある．

3 特別支援学校幼稚部

特別支援学校は，障害のある子どもを対象とした教育機関であり，一部に幼児期から通うことのできる幼稚部が併設されている．その在籍数（平成27年度）は1499名であり，うち1174名が聴覚障害である．聴覚障害児は，言語獲得において手話等を用いた専門的な支援が必要であることから，幼児期から特別支援学校に通うことが多い．

特別支援学校幼稚部のねらい及び内容等として，幼稚園教育要領に準じた健康，人間関係，環境，言葉及び表現の5領域に加えて「自立活動」が位置付けられている．「自立活動」とは，幼児の障害に対応する側面から，その障害による学習上又は生活上の困難の改善・克服に関する領域である．「自立活動」の具体的な内容としては「健康の保持」「心理的な安定」「人間関係の形成」「環境の把握」「身体の動き」「コミュニケーション」が挙げられている．

4 障害児通所支援・入所支援

障害児通所支援や障害児入所支援は，児童福祉法に定められている障害のある子どもへの支援である（表3-1）．

障害児通所支援には，①児童発達支援事業，②児童発達支援センター，③放課後等デイサービス，④保育所等訪問支援の4つがある．③放課後等デイサービスは，小・中・高校

表3-1 障害児通所支援・障害児入所支援の体系

支援		対象	内容
障害児通所支援	①児童発達支援事業	主に未就学の障害児	・日常生活における基本的な動作の指導，知識技能の付与，集団生活への適応訓練，その他の必要な支援を行う ・専ら利用障害児やその家族に対する支援を行う身近な療育の場
	②児童発達支援センター		・日常生活における基本的な動作の指導，知識技能の付与，集団生活への適応訓練，その他の必要な支援を行う ・地域の中核的な療育支援施設として施設の有する専門機能を活かし，地域の障害児やその家族への相談，障害児を預かる施設への援助・助言を合わせて行う
	③放課後等デイサービス	小・中・高校に就学している障害児	・授業の終了後又は学校の休業日に，生活能力の向上のために必要な訓練，社会との交流の促進その他の必要な支援を行う
	④保育所等訪問支援	児童が集団生活を営む施設に通う障害児	・保育所等を訪問し，障害のある児童に対して，集団生活への適応のための専門的な支援その他の必要な支援を行う
障害児入所支援	⑤福祉型障害児入所施設	乳幼児から18歳までの肢体不自由児，知的障害児，精神障害児（発達障害児を含む）	・施設に入所する障害のある児童に対して，保護，日常生活の指導及び独立自活に必要な知識技能の付与を行う
	⑥医療型障害児入所施設	乳幼児から18歳までの知的障害児，肢体不自由児，重症心身障害児	・施設に入所する障害のある児童に対して，保護，日常生活の指導，独立自活に必要な知識技能の付与及び治療を行う

（出所）筆者作成．

に就学している学齢期の障害児を対象とした支援であるため，ここでは③を除く4つを説明する．

①児童発達支援事業，②児童発達支援センターは，乳幼児期の障害のある子どもが通所できる施設である．これらの施設では，通所によって障害児に対して日常生活における基本的な動作の指導，知識技能の付与，集団生活への適応訓練，その他の必要な支援を行っている．その中で，①児童発達支援事業は障害児への療育やその家族に対する支援を行うことがサービスの中心であり，身近な地域で支援を行うこととしている．②児童発達支援センターは，障害児と家族への直接支援に加え，地域の中核的な支援施設として，地域の障害児やその家族の相談支援，障害児を預かる施設への援助・助言を行うことも役割としている．また，①と②には，医療機能を備えた医療型と呼ばれる施設があり，ここでは，医療的ケアの必要な障害児に対しての支援を行っている．障害のある子どもは，保育所や幼稚園に入る前にこれらの施設で訓練や支援を受けている場合がある．もしくは，並行通園という形で，保育所や幼稚園に通いながら週に何回かこれらの施設に通う場合もある．保育所・幼稚園等の保育者は，これらの施設と情報共有しながら連携をはかることが求められる．

④保育所等訪問支援は，障害のある子どもが集団生活を行っている保育所や幼稚園などを訪問支援員が訪問し，集団生活に適応できるように支援するものである．具体的には，保護者の申請を受けて訪問支援員が保育所等を訪問し，子どもへの直接支援と保育所等のスタッフへの間接支援を行う流れとなる．直接支援は，訪問支援員が訪問先の集団活動に加わって障害のある子ども本人に働きかけたり，環境整備を行ったり，スタッフに関わり方や活動の組み立てなどを教示したり，周囲の子どもたちを巻き込んで支援を行う．間接支援は，訪

問先のスタッフが普段どのように子どもを見て，考え，どうかかわっているのか，困っていることはないかなどを聞き取り，今後子どもと関わる上でのポイントなどを訪問先のスタッフに伝えることである．保育所等訪問支援を利用するには，保護者が保育所等訪問支援にかかる給付費支給申請を市町村に行う必要があり，保護者が支援の必要性を感じていることが利用するための条件となる．

　障害児入所支援には，⑤福祉型障害児入所施設と⑥医療型障害児入所施設がある．これらの施設は乳幼児から18歳未満の障害のある子どもを入所させて生活の支援を行いつつ，日常生活の指導や自立に向けた支援を行う施設である．近年では，被虐待児が増加し，虐待を受けた障害のある子どもの受け皿にもなっている．⑥医療型障害児入所施設は，医療機能を備えているため，重症心身障害児など医療的ケアが必要な子どもが入所できる．

引用・参考文献

一般社団法人全国児童発達支援協議会［2017］「保育所等訪問支援の効果的な実施を図るための手引書」厚生労働省平成28年度障害者総合福祉推進事業．

「障害児支援について」厚生労働省HP（http://www.mhlw.go.jp/file/05-Shingikai-12601000-Seisakutoukatsukan-Sanjikanshitsu_Shakaihoshoutantou/0000096740.pdf）（2018年2月18日閲覧）．

「障害児入所支援」厚生労働省HP（http://www.mhlw.go.jp/seisakunitsuite/bunya/hukushi_kaigo/shougaishahukushi/kaiseihou/dl/sankou_111117_01-08.pdf）（2018年2月18日閲覧）．

「特別支援学校に在学する幼児児童生徒数――国・公・私立計――」文部科学省HP（http://www.mext.go.jp/a_menu/shotou/tokubetu/002.htm）（2018年2月18日閲覧）．

内閣府［2016］『平成28年版障害者白書』．

「平成28年度特別支援教育体制整備状況調査結果について」文部科学省HP（http://www.mext.go.jp/a_menu/shotou/tokubetu/material/__icsFiles/afieldfile/2017/04/07/1383567_02.pdf）（2018年2月18日閲覧）．

「保育所における障害児保育の実施及び医療的ケア児の受入れの状況」厚生労働省HP（http://www.mhlw.go.jp/file/06-Seisakujouhou-11900000-Koyoukintoujidoukateikyoku/0000155414.pdf）（2018年2月18日閲覧）．

第 II 部
障害の理解と保育における発達の援助

　第Ⅱ部では，いくつかの障害の特徴と基本的援助方法について学ぶ．第1章では，子ども理解の基本となる「発達」についてどのような視点から捉えるのかを提示する．第2章から第7章にかけては，いくつかの障害（肢体不自由，視覚障害，聴覚障害，自閉スペクトラム症，ADHD，LD，重症心身障害）の特徴や診断基準を概観したうえで，事例を通して基本的な援助方法と留意点を論じる．第8章では，障害児が併発しやすい疾病について，その概要と保育者として留意すべきことについて解説する．

第1章
発達の理解
――乳幼児期の発達の概要と発達検査の見方――

第1節　発達とは何か

1　発達をどのように捉えるか

「発達」とは何なのだろうか．「発達を理解する」とは何を，どう理解することなのだろうか．多くのテキストなどでは，「発達」の英語である"development"の語源から，「潜在的な能力が現れてくる」という説明がなされている．しかし，「発達とは新たな能力の獲得のことだ」ということについて，多くの発達心理学者は疑問を持つであろう．特に障害のある子どもたちに関わる立場であれば当然このような発達についての見方は，「能力主義的発達観」として否定的に捉えるだろう．さらに，生涯発達心理学の立場から発達を考える高橋惠子と波多野誼余夫［1990］も，「有能さがなければ人間の価値がないかのようにとられることは，十分警戒しなければならない」と述べている．

一方，保育者は保育をする上で「発達」を常に意識することが求められる．特に障害のある子どもの保育では，保育の計画や記録，カンファレンスなど様々な場面でこの「発達」という言葉が使われる．

しかし，保育，特に障害のある子どもと接する場面では，能力の獲得にとらわれずに，1人1人の子どもを理解するために役に立つような「発達」という概念を定義することは困難であろう．そこで，ここでは「発達」を定義するのではなく，3つの選択肢を組み合わせて，実際に子どもと接する場面で柔軟に使えるような発達の概念を考えてみたい．

2　連続か非連続か（量的な変化か質的な変化か）

多くのテキストなどでは，成長と発達を区別して，前者は連続的で量的な増大であり，後者は非連続的で質的な変化であるとしている．しかし，それほど単純なものでないことは，すでに園原太郎［1961］が50年以上も前に指摘している．

理論的な問題だけでなく，実際に日々子どもと接している保育者や養育者にとっても成長と発達を区別することは難しい．例えば，ピアジェ（Piaget, J.）による感覚運動期から前操作期への発達段階の移行を見てみよう［Piaget 1948］．子どもが自分の感覚や運動を通じて外界を認知する段階から，内的な表象を用いるようになるこの移行は，まさに質的な変化の代表ともいえるだろう．この前後で子どもたちの外界に対する関わりは「今，ここ」の世界か

ら大きく飛躍することができる．しかし，この変化を，その場に立ち会って実感することは保育者や養育者にはほぼ不可能であろうし，日々の保育や育児に携わる上では，連続的な変化として見るだけで十分であろう．

では，質的な変化はどこで見ればよいのか．振り返ってみて，その変化を捉えることは可能であろう．例えば，「そういえば，最近ブロックをつなげるだけじゃなくて，何かつぶやきながら走らせるようにしているな．これがみたて遊びかな」と考えることはあるだろう．しかし，それよりも重要なことは，日々の変化を振り返ってみて，その変化があまり明確でない場合に発達段階という視点で検討することではないか．「言葉がなかなか出てこない」という場合に，単に発語のことだけを考えるのではなく，前操作期への移行に必要な内的表象が成立しているのかどうかを，みたて遊びや延滞模倣といった同じ発達段階にあると考えられる他の領域の行動から考えることで，言葉の育ちに必要な何がまだ育っていないのかを検討することができるだろう．これが，発達における「機能連関」［田中 1980］である．

つまり，何のつまずきもなく，日々の子どもの育ちを見守る上では特に質的な変化を気にする必要はないが，これまでの育ちを振り返ったり，何らかのつまずきが見られるようになって「機能連関」を考えることが必要になった時に，質的な変化を考えてみるということである．

3　同じみちすじか異なるみちすじか

養育者も保育者も，子どもの年齢と平均的にその年齢でできることは何かという枠組みで子どもを見ている．その枠組はどのようにしてできたかというと，現代の養育者であれば育児書や育児雑誌，インターネットやママ友，家族などからの情報であり，保育者であれば学校での授業やテキストなどであろう．それらの情報の中には，例えば「1歳6カ月ころになると意味のある言葉をいくつか話すようになる」などと書かれているだけでなく，ほとんどの場合注として「ただし，この年齢はあくまでも目安であり，個人差がある」と書かれている．「同じみちすじ」という考え方ならば，もし1歳6カ月で言葉が出ていなかったとしたら，ゆっくり待つということになるが，実際に単にゆっくりと待つという関わりをとる養育者や保育者は少ない．良い悪いにかかわらず，通常とは異なる関わりをするだろう（言葉を教え込もうとする，言葉掛けを意識して多くするなど）．そうすると，そのように異なった関わりを受け止める子どもの行動も異なったものとなるだろう．こうして，1人1人様々な発達のみちすじへと別れる．

つまり，同じみちすじから出発しても必ず異なるみちすじへと変わっていくだろうし，もともとの子どもの資質が異なっていればいるほど，その違いの度合は大きくなるだろう．いわば，これは後で述べる「（自閉症）スペクトラム」という考え方と同様のものであり，「ここまでが同じ発達のみちすじで，ここからが違う発達のみちすじ」と線を引くことはできない．大きな枠組みとしては同じ発達のみちすじを考え，1人1人を見る時にはそれにとらわれずにその子の発達のみちすじを見るということである．

4 タテの発達かヨコの発達か

これも，特に障害のある子どもと接する場面で発達を支援する人々にとってよく用いられる言葉である．その思想は，重症心身障害児施設「びわこ学園」創設メンバーの1人である糸賀一雄が述べているように，「そういういろいろとちがった発達の段階のどれを見ても，その発達段階なりの生活がある．その生活が，ただ寝ているだけであっても，這うだけであっても，またやっと立っているだけであっても，豊かな内容のあるものに育てられるかどうかが問題なのである．縦軸の発達でほとんど絶望であっても，横軸の発達は無限といってもよい」[糸賀 1983] ということである．

ところが，「日々の生活を豊かな内容にして充実させる」ということが本来糸賀らが主張したことであるにも関わらず，後半の「縦軸の発達でほとんど絶望的」という部分が強調されて，通常の発達が見込めない重度の障害のある人について用いられることが多くなってしまった．

しかし，これもまた本来の糸賀らの意図とは異なる．「発達するというのは，1つの段階がつぎの段階の準備だというだけでなく，どの段階もそれなりに力いっぱいに充実して，はちきれるばかりにゆたかになり，そしてちょうど木の実が熟してはじけるように，次の段階にはいっていくことをいうのである」[糸賀 1983] とあるように，それぞれの段階での充実した発達こそが重要であるということは，障害のあるなしにかかわらず，すべての発達について当てはまることであろう．そして，糸賀の思想を受け継いだ高谷清が「その発達の状態でのヨコへの広がりといえる無限の世界が存在すること，そこに生きる喜びがあり，豊かな個性が形成される」[高谷 2005] と述べているように，ヨコの発達こそが豊かな個性を作るのである．

したがって，「タテの発達が望めないからせめてヨコの発達を」と考えるのではなく，また「タテの発達を促すためにヨコの発達を充実させる」と考えるのでもなく，「ヨコの発達そのものを豊かにしていく」という発想が必要なのではないだろうか [垂髪 2014]．

第2節 乳幼児期の発達

乳幼児期は，先に述べた発達の3つの選択肢がわかりやすく現れる時期である．

前節の「連続か非連続か」は，運動発達・認知発達・言語発達のどの領域でも，量的にも質的にも大きな変化が見られる．「同じみちすじか異なるみちすじか」については，特に障害のある子どもたちの養育者にとって，それまでは他の子どもたちや育児書に出てくる育ちと同じだと思っていた我が子の育ちの違いに次第に気づき始める時期である．「タテの発達かヨコの発達か」については，養育者にとっても保育者にとっても，日々子どもたちと接する中で，子どもが今自分のできることで一生懸命世界と関わり，そこでつまずきながら次へのステップへ進む様子を実感できる時期でもあろう．

岡本夏木 [2005] は，このような乳幼児期の意義を「まず子どもが『生活世界』の中に自

己の居場所を見つけることによって，生きることの最基層を充実させてゆくこと」だと述べている．このように，これ以後の人生において非常に重要な乳幼児期の発達については様々な特徴があるが，ここでは特に先に述べた「機能連関」を検討しながら，2つに絞って取り上げる．

1　愛着と三項関係

「養育者と子どもの情緒的な絆」としての愛着については，その厳密な測定法とともに愛着のタイプについてもしっかりとした定義がなされている［Ainsworth, Mary D. et al. 2015］（図1-1，表1-1）．

しかし，日々子どもたちと接する養育者や保育者にとって，このような定義やタイプに分けて子どもを見ることはほとんどない．大まかに，「あの子は母親との愛着はそれほど強くない」とか「なかなか母親と離れられない子」などととらえていることが多いだろう．そして，そのこと自体は，極端な養育放棄やネグレクトでもない限りは，その子あるいはその親子の個性や特性として理解して，取り立てて問題とすることはないだろう．

もちろん，将来の情緒的な問題を考える上でこの時期の愛着関係に注目することは重要であるが，乳幼児期に関してはほぼ同じ時期に成立する「三項関係」との関連で愛着をとらえる必要がある．

三項関係は，「乳児期後半に成立する自分と他者と対象との関係」のことで，社会的参照（図1-2）や注意の共有（図1-3），ものの提示（図1-4）などがこれに当たる（これらの図は第Ⅱ部6章で取り上げる自閉症スペクトラムの診断検査 m-chat［国立精神・神経医療研究センター　2010］からのものである）．この三項関係は，コミュニケーションの成立や他者の心の理解などの前提として重要視されるだけでなく，発達障害の子どもたちでの獲得のしにくさの問題としても取り上げられている．

ただ，この三項関係における他者とは誰なのかについては，あまり論じられていない．しかし，社会的参照に見られるように，ここでの他者は，誰でもいいような一般的な他者ではなく，愛着関係が成立している「重要な他者」である．つまり，愛着を単に情緒的な問題としてとらえるのではなく，三項関係成立の基盤として考えることが，以後の，特にコミュニケーションに課題を抱える子どもたちへ対応する上で，重要なのではないだろうか．

2　言葉の発達と表象機能

言葉の発達については，比較的非連続的な質的変化が見えやすい領域である．それだけに，養育者や保育者にとっては「言葉が出るか出ないか」といったタテの発達のみにとらわれやすい．しかし，ここで躓いたときにこそ，ヨコの発達について立ち止まって考えるべきであろう．もちろん，ここでも養育者との愛着関係などの対人的な領域での発達との関連についての検討も必要であろう．充実したコミュニケーションは「重要な他者」との間でこそ成立するからである．

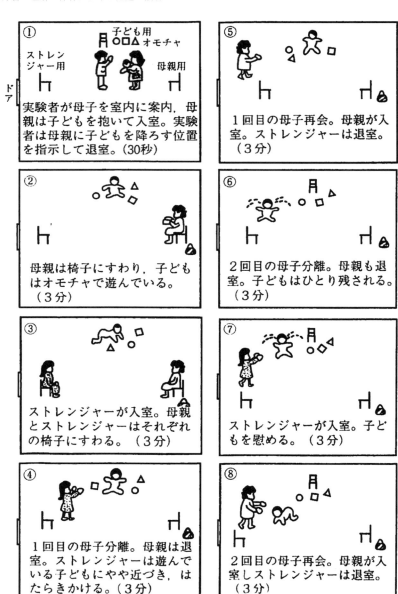

図1-1 ストレンジシチュエーションの8場面

(出所) 繁多 [1983].

表1-1　各アタッチメントタイプの行動特徴と養育者のかかわり方

	ストレンジ・シチュエーションにおける子どもの行動特徴	養育者の日常のかかわり方
Aタイプ（回避型）	養育者との分離に際し，泣いたり混乱を示すということがほとんどない．再開時には，養育者から目をそらしたり，明らかに養育者を避けようとしたりする行動が見られる．養育者が抱っこしようとしても子どもの方から抱きつくことはなく，養育者が抱っこするのをやめてもそれに対して抵抗を示したりはしない．養育者を安全基地として（養育者と玩具などの間を行きつ戻りつしながら）実験室内の探索を行うことがあまり見られない（養育者とは関わりなく行動することが相対的に多い）．	全般的に子どもの働きかけに拒否的にふるまうことが多く，他のタイプの養育者と比較して，子どもと対面しても微笑むことや身体接触することが少ない．子どもが苦痛を示していたりすると，かえってそれを嫌がり，子どもを遠ざけてしまうような場合もある．また，子どもの行動を強く統制しようとする働きかけが多く見られる．
Bタイプ（安定型）	分離時に多少の泣きや混乱を示すが，養育者との再開時には積極的に身体接触を求め，容易に静穏化する．実験全般にわたって養育者や実験者に肯定的感情や態度を見せることが多く，養育者との分離時にも実験者からの慰めを受け入れることができる．また，養育者を安全基地として，積極的に探索活動を行うことができる．	子どもの欲求や状態の変化などに相対的に敏感であり，子どもに対して過剰なあるいは無理な働きかけをすることが少ない．また，遊びや身体接触を楽しんでいる様子が随所にうかがえる．
Cタイプ（アンヴィバレント型）	分離時に非常に強い不安や混乱を示す．再開時には養育者に身体接触を求めていくが，その一方で怒りながら養育者を激しくたたいたりする（近接と怒りに満ちた抵抗という両価的な側面が認められる）．全般的に行動が不安定で随所に用心深い態度が見られ，養育者を安全基地として，安心して探索活動を行うことがあまりできない（養育者に執拗にくっついていようとすることが相対的に多い）．	子どもが送出してくる各種アタッチメントのシグナルに対する敏感さが相対的に低く，子どもの行動や感情状態を適切に調節することがやや不得手である．子どもとの間で肯定的な相互交渉をもつことも少なくないが，それは子どもの欲求に応じたものというよりも養育者の気分や都合に合わせたものであることが相対的に多い．結果的に，子どもが同じ事をしても，それに対する反応が一貫性を欠いたり，応答のタイミングが微妙にずれたりすることが多くなる．
Dタイプ（無秩序・無方向型）	近接と回避という本来ならば両立しない行動が同時的に（例えば顔をそむけながら養育者に近づこうとする）あるいは継続的に（例えば養育者にしがみついたかと思うとすぐに床に倒れ込んだりする）見られる．また，不自然でぎこちない動きを示したり，タイミングのずれた場違いな行動や表情を見せたりする．さらに，突然すくんでしまったり，うつろな表情を浮かべつつじっと固まって動かなくなってしまったりするようなことがある．総じてどこへ行きたいのか，何をしたいのかが読みとりづらい．時折，養育者の存在におびえているような素振りを見せることがあり，むしろ初めて出会う実験者等に，より自然で親しげな態度を取るようなことも少なくない．	Dタイプの子どもの養育者の特質に関する直接的な証左は少ないが，Dタイプが被虐待児や抑うつなどの感情障害の親をもつ子どもに非常に多く認められることから以下のような養育者像が推察されている．（多くは外傷体験などの心理的に未解決の問題を抱え）精神的に不安定なところがあり，突発的に表情や声あるいは言動一般に変調を来し，パニックに陥るようなことがある．言い換えれば子どもをひどくおびえさせるような行動を示すことが相対的に多く，時に，通常一般では考えられないような（虐待行為を含めた）不適切な養育を施すこともある．

（出所）数井・遠藤編［2005］．

　しかし，コミュニケーションとしての言葉を支えるこのような対人的な領域との関連が重要であることはいうまでもないが，ここで取り上げたいのは「今，ここにないもの」について考えるために必要な機能，すなわち表象機能の発達の重要性についてである．ピアジェ［1948］は表象機能が働き出す以前に，子どもが外界を認知する段階としての「感覚運動期」を6段階に分けた（表1-2）．この最後の段階である第6段階「心的結合による新しい手段の発明」では，自分の身体を使った活動を用いて外界をイメージとして取り込んでいく様子が描かれている．ここでは，自分が解決したいと思った問題にぶつかったときに新たな手段を発明することで，表象機能が育つ．

23. いつもと違うことがある時、あなたの顔を見て反応を確かめますか？

図1-2　社会的参照

（出所）国立精神・神経研究センター [2010] 日本語版 M-CHAT より引用．この日本語訳は、神尾陽子氏が著作権所有者から正式に使用許可を得たものです．神尾陽子氏の承諾を得て転載しています．

7. 何かに興味を持った時、指をさして伝えようとしますか？

図1-3　注意の共有

（出所）図1-2と同じ．

9. あなたに見てほしいモノがある時、それを見せに持ってきますか？

図1-4　ものの提示

（出所）図1-2と同じ．

　例えば、**表1-2**の第6段階の例にあるように、困難（ここでは乳母車が押せない）に直面したときに、洞察（反対側にまわって押せばいい）が生じる．これが後の表象機能へとつながるのである．そして、このような洞察が生じるには、それ以前の段階での試行錯誤が踏まえられている．とすると、一見言葉の発達とは関係がないように見え、しかもしばしば「いたずら」としてとらえられてしまうようなこの時期の自発的・能動的な探索的な活動が、言葉の発達を支える表象機能を育てている、と考えられるのである．

表 1-2　感覚運動期の発達（ピアジェの感覚運動期6段階）観察例

第1段階：反射の行使	観察9：ローラン—0：0（22）。ローランは授乳1時間後に目をさまし、弱く完結的に泣いていた。私は彼の右手を彼の口の上におき、彼がそれを吸い始めるまえにのける。すると、口を開閉し舌を動かすなどの、完全な吸啜運動を示す空吸いを、つづけて7回行った。
第2段階：最初の獲得性適応と第一次循環反応	観察24：ジャクリーヌ—彼女の場合、最初の確かな兆候は0：1（28）からはじまる。その日、授乳の少しまえ、非常に腹を空かしていたときに、左手を口にもっていくのが観察された。授乳後にも、再び口に指を入れて吸啜をつづけることがときどきあった。0：4（5）頃からは、この習慣が組織的になり、親指を吸いながらでないと寝つけないようになった。
第3段階：「第二次循環反応」および「興味ある光景を持続させる手法」	観察103：ルシアンヌ—0：4（28）。ガラガラを、揺りかごの屋根から彼女の顔前につるす。彼女はそれをつかもうとする。失敗をくりかえしているうちに、手が激しくそれにぶつかる。最初ぎょっとするが、それから曖昧な微笑をうかべる。今度はぶっきらぼうに、しかしおそらく意図的に手を出す。するとその手がガラガラにぶつかる。その後、このやり方は組織的になり、何度も何度も規則的に叩くようになった。
第4段階：第二次シェマの協応と新しい状況への適用	観察129：ジャクリーヌ—0：11（28）。坐った姿勢で小さな鈴を振っていたが、突然それをやめて鈴を右足の前にそっと置き、それから強く蹴る。その鈴を取り戻せないと、こんどはボールをとって先ほどと同じあたりに置き、また同じように蹴る。行為のまえに意図があること、足で蹴るというシェマが適応的に用いられていることは明らかである。
第5段階：「第三次循環反応」と「能動的実験による新しい手段の発見」	観察161：ジャクリーヌ—1：3（12）。棒を使って床の上で対象を滑らせれば、自分の方へ引き寄せられるということをついに発見する。床の上の手の届かない人形をとろうとして、まず棒で叩き、人形がわずかに移動したのがわかると、次に横から棒で押し、右手が届くところまで引き寄せる。
第6段階：心的結合による新しい手段の発見	観察181a：ルシアンヌ—1：6（23）。初めての人形用乳母車で遊ぶ。目の高さにある乳母車の柄を握り、じゅうたんの上を押して歩く。やがて乳母車が壁にぶつかる。彼女は引っぱって後ずさりする。だが引っぱりやすい態勢ではなかったので、途中でやめ、ためらいなく乳母車の反対側にまわってふたたび押しはじめる。つまりこのやり方を一度で発見したのである。他の状況から類推を働かせたことは明らかだが、訓練も学習も偶然の助けもいらなかったわけである。

（注）番号はピアジェ［1978］による。
（出所）ピアジェ［1948］から筆者作成。

第3節　発達検査の見方

　乳幼児期の発達をとらえるための1つの手がかりとして各種の発達検査がある。**表1-3**に示したように、子どもの活動を観察するもの、課題を与えて反応を見るもの、養育者からの聞き取りに基づくもの、と様々なアプローチがある。どの検査であっても、それが信頼できるものであるとされるのは、数多くのサンプルに対して行う「標準化」という手続きを経ているものだけである。言い換えれば、発達検査はそれ自体平均的な、同じみちすじの発達を前提としている。従って、発達検査を行うことが、その子どもが平均的な発達からどれだけ進んでいるか、遅れているかという個人間の比較を行うことになる。実際、多くの検査で算出される「指数」はもっぱら個人間の差を数字で表したものである。

　もちろん、後述するように、ある子どもの知的障害の程度を数字という形で示すことが必要な場合もあるだろう。しかし、検査の中に含まれるその子どもについての情報を、単に個

表 1-3　乳幼児期の発達・知能検査一覧

名称	発行者	適用年齢	形式	備考
新版K式発達検査2001	京都国際社会福祉センター	0～14歳	個別検査．検査者が子どもに直接検査を実施．乳児については直接子どもを観察．	姿勢・運動，認知・適応，言語・社会の3領域を測定．検査項目の実施順序などは自由度が高く，子どもに合わせた実施が可能．
デンバー発達検査法	日本小児保健協会	0～6歳	個別検査．検査者が親からの聞き取りと子どもの直接検査を行う．	短時間で比較的簡単に実施できるので，主に発達スクリーニングに用いられる．
遠城寺式乳幼児分析的発達検査法	慶應義塾大学出版会	0～4歳8カ月	個別検査．検査者が親からの聞き取りと子どもの直接検査を行う．	主に発達スクリーニングに用いられる．基本的習慣など子どもの生活に即した項目が多い．
新版S-M社会生活能力検査	日本文化科学社	1～13歳	親・保育者などが記入する質問紙による検査	身辺自立や集団参加などの社会生活上のスキルを測定する．知的障害の定義の1つである「適応行動」の評価に用いられる．
日本版Vineland-II適応行動尺度	日本文化科学社	0～92歳	半構造化面接による個別検査．	適応能力・社会スキルなどを測定する．「適応行動」の評価に用いられる．
WPPSI知能診断検査	日本文化科学社	3歳10カ月～7歳1カ月	個別検査．検査者が親からの聞き取りと子どもの直接検査を行う．	言語性知能と動作性知能を測定する．学童期はWISC，成人期はWAISという検査で測定する．
DN-CAS認知評価システム	日本文化科学社	5～17歳11カ月	個別検査．検査者が子どもに直接検査を実施．	プランニング，同時処理，注意，継次処理の4つの認知機能を測定．特に，ADHDなどの実行機能が測定できる．
KABC-II心理・教育アセスメントバッテリー	丸善メイツ	2歳6カ月～18歳11カ月	個別検査．検査者が子どもに直接検査を実施．	認知尺度と習得度尺度の両方を測定することで，子どもにふさわしい学習環境を判定．認知処理能力で，同時処理と継次処理のどちらが得意かを見ることができる．

（出所）筆者作成．

人間の差を見るだけに用いるのはもったいない．その子ども独自の発達のみちすじ，その子どものヨコの発達の可能性を見つけるためにも用いるべきではないだろうか．

　そのためには，それぞれの子どもの特徴を捉える上で適切な検査は何かを見つけて，その結果をその子どもの発達に使えるように解釈することが大切である．なお，障害の種類に応じた適切な検査の解説・解釈については，後の障害の各論の部分で述べる．

引用・参考文献

Ainsworth, Mary D. Salter；Blehar, Mary C.；Waters, Everett；Wall, Sally N..［2015］*Patterns of Attachment : A Psychological Study of the Strange Situation* Taylor and Francis.
糸賀一雄［1983］『糸賀一雄著作集Ⅲ』日本放送出版協会．
数井みゆき・遠藤利彦編［2005］『アタッチメント　生涯にわたる絆』ミネルヴァ書房．
国立精神・神経医療研究センター［2010］日本語版m-chat（http://www.ncnp.go.jp/nimh/jidou/aboutus/mchat-j.pdf）（2016年4月1日閲覧）．
岡本夏木［2005］『幼児期』岩波書店．
Piaget, J.［1948］*La naissance de l'intelligence chez l'enfant. 2e ed.* Delachaux & Niestle（谷村覚・浜田寿美男訳『知能の誕生』ミネルヴァ書房，1978年）．
繁多進［1983］「愛着の意識」，永野重史・依藤明編『母と子の出会い』（発達心理学への招待1）新曜社．
園原太郎［1961］「行動の個体発達における連続性の問題」『哲学研究』474．
高橋惠子・波多野誼余夫［1990］『生涯発達の心理学』岩波書店．
高谷清［2005］『異質の光——糸賀一雄の魂と思想——』大月書店．

田中昌人［1980］『人間発達の科学』青木書店.
垂髪あかり［2014］『「横（横軸）の発達」に込められた願いを未来へ読み解く──生きることが光になる』（http：//100.itogazaidan.jp/report/report_44）（2016年4月1日閲覧）.

第2章

肢体不自由児の理解と援助

第1節　肢体不自由とは

　原因疾患や状態に多様性のある肢体不自由児について，あらゆる発達段階や状況での援助や工夫を列挙することは現実的に不可能であり，個々の子どもや保育現場に合った援助や工夫を，保育者自身が思案する必要がある．そのためには，肢体不自由の病因や特徴について知ることも大切である．

　肢体不自由を含む身体障害について，法律上の定義を確認する．身体障害者福祉法（最終改正：平成28年6月3日）における身体障害者の定義を挙げる．

> 第四条　「身体障害者」とは，別表に掲げる身体上の障害がある十八歳以上の者であつて，都道府県知事から身体障害者手帳の交付を受けたものをいう．

　身体障害者福祉法の別表では，視覚障害，聴覚・平衡機能の障害，音声・言語・そしゃく機能の障害，肢体不自由，心臓・じん臓・呼吸器等の機能の障害について規定されている．つまり，肢体不自由は身体障害の5つのカテゴリーの中の1つである．

　次に，文部科学省による肢体不自由の定義を示す［文部科学省 2013］．

> 　身体の動きに関する器官が，病気やけがで損なわれ，歩行や筆記などの日常生活動作が困難な状態をいう．肢体不自由の程度は，1人1人異なっているため，その把握に当たっては，学習上又は生活上どのような困難があるのか，それは補助的手段の活用によってどの程度軽減されるのか，といった観点から行うことが必要である．

　肢体不自由児の保育者が知るべき，重要なポイントが3つある．

① 肢体不自由の原因疾患は多岐にわたるが，いずれの原因疾患であっても，肢体不自由と知的障害は別のカテゴリーという点である．ただし，知的障害を併せ持つ子どももいる．つまり，肢体不自由児には，知的な遅れを合併している子どももいるし，知的な遅れがない子どももいる．

② 肢体不自由のある子どもは，内臓機能障害等の病弱児や発達障害児等に比べると，外見的に理解されやすいと思われがちであるが，そうではないこともある．例えば，歩行はできても長距離移動はできない，坐位は可能だが長時間は座れない，物に手を伸ばせて

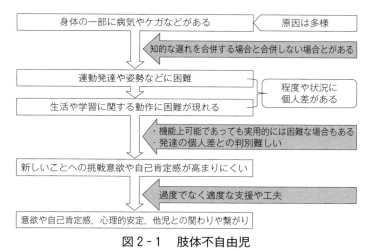

図2-1 肢体不自由児

(出所) 筆者作成.

も時間がかかるなど，機能上可能であるが，実用的には困難である場合が多い．また，乳幼児期の子どもたちは，同年齢でも発達に個人差があるため，乳幼児期においては，肢体不自由の状態なのか発達の個人差なのか，保護者にとっても保育者にとっても理解しにくいことが多い．甘えていると誤解されることや，努力や経験が足りないと指導されることもある．可能な範囲を超えた期待に応えられず，気落ちや叱責を受けることを繰り返すことは，子ども自身の自己評価を低くし，挑戦する意欲を削いでしまう．

③ 保育者に求められるのは診断ではなく，子どもの発達に寄り添うことである．具体的には，肢体不自由の特徴を理解した上で子どもの状態を観察し，その子どもに合わせた支援や工夫を考えることと，困難を感じている子どもや保護者と共に成長を喜び，生活力を高める助けとなることなど，過度でなく適度な支援である．

第2節　肢体不自由の原因疾患

　肢体不自由には，生まれつきの手足などの形成異常や，生後の事故等で手足等を失うなどの形態的な障害による運動機能障害と，脳を含む中枢神経系や筋肉・骨格等の機能障害による運動機能障害とがある．また，肢体不自由の原因疾患の責任部位で分類すると，脳，脊髄・末梢神経，筋，骨等となる．代表的な肢体不自由原因疾患について述べる．

1　脳性麻痺

　肢体不自由児の原因疾患のうち，最も多いのが脳性麻痺で73％を占める［厚生労働省 2006］．以下，脳性麻痺の定義を示す．

表 2-1　肢体不自由の主な原因疾患

責任部位			主な病名
神経	中枢神経	脳	脳性麻痺，水頭症，小頭症，低酸素性虚血性脳症後遺症
		脊髄	二分脊椎
	末梢神経		シャルコマリートゥース病
筋肉			デュシェンヌ型筋ジストロフィー，先天性福山型筋ジストロフィー，先天性ミオパチー
骨格等	機能による		骨形成不全症，多発性関節拘縮症，軟骨異栄養症
	形態による		生まれつきの手足などの形成異常によるもの（絞扼輪症候群など），生後の事故や疾患などで手足等を失ったもの
その他			代謝疾患，ダウン症候群などの染色体異常症

（出所）筆者作成．

　受胎から新生児（生後4週以内）までの間に生じた脳の非進行性病変に基づく，永続的な，しかし変化しうる運動および姿勢の異常である．その症状は満2歳までに発現する．進行性疾患や一過性運動障害または将来正常化するであろうと思われる運動発達遅延は除外する．［厚生省　脳性麻痺研究班　昭和43年］

　脳性麻痺の言葉の意味するところは，運動と姿勢の発達の異常の1つの集まりを説明するものであり，活動の制限を引き起こすが，それは発生・発達しつつある胎児または乳児の脳のなかで起こった非進行性の障害に起因すると考えられる．脳性麻痺の運動障害には，感覚，認知，コミュニケーション，認識，それと／または行動，さらに／または発作性疾患が付け加わる．［近藤和泉2014：14-18］

　つまり，妊娠初期から生後4週までのいずれかの時点で脳損傷が起こり，運動と姿勢に永続的な異常を認める病態である．出生1000人に2.26人の割合で認められるという報告がある［小林 2016］．36週未満の早産，2500g 未満の低出生体重児，新生児仮死，新生児重症黄疸，妊娠中の風疹などの胎内感染症，頭蓋内出血などが，脳性麻痺発症の危険因子とされる．出生時体重が軽いほど，脳性麻痺の発症が増え，出生時体重が1000g 未満の超低出生体重児では顕著である．新生児医療の進歩により，超低出生体重児であっても，より小さな低出生体重児が救命される反面，早産および低出生体重児の割合が増えており，2015年には男児の8.4％，女児の10.6％が2500g 未満の低出生体重児である［厚生労働省 2017］．結果的に出生数に対する脳性麻痺の割合は減少しにくい現状がある．

　麻痺というと，手足をぶらんとして全く動かせない状態を想像されることがあるが，麻痺とは神経や筋肉に問題があり，身体のある部分の運動機能が十分でない状態をさす．したがって脳性麻痺があると，手足に力が入りにくいこともあるが，手足を十分に使いこなせず有効でない力が入りすぎてしまったり，手足や身体を使おうとして体幹を必要以上に反らせてしまったりする．乳幼児早期では，首のすわりが遅い，這い這いやお座りがなかなかできない，おもちゃを握ったり離したりできないなどの運動発達上の徴候について，保護者の気づきや

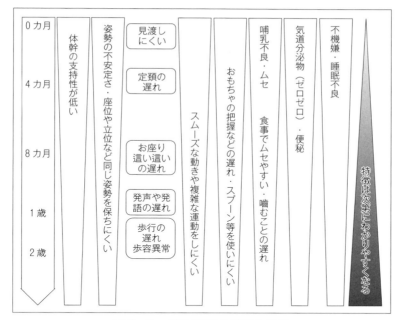

図2-2　脳性麻痺の多彩な徴候

（出所）筆者作成．

乳幼児健診から診断される．乳児期の姿勢の不安定さから不機嫌や哺乳不良がみられることや，胸郭の動きが弱く呼吸に連動してゼロゼロ音が聴こえたり，便秘がちであったり，飲み込みのときにムセやすかったりすることもあり，運動機能の遅れといっても手足の使い方だけでなく多彩な症状が現れる．子どもたちは脳性麻痺の症状を持ちながらも着実に発達するため，麻痺の程度によっては，乳児期には症状が目立たないことも多い．成長発達につれて徴候や症状は少しずつ変化しながらも，軽減したり，動作や環境を工夫できるようになったりするが，動きや姿勢の特徴は次第にはっきりするようになり，小学校高学年頃には顕著になる．

　脳性麻痺には，麻痺の特徴による分類と，麻痺の領域による分類とがある．痙直型四肢麻痺というように，両者を組み合わせて表現することが多い．痙直型四肢麻痺では独歩獲得は難しい場合が多いが痙直型片麻痺では独歩可能であることが多いとか，アテトーゼ型では言語理解が進んでも発語（構音）が難しいことが多いなど，麻痺の特徴や領域によって，運動機能の到達レベルや発語，知的障害の合併の有無などについて似かよった傾向がみられる．しかし，発達レベルには個人差があり，支援ポイントも個に合わせて工夫する必要があることを忘れてはならない．

　脳性麻痺は脳損傷による運動と姿勢の麻痺であるが，運動を司る領域以外にも損傷がおよぶ場合には，知的障害，視覚障害，知覚（感覚）障害，聴覚障害，てんかん，言語障害などの合併症が現れることがある．筋緊張の問題や異常姿勢が継続することにより，脳機能以外に，股関節脱臼や脊柱側彎症などの関節や骨格の変形をきたすこともある（第Ⅱ部9章第4節

表2-2 脳性麻痺の分類

麻痺の特徴による分類	痙直型	手足や体全体の筋肉をつっぱる特徴が強い
	アテトーゼ型	手足や口の周りなどをゆっくりくねらすような動きが特徴．構音の問題により会話に困難があっても言語理解は良いことが多い．
	失調型	バランスをとったりスムーズに動くことが非常に難しい
	その他	痙直型＋アテトーゼ型の混合型など
麻痺の領域による分類	四肢麻痺	両上肢・両下肢ともに麻痺が強い．歩行の獲得は難しい場合が多い．
	片麻痺	左右どちらか片側の上肢と下肢に麻痺が強い（反対側の上肢・下肢には麻痺はない）
	両麻痺	両下肢の麻痺が主で両上肢の麻痺は強くない
	その他	対麻痺など

(出所) 筆者作成．

を参照）．

2　二分脊椎

　肢体不自由のうち，脊髄に原因がある疾患として多いのは二分脊椎である．脊髄髄膜瘤や髄膜瘤などの細分類名で呼ばれることもある．我が国での1997～2005年の統計では，出生1万人に4.6人の割合であった［平原 2007：246-250］．胎生4週目頃から，中枢神経（脳と脊髄）のもとになる神経管ができはじめるが，この時，偶発的に神経管が十分に閉鎖されない場合があり，結果として脊髄神経や脊椎椎弓に異常が生じ，閉鎖不全部位より尾側の脊髄神経の機能不全が起こる．脊柱管の閉鎖不全が皮膚にも及んでいると，出生時に腰付近に神経管が露出した瘤を認める．この場合は脳脊髄液への感染症を防ぐため，生後早期に露出部分の手術が必要である．

　閉鎖不全の部位や程度によって，影響を受ける機能や程度が異なり，閉鎖不全部位が頭側に近いほど，両下肢の運動麻痺が顕著で独歩獲得が困難であり知覚障害や排尿・排便機能の症状が現れやすく，尾側に近いほど両下肢の運動麻痺や知覚麻痺は軽度となりやすい．尿や便を貯めたり出すための調節が十分でない排尿・排便機能不全は，膀胱直腸障害とも呼ばれる．また，7割以上に水頭症を合併する．二分脊椎の主症状の1つである両下肢の運動麻痺は，弛緩性の対麻痺のタイプが多い．両下肢に十分な力が入らないため，長下肢装具や短下肢装具などを装着して立位や歩行を補助することが多い．幼児期～学童期に独歩を獲得しても，成人期には車いすを必要とすることが多い．下肢装具を装着しても実用的な歩行が困難な場合は，車いすや歩行器などを使用する．立位や歩行，座位姿勢等についての支援のほか，両足部の知覚や変形，尿路感染症等への配慮も必要である．両下肢の知覚障害のため，足部にケガややけどをしても痛みを感じにくく気づかずに放置することがあ

表2-3 二分脊椎の種類

脊髄髄膜瘤	脊髄神経を含んだ瘤がある　脊髄被裂など
髄膜瘤	瘤の中に神経組織を含んでいない
潜在性二分脊椎	ほぼ正常な皮膚に覆われている　脂肪脊髄髄膜瘤，先天性皮膚洞など

(出所) 筆者作成．

表 2-4　二分脊椎の主な症状

		治療・対応など
主症状	両下肢の運動麻痺	・理学療法 ・下肢装具，車いす，杖等の移動補助具 ・移動介助やバリアフリー，適切な広さ ・足部の変形が強い場合，手術
	両下肢の知覚障害	・足趾や足底などのケガ等に注意 ・知覚低下部位のケガ等を発見したら小さくても放置しない
	膀胱直腸障害	・排尿困難や残尿等があれば間欠的導尿 ・排便困難や便漏れがあれば定期的な浣腸等による排便習慣 ・水泳や入浴への準備と配慮 ・尿や便の漏れに備えた着替えや配慮
現れやすい合併症	水頭症	・乳幼児期にシャント手術を要する場合もある ・シャントバルブ部分への物理的衝撃や強い磁気の接触の禁止
	その他	脊柱側彎症，背部の瘤付近の褥瘡，キアリ奇形，けいれん（約10％），学習障害などの発達障害

（出所）筆者作成．

り，プールサイドなど普段と違って裸足で活動する時などには特に注意が必要である．足部の傷などの部位によっては，傷が治るまで下肢装具の装着を中断せざるを得ないこともある．

　排尿機能不全を持つ場合，幼児からは，数時間おきに尿道口にカテーテルを挿入し排尿する間欠性導尿が必要となり，これは医療的ケアの1つである（第Ⅱ部8章第3節を参照）．学童期後期からはトイレで自分で導尿を行える子どももいるが，幼児期には子ども本人が導尿を行えないため，園内では誰がどこでどのようなスケジュールで行うか，準備物や物品の保管，手洗い設備などについて話し合っておく．便を貯める機能が十分でない子どもの場合，プール入水や宿泊活動などの入浴の際，時間帯を決めて事前に浣腸などで排便を促すことで，集団での入水が可能となる．二分脊椎の発生には遺伝子などの複数因子が関与するとされるが，妊娠前から妊娠初期に葉酸を十分に摂ることで発生の7割を低減できることが明らかになっている［近藤ほか 2003：551-559］．

3　筋ジストロフィー

　遺伝子の変異により筋肉が壊れて萎縮する疾患の総称で，発症時期や遺伝形式などによりいくつかの型に分類される．最も多いデュシェンヌ型は，X染色体上の遺伝子変異により発現する疾患で，幼児期から発症することが多い．筋ジストロフィーとしてはそれ以外に，常染色体上の遺伝子変異による疾患で乳児期早期に発症する先天性福山型の他に，ベッカー型，筋強直性などがある．筋力が徐々に低下して運動機能上の困難を来すだけでなく，長期的には呼吸筋の筋力低下によって呼吸も困難になっていく予後不良な疾患である．

　デュシェンヌ型は，男の子にだけ症状が現れる疾患で，3歳前後に腰や殿部の筋力低下が出現し，お腹を突き出すような歩き方などで気づかれることが多い．小学校中学年頃から手を挙げにくくなるなど肩甲帯周囲の筋力低下が，小学校高学年頃から歩行困難が出現し，車

表2-5 主な筋疾患

	疾患名		発症時期	性別	特徴
筋原性	筋ジストロフィー	デュシェンヌ型	幼児期	男性	小学校高学年以後に歩行不能
		ベッカー型	学童期	男性	成人期に歩行不能
		筋強直性	成人期	男女	筋肉を緩めにくい
		先天性筋強直性	乳児期	男女	知的障害・発達障害を合併しやすい
		先天性福山型	乳児期	男女	知的障害を合併しやすい
	先天性ミオパチー		乳児期	男女	発達の遅れ
	ミトコンドリア脳筋症		乳幼児期	男女	てんかんを合併しやすい
神経原性	脊髄性筋萎縮症		乳幼児期	男女	乳児期発症のタイプほど重症
	筋萎縮性側索硬化症		成人期	男女	上肢型，球型，下肢型などがある
	シャルコマリートゥース病		小児期が多い	男女	特に下腿の筋力が低下しやすい

（出所）筆者作成．

いすが必要となる．この頃には，睡眠中の呼吸筋を補助するために夜間人工呼吸器を使用したり，摂食や嚥下機能に配慮が必要なことが多い．症状が出現してから以降には，知的障害や自閉スペクトラム症の合併に気づかれることがある［「デュシェンヌ型筋ジストロフィー診療ガイドライン」作成委員会 2014：178-180］．

　福山型では，定頸が遅れるなど運動発達の遅れが乳児早期からみられる．独歩を獲得できることは少ない．小学生の頃から摂食嚥下機能や呼吸機能に配慮が必要なことが多く，口腔や鼻腔等の分泌物吸引を行ったり，夜間人工呼吸器を使用するなど，年齢とともに医療的ケアの必要性が高くなる．会話は単語レベルのように知的障害を合併することが多いが，例えば幼児期には，周囲の状況を見て楽しんだり，機嫌が良いと声を出したりする．

　筋ジストロフィー以外にも，多様な筋疾患があり，それぞれ特徴的な筋力低下を示す．筋力低下が進行する疾患もあるが，あまり進行しない疾患もある．シャルコマリートゥース病のように末梢神経が原因となる筋疾患を除いて，進行する筋疾患の多くは，将来，嚥下機能や呼吸機能の低下が出現しやすく，経管栄養や口腔・気道の分泌物吸引，夜間人工呼吸器などの医療的ケアを必要となる．時期や速さは違えど進行する疾患であるため，特に診断後まもない幼児期には，家族への精神的援助も重要である．また，本人への病状説明や病名告知の時期については，本人の理解と家族の状況や希望をもとに保護者が決める．小学生になってからのことが多い傾向にあり，保育者は十分に配慮する．

4　骨形成不全症

　突然変異による遺伝子異常などで，生まれつき骨が脆く，骨折や変形をきたしやすい疾患群である．胎内や出生時に骨折が認められることもある．骨折しやすい部位は，大腿骨が最も多く，脊椎，下腿，上腕なども多い．抱っこや更衣など通常の日常生活動作や，自らの筋力によっても，繰り返し骨折することがある．階段，風呂場，トイレ，玄関，小さな段差，テーブルの角などの安全性を確認し，事故を防ぐ必要がある．骨以外に，歯や皮膚，靱帯，

眼の強膜などの結合組織に関わる症状を併せ持つことが多い．約2万人に1人の頻度とされる［田中ほか 2006：1468-1471］．骨折しやすさや運動発達の遅れ，知的レベルなどにはかなり個人差があるため，保護者や医療機関との連携が重要である．

5 軟骨無形成症

　生まれつき四肢が短いことが特徴の低身長を示す疾患である．成長ホルモン治療や手術治療など，低身長に対する治療をすることが多いが，しなかった場合の平均最終身長は男児では約130cm，女児では約120cmといわれている［清野 2010］．四肢でも特に体幹に近い部位，上腕や大腿部が短い傾向がある．身長に比べて頭が大きく，額が高いなど顔貌にも特徴がある．指が短く，中指と薬指の間の隙間が広い手の子どもが多い．幼児期以降は，腰椎前彎というお腹を前に突き出したような姿勢がみられる．通常，知的な遅れは合併しない．出生2万人に約1人程度で，骨形成に関係する遺伝子の異常による疾患で，8割以上は健常な両親から，遺伝子突然変異が起こり出生する．軽症型の場合，軟骨低形成症と呼ばれるが，厳密には異なる遺伝子異常である．両方を軟骨異栄養症と総称することもある．

　乳児期には運動発達の遅れが見られることがあるが次第に追いつく．幼児期には，肢体のアンバランスにより転倒しやすいため頭部打撲に注意する．中耳炎に罹患しやすい，いびきを伴う睡眠困難などがみられることもある．手洗いやトイレなど，低身長に対する環境調整を行う必要がある．また，知的障害はなく，幼児期からすでに低身長や運動機能の遅れなどを自覚していることもあり，自己肯定感を持てるよう配慮することが大切である．

6 ダウン症候群

　ヒトのほぼ全ての細胞核は46本ずつの染色体を持っているが，その染色体の一部に何らかの異常が生じることがあり，染色体異常症と呼ばれる．各染色体は多岐にわたる役割を担うため，染色体異常症では発達や発育などの遅れ，体表奇形，内臓奇形などを複合的に生じる．染色体異常症の1つであるダウン症候群は，21番染色体を2本ずつではなく3本ずつ持つことによっておこる疾患である．1997年～2005年の統計では，出生1万人に9.6人の割合であった［平原 2007：246-250］．ダウン症候群は知的障害の代表的な疾患として知られるが，乳幼児期には体幹の低緊張による運動発達遅滞を示す．例えば，定頸は6カ月頃，座位は1歳～1歳半，独歩は2～3歳と遅れながらもゆっくり追いついていくことが多い．

　しかし，乳児期には低緊張による哺乳不良や甲状腺機能低下を認めやすく，乳幼児期には，呼吸器系や消化器系の感染症，中耳炎などに罹患しやすい．先天性心奇形を40～50％に，聴覚の問題を75％に，先天性白内障などの視機能異常を60％に合併するという報告［Bull 2011：393-406］があり，乳児期に心臓の手術加療を要した児も少なくない．また，ダウン症候群の子どもの10～20％が，第1頸椎と第2頸椎の咬合が十分でない環軸椎亜脱臼という状態を持つため，幼児期早期に頸椎レントゲン検査を受けることが多い．頭を過前屈しないよう留意する．

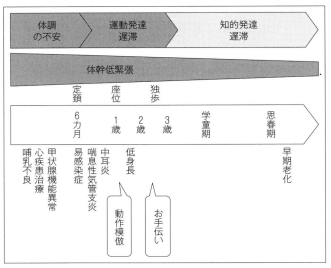

図2-3　ダウン症候群児の育ち

(出所) 著者作成.

7　四肢のいずれかの欠損や形成不全

　手や指についての生まれつきの形成不全として，合指症や多指症，裂手症等がある．合指症とは，生まれつき隣りあった指がくっついている状態をいう．胎内で指が形成される過程では誰しも，水かきのように繋がった指間が次第に短縮し指が5本に分かれているのだが，合指症はこの過程に何らかの問題が生じて起こると考えられている．皮膚だけがくっついているタイプと，皮膚だけでなく骨も十分に分かれていないタイプとがある．1万人に5.1人の割合で発症する［平原 2007：246-250］．母指多指症とは，通常の親指の外側に生まれつき小さい指がついている状態をいう．裂手症とは，示指（人差し指）あるいは第2指と第3指，第2～4指が形成されておらず，手のひらに深い切れ込みがある手の状態である．裂手症では，裂足という同様の足の症状や，口唇口蓋裂などを合併することもある．

　手や指だけでなく，腕や下肢の形態に異常があることを，四肢欠損または四肢切断と呼ぶ．先天性としては，胎生初期に形成不全が生じた場合や，形成された後に臍帯が巻きついて血流が障害された絞扼輪症候群などの場合がある．後天性としては，事故やケガのほか，腫瘍などの病気による治療後の場合等がある．いずれの原因であっても，欠損部位や機能には個別性が高い．見た目が通常と違うために，物を持てない，字を書けないなどと捉えられやすいが，他の部分を使って代償可能であることや，方法や道具や設備等を工夫すればできることもあるため，「困るだろう」「できないだろう」と決めつけずに，時間に余裕をもって見守りながら，過度でない適切な援助を心がける．治療方針としては，一般的な形態に近づけることよりも，機能を重視して行われる．日常生活では，自己達成感や他児との関係性など，心理面の支えや配慮が重要である．

第3節　肢体不自由児への支援と援助

1　支援の基本

　全ての乳幼児は，保護者や周囲の大人の手を借りながら生活するが，次第に子どもが自ら行おうとすること，できることが増える．肢体不自由児でも同じである．しかし肢体不自由児の場合，原因疾患や子どもによって幅広い違いがあるものの，多くの場合，定型発達児よりも1日の中で介助や見守りを必要とする割合が大きく，かつ必要である期間が長い．そのため保護者や保育者は，子ども自身ではできないと過剰な介助になることや，将来も継続的な援助が必要と思い込んで不安になることがあるため，家族への支援も重要である．定型発達児よりも小刻みなステップの課題を設定すれば，徐々に援助を薄めることができる．自分でやろうという意欲や行動の現れは，結果的に成功しなくても非常に有意義なことである．しかし，失敗が続くことや，周囲の期待を感じられないと，挑戦する気持ちを抱き難くなることがある．したがって，意欲を持ちやすい環境づくりや，意欲や行動の兆しが現れた時に失敗しにくい工夫，もし失敗しても自尊心を損なわない声かけなどが必要である．そのために，子どもの興味・関心や子ども自身でできることの観察や，小さな手助けの仕方を模索し，1日の行動や移動の流れ，1カ月の活動内容，1年間の行事をできるだけ具体的に確認して準備する．

2　身体面や日常生活動作への配慮

　上肢や下肢，体幹の運動機能の困難さから，歩行や階段昇降，立ち上がり・しゃがみ込み，じっと座る・立つ，物の持ち運び・受け渡し，書く・切る，着替え，食事動作，排尿便，片づけなど，日常生活の全てや一部に介助が必要であったり，できるけれども転倒しやすかったり，他児よりも長い時間や広いスペースを要することがある．例えば，ハサミの使用では，ハサミを持てない，持てるが切るたびに拡げることができない，切れるが紙を押さえられない，切るために紙の向きを変えられない，1つの動作が終わって次の動作に移るときに上肢を大きく振り上げてしまう等，状態は様々であり，援助方法も異なる．

　移動や遊びの際の安全確認はもとより，子どもが使用する道具の工夫や，椅子や水道，トイレなどの室内外の設備の調整を可能な範囲で行う．臥位→座位→立位と，抗重力姿勢がとれるように発達していくが，肢体不自由児の場合，自分でできる姿勢より上位の（立位に近い）姿勢では，その姿勢を維持するために手足に力が入りすぎたり入らなすぎたりしてしまうため，物を持つ・離す・操作するなどの上肢機能が困難になりやすく，日常生活動作や製作などを楽しめない．子ども自身がとりやすい姿勢や活動方法を工夫する．

　肢体不自由児は体幹の支持性の低さが共通しているので，体幹を安定させたり胸ベルトで固定すると上肢を動かしやすいことが多い．また，幼児であってもトイレなどのプライバシーへの配慮を忘れてはならない．自分で動くことが限定される肢体不自由児では，移動の際の

介助方法や目的に応じた望ましい姿勢等について保護者に確認し，移動介助の際の不安感や打撲，骨折，一定の姿勢を取り続けることによる痛みや褥瘡等への予防策を講じる．手すり，車椅子，歩行器，杖，下肢等の補装具，子どもに合った机・椅子，補助便器，スプーンや鉛筆の補助具等について，使用目的や安全性，他児との関係性等を含めて，保護者と相談する．

3　食事への配慮

肢体不自由児では，運動機能や姿勢維持の困難さから，嚥下や咀嚼機能に遅れがみられることがある．生活年齢ではなく機能に合った食形態（ペースト食，押しつぶし食，刻み食など）を，適切な食事姿勢で摂ることが安全な食事であり，その後の摂食機能の向上に繋がる．体幹を安定させて，頭が後ろに反らないように工夫するとよい子どもが多い．座っている姿勢では反り返りは見られないが，嚥下咀嚼する時に反り返る子どももいるので注意する．この場合，嚥下時にムセやすいこともある．また，上肢機能に遅れのある子どもでは，機能に合ったスプーンや皿，滑り止めシートなどの補助具等を使用することで，自分で食べる達成感を得られやすくなる．経口摂食だけでは安全に十分量を摂れない場合，経鼻経管栄養や胃瘻栄養，腸瘻栄養などの医療的ケアを要することが多い．経管栄養と経口摂食を併行することもある．

4　体調面への配慮

肢体不自由児は，原因疾患によって異なるものの，定型発達児よりも体調が変化しやすいことがある．例えば，体温変動しやすい，脱水症状が現れやすい，感染症に罹ると回復に時間がかかる，中耳炎や喘息性気管支炎に罹患しやすいなどである．個人差が大きいので，日頃の体調観察が重要である．必要以上に活動を制限することは望ましくない．ただし，主たる体調管理者は保護者であることを忘れてはならない．「今日は体調が悪そうだから休んで自宅療養する」などの判断は保護者が行い，保育者は保護者の判断を超えないように努める．

保護者の判断を超えることが度々あると，保護者は保育者に依存し，保護者の子育て能力を阻害しかねない．しかし，急変などに気づき，対応することは重要である．原因疾患についての見通しや，てんかんなど合併症の有無について保護者から情報を得て，体調変化を認める場合の対応や連絡について，保護者と相談しておく（第Ⅱ部9章第1節を参照）．

5　心理面への配慮

幼児は他児の活動を見て真似たり，競争意識を持つようになる．肢体不自由児は運動機能にも知的機能にも個人差が大きいとはいえ，他児の活動を観察しているのは同じである．自分はできないと感じることもあれば，同じことをしたいと思うこともある．設定の工夫や小さな援助で可能なのか，活動を変更する必要があるのかなどを確認する．

また，新年度など環境や活動の流れなどが変わることによって，移動や日常生活動作などに困難が現れ，「できなくなった」とストレスや不安が高まることがある．自発的にやろう

表2-6 肢体不自由児の保育での確認・配慮事項

疾患や体調	原因疾患・合併症，今後の見通し
	これまでの経過，主な治療，入院，手術，骨折の既往など
	現在の治療・リハビリ，今後の治療予定
	普段の体調
	体調不良のサイン，対応，緊急時の対応
	医療的ケア，医療機関・主治医
状態	補聴器，眼鏡，補装具（下肢，手，体幹，坐位保持装置，歩行器）
	移動等（歩行，階段昇降，立ち座り，姿勢の維持，手すり・補助具の使用）
	上肢機能（持つ，離す，書く，食べる，道具・楽器等の使用，補助具）
	更衣動作，排泄・トイレ，手洗い，歯みがき
	食事（食形態，食事姿勢，食器・補助具，食事介助方法，偏食・アレルギーの有無）
	発語，会話，コミュニケーション方法，表情
	遊びの様子，好きなこと，興味，意欲，達成感
その他	園内外の設備・安全の確認（段差，廊下・教室内の移動スペース，トイレ・手洗いなどの高さ・プライバシー）
	1日の活動・移動の流れ，1カ月の活動内容，1年の行事予定
	家族構成，家庭での様子，児童発達支援・ショートステイなどの利用状況
	短期的・長期的な希望や目標（子ども，保護者）

（出所）筆者作成．

とする環境や自分でできる環境を工夫し，子どもの意思とペースを尊重し，「自分でできた」と思えるような援助を行う．失敗が続くと挑戦する意欲が低下し，活動が受動的になったり，自己肯定感を高める機会が減ることに繋がりやすい．

6 長期的な見通しを踏まえた配慮

肢体不自由には多様な原因疾患が含まれ，個人差も非常に大きいが，ごく一部の疾患を除いて根本的な治療はなく，症状に対するリハビリや日常生活の工夫が行われる．定型発達に追いつくことを目標にするのではなく，子どもの状態や発達を把握し，家族背景，子どもや保護者の希望，疾患の特徴等を知り，長期的な見通しを持って支援目標を立てることが大切である．子どもや保護者の希望と，子どもの実態や園の状況が合わないこともある．これまでの経過や今後の見通し，保護者の心情等を知った上で，無理に合わせるのではなく，子どもが集団生活をするにあたり，有意義で安全で実現可能な目標を設定する．

7 事 例

5歳　女児　　病名：脳性麻痺（痙直性四肢麻痺）
4歳時より寝返りが可能となったが，現在も寝返り移動は十分でなく，移動と座位は全介助である．

描画など，上肢を使った活動の際，無理な座位姿勢を設定するより，安定した臥位姿勢を工夫することも一考である．図2-4では，脇の下に長いクッションをあてて両肘が床面に着くように設定している．クレヨンを無理に持たせず，手指や握りやすい形状のものを利用している．

図2-4　保育での姿勢工夫の例

(出所) 著者作成．

1) 保育目標──不安を減らす

1日の活動の流れをしっかり伝える．特に変わった予定がない日であっても，1日のスケジュールを毎朝伝え，降園前には明日のスケジュールを伝える．保護者にも伝えて，保護者から子どもに毎日伝えてもらう．遠足や運動会などの大きな行事ではもちろんのこと，運動会の練習，体重測定など，普段と違う流れについては毎回しっかり伝える．絵カードや印象的な物品を見せながら説明することも検討する．見通しを持てると不安感が減り，他児や新しい活動に意欲を持ちやすくなる．

2) 保育目標──わかりやすくシンプルなコミュニケーション

「はい」「いいえ」などで答えられる質問や短いフレーズで尋ねて答えやすくしたり，身振りやジェスチャーを加えながらやりとりをする．クラスメートが真似て会話に参加することも促し，子ども同士のつながりのきっかけにする．

3) 保育目標──自信をつけさせる

自分1人でできるようになることが少ないため，介助しながら活動することが多く，自己達成感を得られにくい．1つの活動を細分化して，一部ずつでもできるように工夫し，細かく具体的にほめる．ほめられることで，子ども自身だけでなく他児にとってもクラスの仲間意識が高まりやすい．

4) 保育目標──身の回り動作に参加させる

食事や更衣，トイレ，手洗いなどの日常生活動作に，一部でもよいので参加を促しこまめにほめる．介助への協力部分が増えることで，家族への援助となりえるだけでなく，将来の活動や生活の幅をひろげるための基盤となる．

5) 保育目標──活動や他児についての会話を促す

他児への興味がみられ始めたら，クラスメートの顔イラストなどを使って，降園後に保護者とその日の活動について話をしてもらう．コミュニケーション能力を高めるためだけでなく，子どものストレスや他児とのトラブルの気づきとなる．

第2章　肢体不自由児の理解と援助

表 2-7　肢体不自由児の保育での確認・配慮事項〈事例〉

	項目	内容
疾患や体調	病名	脳性麻痺（痙直性四肢麻痺）
	合併症	てんかん，股関節亜脱臼，斜視
	今後の見通し	独歩獲得の見込みなし
	これまでの経過	生後10カ月時健診にて発達の遅れを指摘され，児童発達支援センターにてリハビリ開始．1歳時に脳性麻痺診断確定．週3日，児童発達支援センターで親子通園するとともに公立保育所通園開始．
	これまでの主な治療	リハビリ（理学療法・作業療法・言語聴覚療法），抗てんかん薬内服，斜視に対して眼鏡処方
	これまでの入院治療	喘息性気管支炎のため，0歳時に3回，1歳時に2回，2歳時に2回，3歳時に1回，4歳時に1回
	これまでの手術治療	なし
	骨折の既往	なし
	現在の治療・リハビリ	今後も継続
	今後の治療予定	股関節亜脱臼に対して経過観察中（近い将来手術の可能性もある）
	普段の体調	風邪をひきやすく，風邪をひくと長引きやすい．風邪のときなどに気道分泌物が増え，食事量が減ったり機嫌が悪くなりやすいので，自宅で内服薬・貼付薬を投与し，鼻腔吸引や薬剤吸引をしている．
	体調不良のサイン	急に発熱するときにてんかん発作出現しやすいため見守りが必要．年に数回，喘息性気管支炎に罹患し，通院が必要．
	医療的ケア	自宅で鼻腔吸引や吸入，浣腸を適宜
	医療機関・主治医	○○病院小児科○○医師（3カ月おきに通院），○○病院整形外科○○医師（半年おきに通院），○○病院眼科○○医師（半年おきに通院），○○小児科医院（ワクチン接種や風邪のときなどに受診）
状態	補聴器	不要
	眼鏡	使用している
	補装具	車いす，短下肢装具（歩行器使用や立位訓練時に装着する）
	移動・座位など	移動と座位は全介助．寝返りで姿勢をかえることはできるが時間がかかる．食事や描画などのときは体幹保持工夫したイスとカットアウトテーブルを使用．
	上肢機能	スプーンや物を持ったり離すことには介助を要する
	更衣	全介助．脱ぎやすいシャツであれば自分で引っ張ることはできるが脱ぐことはできない．座位を介助すれば靴下を引っ張って脱げる．肩関節や肘関節，手首などの関節がかたいのでゆっくり更衣する．
	排泄・トイレ	終日オムツ使用だが園では日中，トレーニングパンツをはく．連れていくタイミングがあうとトイレで排尿できる．トイレでの座位を介助する必要がある．排便はほぼ毎日だが，十分でないため月に1度くらいの割合で自宅で浣腸している．
	手洗い・歯磨き	全介助
	食事	全介助．軟菜軟食（おしつぶし食）．座位工夫してスプーンを持たせて食材をすくう介助すると自分で口に運ぶことも行う．
	アレルギー・偏食	なし
	コミュニケーション	簡単な会話を理解している．時々単語の一部を発声する．「はい（あい）」と返事したり，少し手を挙げたり，うなずきや表情で答える．欲しいものを手で指し示そうともする
	遊び・興味	興味はあるが，要求を伝えることが多くなく，受け身の活動が多い．嫌なことは頭や腕を動かして嫌だと伝えることが増えた（家では嫌だと伝えることがもっと多い）
その他	園内外の設備・安全	トイレのスペースが狭く，座位介助しにくい．
	活動・行事など	朝，登園しぶりの日があるが，登園はできている．車イスを使用して遠足に参加できる．運動会では車イスとイスを使用して参加．宿泊活動はまだ経験していない．
	家族構成	2歳年上の兄がいる．仲良い．祖父母は父方も母方も健在だが遠方在住．
	家庭での様子	降園後，夕食，入浴など慌ただしい．寝る前に母とクラスメートの話などをしている．睡眠は概ね良好だが，朝は目覚めにくく，朝食や支度に時間がかかる．
	事業所等利用状況	ショートステイを体験利用したが本人が嫌がり眠れなかったため，利用できていない（将来は慶弔時などに利用したい）．児童発達支援の日中利用を検討している．
	希望や目標	兄と同じ小学校に通わせたい．保育所に通う日数を増やして，母の就業日数を増やしたい

（出所）筆者作成．

引用・参考文献

Bull, M.J. et al.［2011］"Health Supervision for Children With Down Syndrome," *Pediatrics*, 128（2）.

「デュシェンヌ型筋ジストロフィー診療ガイドライン」作成委員会［2014］「心理社会的ケア Clinical Question 11-1　精神遅滞，発達障害は合併するか」，「デュシェンヌ型筋ジストロフィー診療ガイドライン」作成委員会編集『デュシェンヌ型筋ジストロフィー診療ガイドライン　2014』南江堂.

平原史樹［2007］「先天異常モニタリング――わが国と世界の取り組み――」『日本産科婦人科学会雑誌』59（9）.

清野佳紀［2010］「軟骨異栄養症って何だろう」清野佳紀監修『改訂版　骨の病気と付き合うには　本人と家族のために』メディカルレビュー社.

小林廉毅ほか［2016］『脳性麻痺児の発生頻度の統計と経年的変化の有無の検証　科学研究費助成事業研究成果報告書』.

近藤厚生ほか［2003］「二分脊椎症と葉酸――葉酸経口摂取量と葉酸血清濃度――」『日本泌尿器科学会雑誌』94（5）.

近藤和泉［2014］「脳性麻痺の定義」日本リハビリテーション医学会監修『脳性麻痺リハビリテーションガイドライン第2版』金原出版.

厚生労働省［2006］『身体障害児・者実態調査　平成18年』.

厚生労働省政策統括官（統計・情報政策担当）［2017］『平成29年　我が国の人口動態』.

文部科学省［2013］『文部科学省初等中等教育局特別支援教育課教育支援資料――障害のある子供の就学手続と早期からの一貫した支援の充実――』.

田中弘之ほか［2006］「骨形成不全症の診療ガイドライン」『日本小児科学会雑誌』110（10）.

第3章

視覚障害児の理解と援助

第1節　視覚障害とは

　視覚機能，すなわち，ものを見る仕組みは，眼球や視神経，大脳視覚中枢などの働きから成立する．ここでいう視覚機能とは，視力だけでなく，視野，色覚，光覚，眼球運動などを含む．外部環境からの視覚情報は，まずは角膜で屈折し，そして水晶体で屈折し硝子体を通って網膜に伝えられる．網膜に達した視覚情報は，視神経から後頭葉の視覚中枢に達して視覚を生じる．

　視覚障害とは，眼球や視神経，大脳視覚中枢などの部位の疾病や機能低下によって，視覚機能の低下状態を示し，そのために生活に困難を生じる状態である．身体障害者福祉法施行規則別表第5号に規定されている視覚障害は，視覚機能のうちの矯正視力，視野の程度により1級から6級に区分される．

　また，学校教育法施行令第22条の3に示される視覚障害者の程度は，「両眼の視力がおおむね0.3未満のもの又は視力以外の視機能障害が高度のもののうち，拡大鏡等の使用によっても通常の文字，図形等の視覚による認識が不可能又は著しく困難な程度のもの」とされる．

　さらに，視力の有無や教育的視点から，盲と弱視に分類される．盲は「主として触覚や聴覚などの視覚以下外の感覚を活用して，学習や生活をする程度の視覚障害」［小林 2016：109］

表3-1　視覚障害の等級

等級		
1級	両眼の視力（万国式試視力表によって測ったものをいい，屈折異常のある者については，きょう正視力について測ったものをいう．以下同じ）の和が0.01以下のもの	
2級	1	両眼の視力の和が0.02以上0.04以下のもの
	2	両眼の視野がそれぞれ10度以内かつ両眼による視野について視能率による損失率が95%以上のもの
3級	1	両眼の視力の和が0.05以上0.08以下のもの
	2	両眼の視野がそれぞれ10度以内かつ両眼による視野について視能率による損失率が90%以上のもの
4級	1	両眼の視力の和が0.09以上0.12以下のもの
	2	両眼の視野がそれぞれ10度以内のもの
5級	1	両眼の視力の和が0.13以上0.2以下のもの
	2	両眼による視野の2分の1以上が欠けているもの
6級	1	眼の視力が0.02以下，他眼の視力が0.6以下のもので，両眼の視力の和が0.2を超えるもの

（出所）筆者作成．

であり，弱視とは「文字の拡大や視覚補助具を活用するなどして普通の文字を使って学習や生活をする程度の視覚障害」[同前]である．

第2節　視覚障害児の特性と支援の基本

視覚障害により，周囲の情報収集が困難なため，様々な活動が制限される．特に，視覚による認知の制限が多いことから，周囲の情報，模倣学習，視覚刺激に対する誘発行動の自発的反応，具体的事物の視覚的認知［佐島 1998］などに困難を示している．そのため，発達にも様々な影響があると考えられている．

1　運動発達

視覚障害のある子どもには，早期から運動発達の遅れがあることが指摘されている．

歩行については，五十嵐信敬［1993］が，調査を通して視覚障害の幼児の歩行能力が遅れていることを明らかにしている．また，視覚障害幼児の運動能力に関しては，湯浅貞雄ほか［1979］が，平衡性，敏捷性，走力の極度の低位性を指摘している．

運動の支援については，保育者が十分なスキンシップと言葉がけを行い，全身を動かす様々な姿勢や動きに親しむようにする．さらに，安全かつ自由に動ける場を確保して，子ども自ら体を動かす楽しさや喜びを感じて，様々な動きに取り組めるようにすることが重要である．

2　言語発達

視覚障害児，特に盲児の言語の特徴としてバーバリズムがある．バーバリズムとは，「事物関係についての体験に裏付けられることのない，言葉の上だけの連想によって発せられる言語」［五十嵐 1993：38］である．

さて，言語発達は，最初は遅れが見られるが一度習得すると，急速に発達が進む傾向があると指摘される［佐藤 1997］．とはいえ，半数以上の視覚障害児が数語を発するのが1歳6カ月以降であることや，言語発達が非常に遅れている視覚障害幼児が一定数いることが調査によって明らかになっている［五十嵐 1993］．また，視覚障害児の中には，3歳以上になっても音声言語を発しない子どもが約30％を占め［五十嵐 1993］，知的障害との関連も指摘されている．

言語の支援では，言語環境の整備，体験に基づく言語の獲得，模倣の機会の確保などを日常的に取り組む必要がある．そのためには，以下のような援助が求められる［五十嵐 1993］．

・子どもへの語りかけを十分に行う
・歌や音楽の音声刺激を通して外部環境に興味を持たせる
・生活の経験を豊かにする
・他の感覚器官を通して外部環境を認識させる

・行動の事前の言葉がけによって心構えを促す，状況を解説し見通しを持たせる
・視覚以外の機能も利用し，子どものそばで身につけてほしい動作を保育者が行う

3 触知覚

触知覚は触感覚を通して成立する皮膚感覚である［中村 2013］．手の触覚知は，物の形や材質などの特徴を伝える感覚として重要で，視覚障害児にとって重要な役割を果たす．そのため，手指の機能が重要であるが，視覚に障害があると周囲の物の把握ができないため，それらへの関心を持ちにくく，物に手を出さなかったり，物に触れるのを極端に嫌がったりするなど，手指の操作に課題を生じやすくなる．

手指の動作を高めるためには，保育者とのふれあい遊びや手遊び，指先を使う玩具で遊ぶことなどが大切である．また，生活においては，食事や着脱衣など，指先を使う機会は多いので，介助のしすぎに留意しながら子ども自身がそれらに意欲的に取り組めるように配慮することが求められる．さらに，何かに触れた際に触り心地に共感する，聴覚な経験なども相互に活かせるようにすることが重要である．

4 ブラインディズム

視覚障害児には，指で目を強く押す「目押し」や手を激しく振る「手振り」，頭を振る，ぐるぐる回るといった常同化した行動をブラインディズムという．これらの要因は，身体を活発に動かせないことや外部環境への関心を持ちにくいことなどから刺激不足となり，自己刺激を得るために生じると考えられている［香川 2016］．

これらは成長とともに減少すると指摘されているが，子どもたちが十分に体を動かす，様々な遊びを経験するなど，子どもが十分に楽しみ，満足できる運動や活動を行う中で改善される．

第3節 事 例

1 事例の背景

視覚障害児の保育に有用な教材や遊具には，大型遊具，音を中心に遊ぶ遊具，触覚を中心として遊ぶ遊具，電子機器などがあり，視覚以外の聴覚や触覚などに働きかける点が共通する［山本 2004］．例えば，視覚障害児は絵本を見ることが困難であるが，読み聞かせを通して接することができる．さらに，視覚障害児のための絵本に「さわる絵本」「点字絵本」があり，この絵本を活用することで，触察の仕方の向上，想像力の伸長，文字（点字）への興味の喚起を促すことができる［金子 2002］．

一方で，視覚障害のある子どもが，その絵を触ってもよく分からず，さわる絵本を楽しめない状況も指摘されている［徳田 1989；金子 2002］．そのため，視覚障害児に「さわる絵本」を導入する際には，いくつかの工夫が必要である．

金子健［2002］は，さわる絵本の導入順序として，まず読み聞かせを前提に，それから触

素材を貼り付ける形式の絵本を導入し，それを基盤として，立体コピーや点図（点字）による絵本を取り入れることが望ましいと指摘する．また，菅井裕行［1998］は，さわる絵本を導入する条件として，① 利用する子どもに分かりやすい絵本であること，② 実物と絵との関係，③ 触る絵本の活動はコミュニケーションであること，④ 1人1人に見合った絵本が用意される必要性を指摘する．

これらを踏まえ，本節では，視覚障害児への絵本の活用と保育教材のあり方を検討する．

2　対象と手続き

対象児は，医療型児童発達支援センターに親子通園する知的障害もある全盲の男児（6歳・A児）である．入園当初，見えない，話せない，分からない状況の中，A児の活動は感覚的な一人遊びに没頭することが多かった．運動面では，歩行訓練を受けており，バランスを崩されることに激しく抵抗し，遊びが広がりにくかった．また，コミュニケーション手段が少ないため，要求が通りにくく，かんしゃくを起こすこともたびたび見られた．

絵本の導入方法は，金子［2002］を参考にし，絵本の読み聞かせ，さわる絵本，点字絵本の順に取り入れた．

3　結　　果

1）絵本の導入──絵本の読み聞かせ

A児は絵本の読み聞かせに関心を持っていたが，最初は落ち着いて椅子に座れなかった．そこで，他者の声の心地よさを知ること，言葉や内容の理解よりもリズムや韻を楽しむことを心がけ，同時に，A児自身が感じる，想像することを促す絵本選びも意識した．選択された絵本は，『あーんあん』『もこもこもこ』『ねないこだれだ』などであった．これらの言葉の持つ面白さや明快さ，力強さに集中度は増した．また，言葉を1つの音として確かめたいのか，席を立ち，読み聞かせをしている保育者の所へ行き，保育者の顔や口元を手で触れる場面も見られた．このことは，絵本に対する関心の高さを表しているといえる．

次に，A児が関心を持ったのは『はらぺこあおむし』『おおきなかぶ』である．何度も読み聞かせを重ねるうち，話の流れを理解し始めた．繰り返し言葉の場面では気持ちも高揚し，着席したまま身体を揺さぶり，笑顔で楽しさを表現し，離席はほとんど見られなくなった．『だんまりこおろぎ』は，それまでの絵本とは少し趣きを異にする．最後にドラマが用意されているが，どちらかいうと静かな話でありストーリー性の要素が強い．見る・聞く側のつもりや気持ちの持続性も要求される．しかし，最後に展開されるこおろぎの「リンリン」という音色を期待し，じっくりと話を聞く様子が見られるようになった．こうした取り組みを通して，読み聞かせが楽しい時間となり，絵本に対する関心が高まった．また，職員の膝に座って絵本を読んでもらう場面も増え，絵本を介して人と一緒に楽しさを共有できるようになった．

表3-2　A児の全体像

・2008年4月　通園開始（親子通園） ・2011年3月　卒園		
障害	・運動発達および知的発達の遅れ ・先天性の視覚障害（全盲） ・気管切開（気管を切開し，カニューレを挿入）のため発声が困難.	
	2008年4月（入園当初）	2010年
通園施設での姿　生活習慣	・食事は，食に対する警戒心が強く，偏食もきつい．ほぼ手づかみで食べる． ・紙おむつを使用．	・食事はほぼ偏食なく完食．食事，排泄，着脱は，言葉かけと少しの介助でほぼ自立．
遊び・運動	・探索行動が少なく，床に座り眼球を手で押さえ，感覚遊びに浸っていることが多い． ・玩具や物には触れるが，それが長続きしない． ・トランポリンやブランコなどの揺れる遊具や滑り台，乗り物など，バランスが崩される動きの遊びに対しては怖がり，強い抵抗を示す． ・ピアノを弾いて楽しむ（月1回のレッスン） ・手遊びが好き．模倣は困難だが，体を揺らしリズムに合わせて楽しんでいる． ・絵本の読み聞かせは聞くが，イスでは落ち着かない様子が見られる．	・移動能力の向上．手引き歩行を基本としながら壁伝いに自力歩行の距離が伸びる．それに伴い探索行動が広がる．（室内探索，園内探索） ・身近な物への関心が増し，道具や物の扱い方が少しずつ上手くなる（スプーン・筆記具など） ・人と一緒に安心して体験する中で，トランポリン，ブランコなど，大型遊具を始め粗大な運動遊びを楽しんで繰り返すようになる． ・三輪車がこげる．タンバリンや手拍子などの音に誘導され前に進むことが出来る． ・本児がピアノを引きながら保育者と一緒に手遊びを楽しむ．「イナイイナイバー」の身振りを交えてのやりとり遊びが出来る． ・椅子に座って絵本や粘土など様々な遊びに取り組むことが出来る．また，大人の膝に座って絵本を楽しむ．
言語	・意思表示を伝える手段なく，要求は癇癪をおこすか，地団駄を踏む ・質問に対して「はい（Yes）」は首を縦にふる，「いいえ（No）」は無言． ・概念的理解が乏しい．	・日常生活の中で繰り返すことは，言葉かけで理解できる． ・ミニVOCAの利用で，呼びかけや要求などやりとりがひろがる ・カニューレを押さえて発声が可能になる．
対人関係	・全体的に表情が乏しく，他者からの関わりを待っている状態である． ・他者に対しては，主に顔周辺を触り，特に目を強く押すことが見られる．	・遊びのひろがりとともに喜怒哀楽がはっきりし，表情豊かになる． ・他者との関わりを好み，保育者を何度も呼ぶ ・保育者を介して，他児と簡単なルールのある遊びを楽しむ
その他	・初めての感触は，過敏に反応し，抵抗が大きい． ・音に敏感で，突然の音は怖がる．	・一日の流れ，プログラムの理解が増し，少し手がかりを示すことで，自分で出来ることが増える
保護者	保護者の子育てに対する不安 ・基本的生活習慣（食事・排泄など）についてどこまで手を出してよいか． ・遊びがひろがりにくい． ・自転車の後ろに乗ることができず，ずっとおんぶの状態．	

2）絵本を楽しむ——さわる絵本の導入

A児が椅子に座り1人でも楽しめる遊びとして絵本を取り入れることにした．具体的には，絵本の読み聞かせを継続するとともに，「さわる絵本」（布など様々な感触の素材のもの）を導入し，一緒に楽しむようにした．用意したのは『さわってあそぼう　ふわふわあひる』であった．各頁には様々な動物の絵と共に，その動物がイメージ出来るような異素材の布や紙が貼り付けられている．この絵本を読む際には必ず椅子に座るように促した．

初めは感触を楽しむことを一番の目的とし，本児が納得するまで触れることを見守り，本

児の動きに付き合いながら読み進めた．そのうち，手に触れる異なる感触に興味を示し，読み終わっても何度も繰り返し触れるようになった．その後，椅子に座ったところで机に絵本を置くと，自ら絵本に手を伸ばし，感触を確かめながらページをめくり，貼り付けられてある形に誘導されるように手を動かす様子も見られた．この頃になると単に感触だけを楽しむのではなく，傍で読み聞かせをする保育者の声を意識しながらページをめくろうとする場面も見られた．自分のペースだけでなく，他者のペースに合わせるなど，絵本を介したコミュニケーションのひろがりが感じられた．

並行して他の遊び——移動能力の向上に伴う園内の探索活動，バランス感覚の向上に伴う滑り台やトランポリンなどの大型遊具や三輪車——もひろがりを見せ始める中，絵本を選択する優先順位は高くはなかったが，本児の遊びの1つとしてレパートリーに加わった．

3）点字絵本の導入

さわる絵本にも慣れ親しんだ頃，点字絵本を導入した．導入した点字絵本は『しろくまちゃんのほっとけーき（てんじつきさわるえほん）』である．導入当初は，初めての感覚に戸惑いながらも，感触を確かめるように触れていた．A児に午後の自由遊びの時間にピアノ，三輪車，絵本を選択してもらったところ，絵本を選択することが増えた．なかでも『しろくまちゃんのほっとけーき（てんじつきさわるえほん）』を繰り返し楽しんでいた．

この絵本は，ストーリーの内容はクッキング保育での実体験と重なり，言葉1つ1つに興味を持って耳を傾けながら触れていた．特にホットケーキが「……プツプツ・シュッ・ペタン……」と焼ける場面は臨場感溢れ，とても気に入り，絵の上に重なる点字に指を這わせていた（点字を読み取っている訳ではない）．この点字絵本との出会いは，絵本への関心をさらに高めるとともに，絵本の世界をより身近なものとして捉えるようになった．

そして椅子に座る，椅子に座って1人でも遊ぶことにもつながった．また，触察の仕方にも変化があらわれ，人差し指腹のみを点字に触れる触り方に加えて，手のひらで全体を捉えながら細部を確認するなど触り方の変化が見られるようになった．

この他に『まるちゃんのぼうけん』や『これなあに？』『さわってごらん，だれのかお？』なども用意し，何度か一緒に触れながら読み聞かせも試みたが，あまり興味を示さず，本児から選択されることはなかった．

4　事例の考察

子どもにとってある出来事が，意味ある体験となるためには，子どもの心が動かされることが必要である．そのためには，身体ごと外部環境に関わり，体験することが重要になる．このような点から，A児にとって絵本の意義を考えると，2つのことが浮かび上がる．

第一に，A児にとって絵本は，他者との距離を近づけ，コミュニケーションする心地よさを実感できる遊びになった点である．読み聞かせの段階で，最初は絵本（読み聞かせ）に関心を持ちつつも，落ち着かなかった．しかし，保育者の援助やその場の雰囲気によって絵本の楽しさを体験した．

そして，さわる絵本の導入段階では，さわることを通してＡ児と保育者が一緒に楽しむように関わることで，少しずつさわる絵本への関心が見られるようになった．同じ絵本の読み聞かせや，さわる絵本でのやりとりを通して，Ａ児は保育者と関わる心地よさを経験したのである．

　第二に，自ら繰り返し点字絵本を楽しむことで，触れることの意味合いが変化した点である．つまり，触察の仕方が広がることで，絵の理解が進み，イメージを豊富にすることができたと考えられる．この点は，Ａ児にとって身近で具体的な内容の絵本『しろくまちゃんのほっとけーき（てんじつきさわるえほん）』で顕著であった．この本が触察を促したのは，点字の感触のみならず，過去にホットケーキを作り，食べたという実体験と結びついていたと考えられる．実体験があったからこそ，実物と絵との関係が分かりやすかったのではないか．

　山本［2007］が指摘するように，視覚以外の刺激を提示することで──つまり，視覚以外の他の感覚に訴えることで──，結果的に環境や対象への認識が形成され，積極的な探索行動を引き起こしたとも考えられる．しかし，その基盤には子どもの実体験，つまり，日常的で，具体的な体験の場がある．それによって，Ａ児が初めての世界に触れて自分で考え，思い描く力を育てつつあると考えられた．

　以上から，視覚障害児の保育教材のあり方として，①視覚以外の他の感覚に訴えるもの，②他者とのやりとりを促す可能性をもつもの，③１人でも遊び込める（夢中になれる）ものが重要であることが示された．

引用・参考文献

五十嵐信敬［1993］『視覚障害幼児の発達と指導』コレール社.
香川邦夫編著［2016］『五訂版　視覚障害教育に携わる方のために』慶應義塾出版会.
金子健［2002］「触る絵本による教育的係わり合い──視覚障害幼児の事例について──」『国立特殊教育総合研究所研究紀要』29.
金子健・菅井裕行［1999］「触る絵本の作成と活用に関する研究──２事例における試行による検討──」『国立特殊教育総合研究所研究紀要』26.
小林秀行［2016］「視覚障害」小林徹・栗山宣夫編『ライフステージを見通した障害児保育・教育』みらい.
中村義行［2013］「視覚障害」中村義行・大石史博編『障害臨床学ハンドブック【第２版】』ナカニシヤ出版.
佐藤泰正［1997］『視覚障害学入門』学芸図書.
佐島毅［1998］「重複障害児の視機能の捉え方──視力検査の方法──」『弱視教育』35（4）.
菅井裕行［1998］「触る絵本の導入と活用」『日本保育学会第51回大会研究論文集』.
徳田克己［1989］「視覚障害児のための『さわる絵本』の作成と指導」『読書科学』33（3）.
山本利和［2004］「視覚障害乳幼児への保育・指導に関するアンケート結果」『大阪教育大学障害児教育研究紀要』27.
山本利和［2007］「視覚障害乳幼児の対象の永続性概念発達──一事例研究──」『大阪教育大学障害児教育研究紀要』29.
湯浅貞雄・則松直博・佐藤勇人・上野靖子・五十嵐信敬［1979］「弱視幼児の体育指導に関する実践的研究──その２　指導の結果と弱視幼児の体育指導の在り方──」『弱視教育』17（2）.

第4章

聴覚障害児の理解と援助

第1節　聴覚障害の概要

1　聴覚障害の定義

聴覚障害を知る上で，まずは，音の性質について知る必要がある．音は，「音の高さ」と「音の大きさ」の2つから説明できる．「音の高さ」は周波数といいHz（ヘルツ）で表され，1秒間に何回振動を繰り返すかによって決定する．「音の大きさ」は聴力レベルのことで，dB（デシベル）で表される．ジェット飛行機の爆音（120dB）から深夜郊外の街の音の静けさ（20dB）まで日常生活の環境音には様々な大きさがあり，数字が大きいほど，音も大きいということになる（図4-1）.

聴覚障害児の耳の聞こえの程度もこのdBで表される．WHO（世界保健機関）の分類によると，「軽度難聴」は聴力レベルが26～40dB，「中等度難聴」は41～55dB，「高度難聴」は56～70dBで，91dB～が「重度難聴」とされている．数字が大きいほど聞こえにくい状態である．

人の声	(dB)	環境音
	130	
	120	耳が痛くなるジェット機の爆音
叫び声（30cm）	110	自動車の警笛（2m）
不快な大声	100	
	90	オーケストラの最大音
大声の会話	80	うるさいラジオ（テレビ）
	70	賑やかな街路
普通の会話	60	
	50	静かな事務室
静かな会話	40	静かなラジオ
	30	
ささやき声	20	深夜の郊外
	10	
	0	

図4-1　人の音声と環境音の大きさ

（出所）永渕［2011：122］.

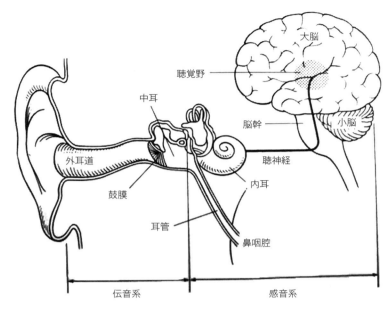

図4-2　聴器の構造

(出所) 永渕 [2011：123].

　次に，聞こえの仕組みについて説明する．耳の構造は，耳の外側から順に耳介 (耳たぶ)，外耳道，鼓膜，中耳，内耳から成る (図4-2)．中耳には3つの耳小骨があり，鼓膜で受けた音波を内耳に伝える役割をしている．内耳が聴神経に信号を送り，脳の聴覚野に届いて音と認識される．外耳道から中耳までを「伝音系」部分，内耳よりも奥を「感音系」部分という．

　聴覚障害とは，音の聞こえの力が低下している状態のことである．聴覚障害が指す状態は多様で，全く聞こえないという人もいれば，少し聞き取りにくいという人まで含まれる．そのため，いろいろな分類がなされている．

1) 障害の発生時期による分類

　聴覚障害は，脳のある特定の部位の損傷などから起こる．大きくは2つに分けることができ，1つ目は生まれる以前からの先天性のもの，2つ目は生まれた後で起こった後天性のものである．また，先天性の障害をもっと細かく分けると，遺伝性，胎生期，周産期に分かれる．

① 先天性難聴

　先天性難聴の出現率は，およそ1000人に1人の割合である．原因は，妊娠中の母親のインフルエンザ，トキソプラズマ，風疹などへ罹患などが挙げられる．特に母親が妊娠3ヵ月以内に風疹に罹ると，難聴の発生率が高くなると言われている．先天性難聴の聴力検査方法については後述するが，日本では新生児期より聴力検査が実施され，先天性難聴の早期発見に努めている．

② 後天性難聴

　もともと聴覚障害がなかった人が，何らかの理由で後天的に聞こえない，或いは聞こえづらい状態になることである．理由としては，交通事故などによる頭部外傷，突発性の疾患，騒音によるものなどが挙げられる．また，高齢化によるものも含まれる．後天性難聴の場合，大きな問題となるのは「聞こえなくなった時期」である．通常，子どもは乳児期から周囲の大人の語りかけを生活の中で自然と耳にしている．そして，それらの経験が蓄積していくことで，1歳～2歳前後になると，少しずつ言葉の表出が見られるようになってくる．その後，幼児期の数年間をかけて，日常生活の中で家族や周囲の人々など様々な人との関わりの中で，言葉の種類を増やしたり，文法の使用を身につけたりする．聞こえなくなった時期が言語獲得以降であった場合，その人にあった適切な支援は必要ではあるものの，日本語の文法を理解し使用していた経験があるために，日本語の読み書きや話をする上での困難は少ないとされる．ところが，乳幼児期に言葉や言葉の使用方法を蓄積している途中で，聞こえに困難が生じた場合，日本語の文法の理解が難しかったり，言葉の種類の増え方がゆっくりになったりする可能性が考えられる．

2）損傷された部位による分類

　聴覚障害は，損傷のある部位により，以下の2つの分類に分けることができる．

　① 伝音難聴：外耳から中耳までの伝音器が損傷されたことで起こる難聴．状態としては，聞こえにくさのみに限定され，補聴器の装用により聞こえが改善する場合が多い．聴覚障害の程度としては中等度難聴くらいまでとそれほど重度にはならない．

　② 感音難聴：中耳から聴覚野までの損傷で起こる．状態としては，軽度から重度まで様々である．感音難聴は，音の聞こえにくさだけでなく，音が歪んで聞こえるという状態が加わり，音としては聞こえていても，言葉としては聞こえにくいという状況がある．補聴器をつけても聞こえの改善が望めない場合もあり，補聴器を装用しないよりはつけた方が聞こえるが，実際はあまりよく聞こえていない人もいる．

3）聞こえの程度による分類

　WHOによる分類では，前述のとおり，聴力レベルが26～40dBであると「軽度難聴」，「中等度難聴」は41～55dB，「高度難聴」は56～70dBで，91dB～が「重度難聴」とされている．

2　診断基準等

　聴覚障害は，聴力検査によって発見されることが多い．聴力検査の結果を表すものとしてオージオグラムがある．オージオグラムでは，縦軸で音の強さ（dB）を表し，下の方に記号があるほど，聞こえにくい状況である．横軸は，音の周波数（Hz）を表しており，低い音から高い音までの聞こえ具合を知ることができる．オージオグラムの○，×の印は気導検査の数値である．気導検査とは，ヘッドホンを使用し，どのくらい聞こえているのかを調べる方法である．○が右耳，×が左耳を表している．

先天性難聴があっても，生後しばらくは気づかれず，また子どもによっては喃語が出る場合もある．子どもの言語発達に関しては，なるべく早期に聞こえや言葉の療育を受けるほど，その後の発語や聞こえによい効果があると言われている．その点も踏まえ，聴覚障害に関しては，新生児スクリーニングや1歳6カ月健診などによる早期発見や幼児聴力検査が行われている．

① 驚愕反射検査：新生児が大きな音を聴いた際の反射を利用して行う聴力検査である．聞こえているかどうかは検査することが可能であるが，どのくらい聞こえているかという聴力閾値の測定は不可能である．
② 聴性行動反応聴力検査：生後4～5カ月に実施する検査である．この頃になると，乳児は音のする方を向いたり，にこりと笑うという反応を示すようになる．この反応を利用し，太鼓を叩き音のする方を向くか，表情の変化が見られるかなどを観察により検査を行う．
③ 条件詮索反応聴力検査：1～2歳半くらいの子どもに実施できる．子どもの前方左右にスピーカーを置く．スピーカーから音を出すと同時に，音が出ている側に人形を出し子どもの興味を引く．これを繰り返すことにより条件付けを行い，聞こえる音の最小の値を計測することができる．幼児がスピーカーの方向を向く動作により，両耳一緒に検査するために，左右それぞれの耳の聴力値を測定することはできない．

第2節　聴覚障害を有する子どもの特徴

　幼児期の子どもは，自我が芽生える時期である．園生活の中でいろいろな人と関わり，自己表出や自己抑制の方法を学ぶ．聴覚障害のある子どもは，相手の言うことの理解が難しい，自分の要求が上手く伝わらないなど，生活の中で様々な困難に合うことが多い．そのため，周囲の大人が子どもの仕草や身振りなどのちょっとした表出を見逃さず，子どもの気持ちを理解し，大人が理解したことを表情やうなづきなどで子どもに伝えることが重要である［松本 2008：74-75］．また，松本［2008］は，聴覚障害児の聴覚を最大限活用することが，幼児期には重要であることを指摘し，その際，補聴器装用の時期，これまでの関わりなどで個人差があることから，その子どもにあった聴覚活用の方法を模索する必要があるとしている．

第3節　各障害に対応した支援・援助方法の概説

　この項目では，聴覚障害児に対する支援や援助方法について事例を通して説明する．具体的には保育園における保育士として必要な配慮（事例1），補聴器装用に関して（事例2），人工内耳手術に関して（事例3）となっている．

1　事例1　難聴児に必要な配慮

　保育園に通うA君は4歳児クラスに在籍をしている．入園当初よりA君は非常に朗らかで穏やかな性格で，いつもニコニコとしており，おもちゃの取り合いなどになっても，すぐに他児に譲ってあげる優しい行動が見られている．A君は入園以前より，伝音難聴があると診断されている．担任のB保育士は，5月になって少し生活が落ち着いた頃，母親からA君の聴力レベルは右耳が60dB，左耳が70dBであると知らせてもらった．A君がどのくらい聴こえているのかが気になったので，担任保育士は，インターネットで調べてみた．すると，日常の会話の声も聞こえづらいということが書いてあった．しかし，保育園でのA君の様子を思い浮かべてみても，そこまで聞こえていないようには見受けられない．担任が全体に対して話をしている時も，「うん，うん」と頷いて話を聞けているし，「分かった？」と個別で尋ねた時も「うん」と言いながらニコニコとしている．また，生活やルールのある遊びの中でも，いつも仲の良い男児らとワイワイと楽しそうに過ごしており，それほど困っている姿も見られていない．B保育士は戸惑いを感じながらも，「分かった」と言っているA君の言葉を信じて保育を行うことにした．

　この事例を考える際のポイントは次の3点である．

1）A君は保育士の言葉を聞き取れているのか？

　聴覚障害のある子どもの中には，「聞こえていない」という状態が分からない場合がある．聴者の人にとっては「聞こえている状態が当たり前」のため，周囲の騒音や耳の不調など何らかの理由で聞こえなかった場合，その状態に気づきやすい．一方，聴覚障害児は，普段から「聞こえづらい」，或いは「聞こえていない」ため，その状態が理解しづらいということがある．それに対する支援方法としては，複数担任クラスであれば，全体で話を聞く時には，サブの役割の保育士が該当の子どもの肩や背中にそっと触れ，今から話が始まるという合図をするなどが考えられる．担任が1人しかいなければ，「今から話す」ということが視覚的に伝わるような目印（パペット，星や花など分かりやすいマークをつけた小さなステッキなど）を使用するなどの工夫ができる．この支援は，聴覚障害のある子どもだけでなく，クラスの他の子どもたちにとっても，「話がはじまる」ことを意識化しやすいという利点がある．

　聴覚障害児への話の伝え方として，環境としては，比較的静かな場所で，1対1で話す方が内容をよく理解でき，理解できているかどうかを確認しやすい．保育室は，常に子どもの声や生活音がしており，静かとは言い難い環境にある．子どもに必ず伝えたいことは，少し静かな場所で話をすることが必要である．また，伝わっているかどうかを確認することは必要であるが，毎回の話の後に当該幼児だけを抽出して確認することは，子どもの遊びや生活の流れ，子どものこれからやろうとする意欲を削ぐことにもなりかねない．機械的に確認するのではなく，子どもとその周辺の状況を十分理解した上で，タイミングよく声をかける方がいいだろう．

　全体に話をする時の注意点としては，視覚的補助として，口元が見えるようにしなければならない．聴覚障害の子どもは，話す人の唇の動きからも情報を得て，話の内容を理解して

いる．そのため，保育士は話す際には口を大きく動かし，口元の動きが見えるような場所に子どもを座らせるとよい．保育所では大人が黒板に文字を書いたりする場面はそれほどないが，子どもに背中を向けたまま話をしたり，口元が絵本などで隠れないような配慮が必要である．また，少しだけゆっくりと，はっきりと話すことも大切である．幼児にとっては，担任保育士は大きな影響を与える人的環境の1つである．早口であったり，もごもごと話すなど，人にはそれぞれ話し方の癖があるが，保育士は，自分の話し方も意識して，分かりやすいような話し方を工夫せねばならない．伝えようとするあまり，極端にゆっくり話すことは，逆に内容が理解し難いことがある．あまりに大きい声は，伝わりにくいことがある．普通から少しだけ大きめの声で話すよう心掛けたい．乳幼児期の子どもに接する保育士は，豊かな表現が保育実践上の技術として求められるが，とりわけ聴覚障害児には，その時の喜怒哀楽など保育士自身の感情や，伝えたい内容を表情豊かに示すことが重要である．最後に簡潔に伝えることも意識したい．ダラダラと話すのではなく，短く端的な言葉で話した方がよく伝わる．それは，聴覚障害児だけでなく，他の子どもに対しても適切な支援となる．

2）A君は本当に話を理解しているのか？

聴覚障害児によくみられる言動として，理解していなくても「分かった」と頷いてしまうことがある．これは前述のとおり，何が「分かったか」ということが理解しづらいということもある．また，周囲の子どもたちが理解している様子の中で，1人だけ「分からない」と言い出しづらい状況がある．保育士の役割として，分からない時に子どもが言い出しやすい環境を作ることが挙げられる．叱責したり，厳しい態度を取るようなことが保育士として相応しくないことは言うまでもない．分からないことがないかを表情や行動から読み取れるような丁寧な観察に加え，分からない時に自分から告げてこられる子どもとの関係構築が重要であろう．

3）A君が楽しそうに遊んでいるから，それでいいのか？

A君は朗らかで，穏やかな性格で，友達とも仲良く遊んでいる．おもちゃを譲ったりする姿からはA君の優しさが垣間見られる．しかし，別の側面からみると，常に自分の気持ちを押し込めて，他児に気を遣っていることが危惧される．また子ども同士の遊びにおけるルールや状況が理解しづらく，それ故，常にニコニコしている可能性も考えられる．保育士は，子どもが笑っているからいい，楽しそうだから問題ないということではなく，その都度，子どもの心情に敏感になるべきである．そして，自分の意思を身振りや言葉で伝えることができるように，保育士が仲立ちとなり，伝え方を知らせなければならない．

2　事例2　補聴器装用について

T君は保育所に通う5歳児男児であり，保育所には3歳児から通っている．生後まもなく感音難聴との診断を受けて，現在，週1回聴覚障害児のための通園施設に通っている．T君はそこで学んだ手話を保育所でも教えてくれるようになっている．他児らも興味を持ち，クラスの中で広まってきている．T君は，最近，聴力レベルが変化したため補聴器を新しくし

たのだが，T君も他児らも新しいカラフルな補聴器が気になり，保育士のいないところで耳から外したり，触ったりしていることが分かった．

この事例を考える際のポイントは次の3点である．

1）保育所内での手話の使用について

もし保育士が，手話を使用してのコミュニケーションが可能であれば，聴覚障害児とのやりとりに積極的に手話を使用するとよい．聴覚障害児通園施設などに並行通園している場合，たいていは手話を使ってのコミュニケーションを学んでいることが多く，子どもにとっても手話を利用・練習するよい機会となる．しかし，多くの保育士にとって，自由にコミュニケーションが取れるほど手話を使うことは難しい．そのような場合も，知っている単語や使用すると便利と思える言葉から，少しずつ手話を取り入れればいいだろう．子どもに教えてもらったりすることも子どもとの関係構築上，効果的だ．言葉でのコミュニケーションが取りづらい聴覚障害児にとって，話の内容がよく理解できるコミュニケーション法である手話を，身近な大人である保育士が学ぼうとする姿は，嬉しさを感じることが多い．この事例のT君のように，他児に教えることを喜んでいる場合には，指文字のイラスト表を保育室に貼り出すなどしてもいい．配慮すべきは，手話を使用しているのを他児らに見られたくないと感じている子どもの場合である．子どもには様々な感情があり，手話の使用を「みんなに知ってもらいたい」と考える子どもばかりではないということを意識しておく必要がある．

日本の聴覚障害児教育の中では，長年，手話は使用されてこなかった．それは，聴覚口話法を用いることが，子どもへの指導効果が高いと考えられていたためである．障害の状態により，口話の使用が難しく，手話を使用するとコミュニケーションが上手く取れる子どもでも学校教育の中で，手話を学ぶことはなかった．手話は，聴覚障害児者の中でひっそりと使用されてきたコミュニケーションツールであった．しかし，聴覚障害児に口話法のみですべての学習を行うことへの困難さが出てきたことから，1960年代後半になり，口話以外の方法を使用して学ぶことが可能になってきた［根元 2008：21-22］．このように口話だけでなく，手話，筆記など，子ども自らが得意な方法を駆使して，コミュニケーションを取る方法をトータル・コミュニケーションと言う．現在では，この考え方が一般的となっている．

2）補聴器の扱い方について

この事例では，T君の障害に関連するもの（手話や補聴器など）に他児らが自然と関心を持っている点は，非常に評価できるものである．ただ，補聴器は，医師がその子の聴力レベルに合せて調整してあり，大変繊細で高価なものである．補聴器がおもちゃでないことを，本人だけでなく周囲の子どもに理解させることが必要である．その際，ただ触ってはいけないとやみくもに禁止するのではなく，「どのように扱ったらいいか」を子どもに分かりやすく伝えていかねばならない．補聴器の扱いについて，注意点の1つは水に濡らさないことである．プール遊びなどの時には外して，布に包んで所定の場所に置くように指導する．2つ目は，補聴器は，強い衝撃や熱に弱いので，扱いに注意することである．事例のように子どもが勝手に触ったりする中で，乱暴な扱いになることがあるので，基本的には園では補聴器を外さ

ないようにするとよい.

3）補聴器を使用した時の配慮

子どもは，補聴器を初めて使用した時，音のないそれまでとは全く異なる世界に，違和感があったり，あまりに強い刺激に痛みがあるように感じることがある．だからといって外していては，補聴器に慣れないままとなる．子どもが嫌がるからといって，園で勝手に補聴器を外すということは適切な関わりとはいえない．まず，園での様子を保護者に伝える．その際，どういう活動の時に嫌がったのかなどの詳細を伝えることが重要である．また家庭での様子も尋ね，家庭で嫌がらないのであれば，保護者の工夫など情報を共有したい．家庭でも嫌がっているのであれば，補聴器の耳栓部（モールド）が合っていない場合もあるので，再度病院で補聴器を診てもらうように保護者に依頼したい．補聴器の使い始めについては，園が勝手に判断せず保護者との綿密な連携を取りながら，どのような方法が適切かを保護者や医療機関，通園施設などとともに検討したい．

また，補聴器は聞こえの音をただ大きくする機器であり，装用したからといって必ずしも全てのケースでよく聞こえるようになるわけではないことを理解しておきたい．加えて，装用してからは慣れるまでしばらく不快な感覚になることが多い．嫌がらずに装用している時も，子どもの様子をよく観察し，変わった様子がないか注意したい．補聴器からハウリング音（「ピー」という音）がする時は，装用している補聴器が上手く機能しておらず音が聞こえていない状態である．ハウリング音は，子どもが補聴器付近の頭部や髪を触ったり，口を大きく開けて食べたりする動作でモールドがずれたりすることで生起する．ハウリング音がしている時は，本人が気づいていないことが多いので，子どもに知らせて付け直させるとよい．

3　事例3　人工内耳について

1歳児クラスに在籍し，高度難聴であるEちゃんの母親から，「人工内耳にした方がいいのか悩んでいる」という相談を受けた．担任保育士は，人工内耳にした方がよく聞こえるようになるのではと考え，返事をした．

この事例を考える際のポイントは次の点である．

1）人工内耳について

人工内耳とは，聞こえの神経（聴神経や蝸牛神経）を音の代わりに「電気」で刺激し，脳で音や言葉の感覚を得ることができる装置である．機器は「体外部分」と「体内部分」の2つの部分から成る．体内部分は「インプラント」と呼ばれ，受信用のアンテナとこれに続く発信器，そしてこの先にある細い蝸牛内電極部から成り，重さは約10グラムである．体外部分は，マイクロフォン，スピーチプロセッサー（音声処理装置），音情報を体内に送る送信コイルで構成される．送信コイルには磁石がついており，頭皮を介してインプラントと密に接している．

人工内耳は頭部の手術が必要である．適応年齢は原則1歳以上，希望する人が全員受けられるのではなく，聴力検査で原則平均聴力レベルが90dB以上の重度難聴があることが条件

となっている．乳幼児期の保護者が悩みを抱えるのは，手術を受けるかどうかという点である．人工内耳手術を受けたことで，聞こえがよくなるケースがある一方，手術を受けても聴力レベルがそれほど改善しない場合もある．これらのことから，本人の意思が確認しにくい乳幼児期に，頭部の手術を受けることへの不安や戸惑いを感じる保護者も多い．保護者から相談を受けた時は，医師やSTなどの専門家の意見を参考にしながら，保護者が納得した決定が行えるよう，不安や心配に寄り添いながら保護者の話を聞いていくことが保育士の役割であろう．

引用・参考文献

松本末男［2008］「聾学校における教育の内容と方法」中野善達・根元匡文編著『改訂版聴覚　障害教育の基本と実際』田研出版．

永渕正昭［2011］「聴覚障害児の医療と療育」篠田達明監修，今野正良・長崎勤・土橋圭子編集『視覚・聴覚・言語障害児の医療・療育・教育　改訂2版』金芳堂．

根元匡文［2008］「我が国における聴覚障害教育の歴史と今日の課題」中野善達・根元匡文編著『改訂版聴覚障害教育の基本と実際』田研出版．

第5章

知的障害児の理解と援助

第1節　知的障害の概要（定義・診断基準）

1　知的障害の定義

現在最も一般的に用いられる知的障害の定義としては，以下のアメリカ知的・発達障害協会（American Association of Intellectual and Developmental Disabilities：AAIDD）のものがあげられる．その定義は以下の通りである．

> 知的障害は，知的機能と適応行動（概念的，社会的および実用的な適応スキルによって表される）の双方の明らかな制約によって特徴づけられる能力障害である．この能力障害は，18歳までに生じる．

知的機能は，知能とも呼ばれるが，一般的な心的能力を指し，学習・推論・問題解決などの能力のことである．知的機能を測定する1つの方法は知能検査であり，一般的に知能検査の得点（IQ）が70から75以下の場合，知的機能に制限があるとされる．

適応行動は，人々が日常生活の中で獲得し活用する概念的・社会的・実用的なスキルの集合である．概念的スキルとは，言語・会話能力，金銭・時間・数の概念，自己決定能力などである．社会的スキルとは，対人関係スキル，社会的責任能力，自尊心，無邪気さ，だまされやすさ（用心深さ），社会的問題を解決する力，規則を守り法に従う力，他者からの被害に遭わないようにする力などである．実用的スキルとは，日常生活を送る力（身の回りのケア），職業能力，健康維持，移動交通手段の活用，日課やスケジュール管理，安全を守る，お金を使う，電話を使うなどの力である．これらの適応能力の制約を測定する標準化された検査もある．

その他，知的障害を定義し判定する上でAAIDDが強調しているのは，その子どもの周囲の人々や文化などのコミュニティの環境といった要因を考慮することである．その子どもの所属するコミュニティの中で，人々が交流し移動し活動する方法の多様性，文化の違いが考慮されなければならない［AAIDD 2017］．

2　知的機能とその測定

第Ⅱ部第1章でも述べたように，現在用いられている信頼できる検査はすべて標準化とい

表 5-1　新版 K 式発達検査通過率例

	1歳0カ月〜1歳3カ月	1歳3カ月〜1歳6カ月	1歳6カ月〜1歳9カ月	1歳9カ月〜2歳0カ月	2歳0カ月〜2歳3カ月	2歳3カ月〜2歳6カ月
積木の塔5	5.6%	29.8%	67.2%	100.0%	96.0%	100.0%
絵指示4／6	0.0%	22.8%	60.7%	77.1%	93.1%	100.0%

(出所) 新版 K 式発達検査研究会 [2008] より筆者作成.

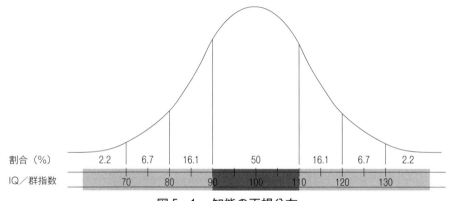

図 5-1　知能の正規分布

(出所) 筆者作成.

う手続きを経ている．多くのサンプルから得たデータをもとに，1つ1つの課題の年齢による正答率を算出し，それによって標準的な通過年齢を得ている．

　例えば，新版 K 式発達検査2001での項目をいくつか見てみよう．1歳6カ月超〜1歳9カ月の月齢に入れられている項目として，「積木の塔5」がある．これは，1辺が約2.5センチメートルの赤い立方体の積木を独力で5個積むことができるという内容である．この項目を，各月齢群50人前後の子どもたちに行い，できた人数の割合を算出する（表5-1）．そして，通過率が50〜75％の月齢群にその項目を入れていってできたのが発達検査の用紙であり，これに基づいて被検査者の子どもの発達年齢（Developmental Age；DA）が算出される．単純化すれば，積木が5個積めれば「積木の塔5」の課題について，1歳6カ月〜1歳9カ月の発達年齢ということになる．もちろん，1つの課題項目のみで発達年齢を算出するわけではなく，いくつもの課題を総合して算出している．こうして出てきた発達年齢を，その子どもの生活年齢（Chronological Age；CA）で割ったものが，発達指数（Developmental Quotient；DQ）である（知能指数（Intelligence Quotient；IQ）についても原理的には同じ）．つまり，これらの標準化された検査から出てくる指数とは，平均からどれだけ離れているかを表す．

　そして，もう1つの前提として，このように測定される知能は正規分布（Normal Distribution）に近い形で分布していることである（図5-1）．正規分布とは，中心である平均点の周辺の度数（人数）が最も多く，そこから離れるほど度数（人数）が少なくなるものである．統計的には，ここで知的障害とされる指数が70以下の場合，全体の約2.2％が存在することになる．

つまり，社会は数多くの多様な人間から構成され，人為的な操作(障害のある人を排除するなど)がなされない限りは，ある一定の比率で知的障害と分類される人々が存在し，それは当たり前のことなのだ．

この指数に基づいて，知的障害の程度（区分）がなされる．

- 軽度：IQ のレベルでは，おおよそ50から69（大人であれば，精神発達年齢が9歳から12歳）．学校での学業には困難を来すが，多くの成人では職について，よい社会関係を築き，社会に貢献できる．
- 中度：IQ のレベルでは，おおよそ35から49（大人であれば，精神発達年齢が6歳から9歳）．児童期には発達の遅れが著しいが，多くはある程度まで生活習慣が自立でき，適切なコミュニケーションと読み書きの技能を獲得することができる．社会の中で生活し働く上での個別の支援が必要となる．
- 重度：IQ のレベルでは，おおよそ20から34（大人であれば，精神発達年齢が3歳から6歳）．生活全般での支援が必要となる．
- 最重度：IQ のレベルでは，20以下（大人であれば，精神発達年齢が3歳以下）．生活習慣・排泄・コミュニケーションの自立や自力での移動などは非常に困難．

3 適応行動について

適応行動は，前述の厚生労働省の調査では日常生活能力（自立機能，運動機能，意思交換，探索操作，移動，生活文化，職業等）とほぼ同じである．まとめると，「生きていく上で必要な力」になるが，文化，地域，家庭により何が必要な力なのかは異なるため，知的能力以上に客観的・一般的に測定することは難しく，標準化された検査は多くない．

適応行動の測定に特化したものではないが，発達スクリーニング検査としてよく用いられるものとして，「遠城寺式乳幼児分析的発達検査法」と「日本版デンバー式発達スクリーニング検査」がある．スクリーニング検査とは，簡便に検査できるため，多くの子どもを見る乳幼児検診などで，さらに詳しい検査が必要かどうかを調べるために使われるものである．どちらの検査も，15〜20分程度の観察と養育者からの聞き取りで行い，発達指数を算出せずに，全体的な発達の姿を見ることを目的としている．

これらの検査の中で，例えば遠城寺式での社会性の基本習慣で，2歳6カ月から2歳9カ月の項目である「靴を1人で履く」などはまさに日常生活能力であろう．このように，それぞれのスクリーニング検査での日常生活能力を取り出して，適応行動の程度を見ることもできる．

適応行動の測定に特化したものとしては，「日本版 Vineland-II 適応行動尺度」と「S-M社会生活能力検査」がある．日本版 Vineland-II 適応行動尺度は，**図5-2**のような構造を持つ．実施方法は，半構造化面接法により，通常の会話ややりとりを通じて必要な情報を得る．例えば，コミュニケーション領域の指示の実行では，「1つの動作，1つの具体物を含

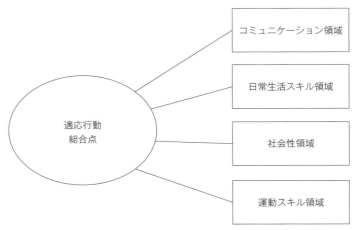

図 5-2　日本版 Vineland-Ⅱ適応行動尺度の構造
（出所）辻井・村上 [2014].

む指示に従う」で「本を持ってきて」などの指示に従うかどうかを見る．日常生活スキル領域での身辺自立で「おむつやパンツにうんちやおしっこをすると誰かに知らせる」などのその場では見られない行動の場合，養育者からの聞き取りから情報を得る．日常スキル領域での項目には，「かき混ぜたりするような簡単な調理の手伝いをする」「下の固定されたジッパーを閉めたり開けたりできる」といったように，日常生活に即したきわめて具体的なものでできているので，なじみやすく実行できる．

　結果は**図 5-3**のようなプロフィールで表される．

　S-M 社会生活能力検査の特色は，普段の社会生活能力を測定する，簡便に実施できる，社会生活能力の全般的な発達と領域ごとの発達を見ることができる，などである．**表 5-2**にその構成を示す．

　検査の結果は，**表 5-3**のように表される．

　この結果の活用については，子どもの社会生活能力のスクリーニングだけでなく，関係者の共通理解を高めることや，保護者との相談で利用することなどが考えられる．

　このほかにも標準化された適応行動を測定する検査はあるが，実際に障害の程度区分を判定する上では，知能指数や発達指数と同じように使用されることは少ない．前述のように，適応行動は，文化や地域，家庭などで多様であるため，客観的な測定は難しい．そのため，その子どもの生活環境などを熟知した判定者が，総合的に判断することが多くなる．

第 2 節　知的障害の特徴

　知的障害の定義は「知的機能と適応行動の双方の明らかな制約によって特徴づけられる能力障害」だけであり，その原因については特に述べられていない．知的障害を引き起こすと考えられる危険因子については，AAIDD では**表 5-4**のようにまとめられている．

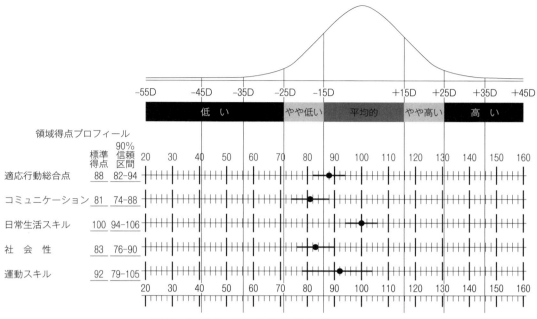

図 5-3　Vineland-Ⅱ　得点プロフィール

表 5-2　S-M 社会生活能力検査の構成領域

領　域	内　容
身辺自立（SH：Self-Help）	衣服の着脱，食事，排せつなどの身辺自立に関する能力
移動（L：Locomotion）	自分の行きたい所へ移動するための能力
作業（O：Occupation）	道具の扱いなどの作業遂行に関する能力
コミュニケーション（C：Communication）	ことばや文字などによるコミュニケーション能力
集団参加（S：Socialization）	社会生活への参加の具合を示す能力
自己統制（SD：Self-Direction）	わがままを抑え，自己の行動を責任を持って目的に方向付ける能力

（出所）上野・名越［2016］.

表 5-3　S-M 社会生活能力検査の結果（例）

生活年齢（CA）		6歳3カ月	回答者	保護者
全検査社会生活年令（全検査SA）		3歳5カ月	社会生活指数（SQ）	53
領域別社会生活年令 （領域別SA）	身辺自立（SH）	3歳9カ月	コミュニケーション（C）	3歳9カ月
	移動（L）	2歳11カ月	集団参加（S）	3歳1カ月
	作業（O）	3歳3カ月	自己統制（SD）	2歳9カ月

　もちろん，これらの危険因子があれば必ず知的障害が引き起こされるわけではない．また，単一の危険因子で知的障害が引き起こされるということでもない．複数の危険因子の相互作用によって，知的障害となることもあればならないこともあるだろう．さらに，危険因子が存在しなくても，知的障害が生じることもある．これらの危険因子の中で知的障害を引き起こす主要なものを3つに分類し，それぞれの特徴を簡単にまとめる．

表5-4 知的障害の危険因子

時期	生物医学的	社会的	行動的	教育的
出生前	1. 染色体異常 2. 単一遺伝子疾患 3. 症候群 4. 代謝疾患 5. 脳の発生異常 6. 母親の疾患 7. 親の年齢	1. 貧困 2. 母親の栄養不良 3. ドメスティックバイオレンス 4. 出生前ケアの未実施	1. 親の薬物使用 2. 親の飲酒 3. 親の喫煙 4. 未成年の親	1. 支援がない状況下での親の認知能力障害 2. 親になる準備の欠如
周産期	1. 未熟性 2. 分娩外傷 3. 新生児期の疾患	1. 出生前ケアの未実施	1. 親による養育拒否 2. 親による子どもの放棄	1. 退院後の福祉的支援への医療側からの紹介の欠如
出生後	1. 外傷性脳損傷 2. 栄養不良 3. 髄膜脳炎 4. 発作性疾患 5. 変性疾患	1. 養育者との不適切な相互作用 2. 適切な養育刺激の欠如 3. 家庭の貧困 4. 家族の慢性疾患 5. 施設収容	1. 子ども虐待とネグレクト 2. ドメスティックバイオレンス 3. 子の安全に無頓着 4. 社会的剝奪 5. 育てにくい気質の子どもの行動	1. 不適切な育児 2. 診断の遅れ 3. 早期介入支援が不十分 4. 特別支援教育が不十分 5. 家族支援が不十分

(出所) AAIDD [2017].

1 病理的原因

危険因子の中でいえば，染色体異常，代謝異常，脳の発生異常，髄膜脳炎，親の薬物使用，親の飲酒などの多くが含まれ，器質的異常が明確なものである．

表5-5に主な染色体異常をまとめる．

これらの行動特徴はあくまでも一般的なものであり，1人1人の特徴はたとえ同じ染色体異常があったとしても1人1人異なっていて，健常児と同じようにそれぞれの個性を持っていることは十分に考慮しなければならない．

次に，母親の飲酒が危険因子とされる場合は，胎児性アルコール症候群 (Fetal Alcohol Syndrome：FAS) が引き起こされる．胎児性アルコール症候群とは，妊娠中にアルコールを摂取した女性から生まれた子どもに，特徴的な顔貌 (小さな目，薄い唇など)，発育の遅れ，中枢神経系の障害 (学習，記憶，注意力の持続，コミュニケーション，視覚・聴覚の障害など) などの先天異常が見られることである．

2 心理・社会的病因

危険因子の中では，親になる準備の欠如，ドメスティックバイオレンス，子ども虐待とネグレクト，不適切な育児などが当たる．

野津牧 [2003] は，不適切な養育環境で過ごし，4歳8カ月で保護された男児の支援についてまとめている．それによると，保護直後に行われた新版K式発達検査の結果では，「姿勢・運動領域」で1歳6カ月 (発達指数32)，「認知・適応領域」で2歳2カ月 (同46)，「言語・社会領域」で1歳7カ月 (同33)，「全領域」で1歳11カ月 (同40) であり，中度の知的障害と診断された．児童養護施設での適切な保護・養育の元で，6歳10カ月の時点では，「認知・

表 5-5 主な遺伝性障害の行動的表現型

病因診断	よく認められる行動的特徴	発生率
ダウン症候群	1．言語的または聴覚的課題よりも視覚空間的課題の生成が良好 2．知能に比して適応行動の良さ 3．快活な，親しみやすい人柄 4．成人で抑うつが見られる	800人から1000人に1人程度
ウィリアムズ症候群	1．言語，聴覚性記憶，顔面認知が良好 2．聴覚空間的機能，知覚—運動計画および微細運動スキルの制約 3．心の理論（対人的知能）が良好 4．社会的知能の障害があるが人なつっこい 5．すべての年齢でよく見られる不安障害	1万人から2万人に1人程度
脆弱X症候群	1．視覚空間的能力より言語能力が良好 2．日常生活・身辺処理能力が相対的に良好 3．不注意，多動および自閉的行動の頻繁な合併 4．すべての年齢でよく見られる不安障害	1万人に1人程度
プラダー・ウィリー症候群	1．満腹感，食物探索行動における障害，および肥満 2．視覚的処理とジグソーパズルでの強さ 3．すべての年齢でよく見られる強迫性障害と衝動統制障害 4．成人で時々出現する精神病性症状	1万5000人に1人程度
口蓋心臓顔面症候群	1．言語能力が非言語能力より良好 2．不注意と多動が子どもでよく見られる 3．統合失調症と気分障害が，年長の青年と成人でより頻繁に見られる	3000人から6000人に1人程度
ルビンステイン・テイビ症候群	1．不注意と衝動性が子どもでよく見られる 2．人なつっこさと音楽への関心 3．場合によって気分障害，チックおよび強迫性障害の合併	2万人に1人程度？
スミス・マゲニス症候群	1．言語獲得の遅れ 2．継次処理の相対的弱さ 3．睡眠障害はよくある 4．頻繁な常同行動と自傷行動 5．子どもに多い衝動統制障害	1万5000人から2万5000人に1人程度
アンジェルマン症候群	1．若年の人に特徴的な不適切な笑いの発作 2．すべての年齢で一般に幸福そうな傾向 3．若年の人における多動と睡眠障害	1万5000人から3万人に1人程度？

（出所）AAIDD［2017］．

適応領域」で発達指数79,「言語・社会領域」で73, 全領域で77とめざましく回復した．

このように，心理社会的病因が主な知的障害の原因である場合は，早期の介入や保護によって回復する可能性が高いが，子どもの知的障害が虐待やネグレクトを引き起こすこともある．実際，細川徹と本間博彰［2002］の調査では，障害のある子どもの虐待率は，障害の有無にかかわらない子どもの虐待率の4倍から10倍であることが示されている．

しかし，中根成寿［2003］が論じているように，多くの障害のある子どもの家庭では虐待は生じておらず，あくまでも障害はリスク要因の1つであって，虐待を引き起こさない補償要因についても検討することが重要であろう．

3 生理的病因

前述のように，特に病理的な原因がなかったとしても，統計的に人口の約2.2%が知的障

害の範囲に入る．また，病理的な原因，心理社会的病因が特定されない場合も，ここに入れられることが多い．したがって，行動や認知の特徴も様々であって，対応も1人1人異なってくる．

第3節　知的障害の支援・援助

　知的障害の支援・援助をする前に，何のために支援・援助をするのかを考えておかねばならない．現在，障害者支援の基本となっている考え方は，「合理的配慮」である．2006年に採択された障害者権利条約では，「『合理的配慮』とは，障害者が他の者との平等を基礎として全ての人権及び基本的自由を享有し，又は行使することを確保するための必要かつ適当な変更及び調整であって，特定の場合において必要とされるものであり，かつ，均衡を失した又は過度の負担を課さないものをいう」とされている［外務省 2016］．これ自体は障害者の自由や差別解消のために必要不可欠な理念であることは間違いない．

　ただ，後述するように，自閉スペクトラムやADHDなどの発達障害の場合に特に強調されがちなのが，「本来その個人が持っている能力を十分に発揮できるようにするための環境整備」という側面である．しかし，「障害のある人の能力を生かすために合理的配慮をする」という考え方に対して，熊谷晋一郎は対談の中で，「日本が誇れるのは能力主義を徹底しない，いい加減さですよね．1970年代の障害者運動は『障害者に対し，社会に合理的な配慮がないから能力が発揮できない』という考え方と，『能力のあるなしは関係ない．命そのものに価値があるんだ』という考え方の2本立てでした．80年代以降，米国型の考え方が入って前者に前傾していきます．能力がある「資格ある障害者」だけが社会に包摂され，そうでないものは排除される．声を上げることができない重度の障害者を下位に置く序列化が起きています」［熊谷 2017］と述べている．特に保育の現場では，タテの発達を期待するために支援・援助をすることに目が行きがちだが，その前に，ここで述べられているような「命そのものに価値がある」という観点を忘れてはならない．

　もう1つ，特に保育所に通う知的障害の子どもへの配慮について現場で問われがちなことが，「精神発達年齢に基づいた支援」か「生活年齢に基づいた支援」かである．知的障害と判定された場合，発達検査・知能検査を行った結果として発達指数や知能指数が医療機関や発達支援センターなどから送られてくることがある．その結果が，例えば生活年齢が5歳6カ月だが，精神発達年齢は2歳代前半などと書かれてあると，「発達段階に応じた支援をするためには精神発達年齢相当のクラスでの保育が適している」などとされることもある．しかし，障害のある子どもでも障害のない子どもと同じようにそれまでの時間を生きてきている．そして，そこには，第Ⅱ部第1章で述べたような，タテの発達では見えない，ヨコの発達もあるだろう．また，その子どもなりの自己意識や他者への認識もあり，自分が同じ生活年齢の子どもたちとは異なった扱いを受けることへの気づきもあるだろう．したがって，ここでもまた1人1人に合わせて，「精神発達年齢に基づいた支援」と「生活年齢に基づいた

支援」のどちらかを選ぶのではなく，両立させるべきものである．

第4節　事　　例

　Aちゃんの生活年齢は4歳3カ月である．10カ月の乳児健診で，はいはいができない，お座りが不安定，ものをつかみにくいなどがあり，運動発達・認知発達が全体的にゆっくりであると指摘された．療育機関などには紹介されず，1歳6カ月の健診で歩行がまだであること，指さしが見られないこと，小さいものをつまめないことなどから，発達支援センターを紹介された．そこから，療育施設を紹介され，週3回の母子通所による療育が行われた．3歳3カ月で地域の公立幼稚園に入園．現在は，障害児加配の教員が1人ついて，年中組に所属．療育施設には，週に1回半日通所し，半年に1回程度の発達検査を受ける．
　幼稚園では，登園や母子分離に抵抗を示すこともなく，教室を飛び出すこともない．話し言葉は，単語が多く，2語文を時々使う程度．それでも，他児や保育者には話しかけ，うまく伝わらないとかんしゃくを起こすこともある．言葉の理解は比較的良好で，他児とのままごと遊びなどでは赤ちゃん役をよく割り当てられて，ニコニコしながら世話をされている．排泄は事前予告ができるようになったが，まだ失敗もある．4歳3カ月時点での，新版K式発達検査の結果は以下の通り（**図5-4**に結果の一部を示す）．

　　姿勢・運動：発達年齢3歳1カ月，発達指数73
　　認知・適応：発達年齢2歳4カ月，発達指数55
　　言語・社会：発達年齢2歳7カ月，発達指数61
　　全領域：発達年齢2歳6カ月，発達指数59

　姿勢・運動領域では，「階段を片足ずつ交互に踏んで登ること」はできるが，「片足けんけんで少なくとも2，3歩前進」はできない．このような場合，検査項目にはないが，片足で立つことや三輪車などのペダルを交互にこげることなどを観察する．また，検査ではプラスになっている「飛び降り」も観察し，両足がそろって飛び降りられているかどうかも確かめる．そして，**図5-5**のような体を使った遊びを積極的に保育に取り入れる．
　認知・適応領域では，折り紙を2つに折る課題（折り紙Ⅰ）ができないことなどから，細かい手先の動きが苦手なことが考えられる．細かい手指の使い方を訓練することも大切だが，保育の現場では簡単に達成感が持てて，手指を使うことが楽しめるフィンガーペインティングや小麦粉粘土などが適切だろう．
　さて，この例では，「トラック模倣」ができないのに，その後の項目である「家の模倣」ができている（**図5-6**）．このようなパターンについては，大島剛ほか[2013]も述べていて，ここから様々な仮説を立てることができる．例えば，ここでのAちゃんは，検査者が作った例示用のトラックの上に自分の積木を重ねた．このような場合，検査者のモデルを置く場所の下に色のついた折り紙を敷いて，子どもの前には別の色の折り紙を置いて，ここに作

図 5-4　K式発達検査の結果の一部例

2:0超~2:3	2:3超~2:6	2:6超~3:0
＋ 飛び降り　　　T20		
		＋ 交互に足を出す　　T19
＋ 積木の塔 8　　P24		－ 四角構成 例後2/2 P88
	－ トラック模倣　　P25	
		＋ 家の模倣　　　P26
	－ 形の弁別Ⅱ 8/10 P83	
	－ 折り紙Ⅰ　　　P78	－ 折り紙Ⅱ　　　P79
＋ 横線模倣 1/3　P102		－ 十字模写 例後1/3 P105
	＋ 縦線模倣 1/3　P103	－ 円模写1/3　　P104
	－ 入れ子　5個　P77	
－ 記憶板 2/3　　P113		
－ 2数復唱 1/3　　V1		－ 3数復唱 1/3　　V2
	＋ 大小比較 3/3,5/6 V8	－ 長短比較 3/3,5/6 V9
＋ 絵の名称Ⅰ 5/6　V33	－ 絵の名称Ⅱ 3/6　V34	－ 絵の名称Ⅱ 5/6　V35
	＋ 用途絵指示 4/6 V31b	＋ 色の名称 3/4　　V40
		＋ 姓名　　　　　V37
		＋ 年齢　　　　　V37b
＋ 表情理解Ⅰ 5/6 V10b		＋ 表情理解Ⅱ 3/4 V10c

ように教示するとできることがある．言葉での指示だけではわかりにくく，具体的に目に見えるように例示をすることでわかりやすくなるのではないか，と支援を考える手がかりになる．

　言語・社会領域では，「絵の名称Ⅰ」はできているが，「絵の名称Ⅱ」はできない．「絵の名称Ⅰ」では幼児語や構音上のゆがみ（「くつ」を「くちゅ」など）は正答となるが，「絵の名称Ⅱ」では構音上のゆがみは許されても幼児語は誤りとされる．「絵の名称Ⅱ」では，「じてんしゃ」「えんぴつ」のように長い音節の単語も出てくる．ここで関連づけて考えたいのが，「2数復唱」という課題だ．これは，検査者が言った後に数を復唱させる課題だが，これができていないことと考え合わせると，聞いたことを短時間の間記憶して，再生するために蓄えておく「聴覚的ワーキングメモリ」の容量が小さいことが推測できる．聴覚的ワーキングメモリの容量が小さいということは，耳で聞いたことを再生する・意味を理解するために短期間保持することが難しいことを意味する．したがって，保育者の言葉による指示を理解して，実行することは難しいだろうし，長い音節の単語であれば語尾だけを覚えて（「じてんしゃ」を「しゃ」と言うなど）いることもあるだろう．

　とすると，保育者は，できるだけ短い指示，身振りなどの聴覚以外の手がかり，視覚的な指示を積極的に使うべきだろう．特に，身振りなどについては，コミュニケーションを促進するためにも役立てたい．単語の数が少ない，なかなか単語が出てこない場合には，ベビーサイン［Acredolo & Goodwyn 2001］などを使ってもいいだろう（図 5-7）．

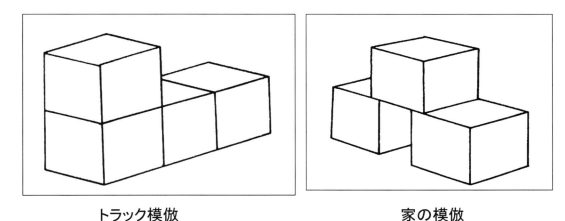

図5-5　体を使った遊び例

（出所）二宮［2005：39］．

トラック模倣　　　　　　　　　　　家の模倣

図5-6　トラック模倣と家の模倣

　Aちゃんのようにすでに単語を獲得している場合でも，伝えたいことがうまく伝わらなくてかんしゃくを起こす場合，サインやPECS（Picture Exchange Communication System）などのように絵カードを用いてもいいだろう［Bondy & Frost 2006］．もちろん，保育者がその子に合わせて作った手作りの絵カードでもいい．また，タブレットや携帯端末用のアプリにも簡単にコミュニケーション用の絵カードを作成できるものがある．図5-8はDroptalkという補助代替コミュニケーション（Augmentative and Alternative Communication；AAC）の1つである．これ以外にも様々な支援アプリがあり，その一覧は「魔法のプロジェクト」（http://maho-prj.org/）で参照できる．

図 5-7　ベビーサイン
（出所）Acredolo & Goodwyn［2001：邦訳］．

図 5-8　ドロップトーク
（出所）Droplet Project公開のDrop Talkより．

　このように，検査結果は指数などの数値だけを見るためではなく，今その子どもにとってどのような支援が必要なのか，これからどのような発達の様子を見せてくれるのかを考えるための貴重な情報源とするべきである．

引用・参考文献

Acredolo, L. P. & Goodwyn, S. W.［1996］*Baby Signs : How to Talk with Your Baby Before Your Baby Can Talk* McGraw-Hill Education（たきざわあき編訳『ベビーサイン　まだ話せない赤ちゃんと話す方法』径書房，2001年）．

American Association on Intellectual and Developmental Disabilities（AAIDD）［2017］https://aaidd.org/intellectual-disability/definition#.WPHFL 1 PyjOQ

Bondy, A. D. & Frost, L.［2002］*A Picture's Worth : PECS and Other Visual Communication Strategies in Autism*（*Topics in Autism*）Woodbine House（園山繁樹・竹内康二訳『自閉症児と絵カードでコミュニケーション　PECSとAAC』二瓶社，2006年）

外務省［2016］http : //www.mofa.go.jp/mofaj/gaiko/jinken/index_shogaisha.html

細川徹・本間博彰［2002］「わが国における児童虐待の実態とその特徴」『平成13年度厚生科学研究（子ども家庭総合研究事業）報告書』

熊谷晋一郎［2017］『対談』障害者が狙われて　熊谷晋一郎さん×最首悟さん』朝日新聞2017年2月25日

中根成寿［2007］「障害は虐待のリスクか？：児童虐待と発達障害の関係について」『福祉社会研究』8

野津牧［2003］「不適切な養育環境に育った子どもに対する援助──児童養護施設における実践事例──」『社会福祉学』44（2）．

二宮信一［2005］『ココロとカラダほぐしあそび』学習研究社．

大島剛・川畑隆・伏見真里子・笹川宏樹・梁川恵・衣斐哲臣・菅野道英・宮井研治・大谷多加志・井口絹世・長嶋宏美［2013］『発達相談と新版K式発達検査』明石書店．

新版K式発達検査研究会編［2008］『新版K式発達検査法2001年版標準化資料と実施法』ナカニシヤ出版．

辻井正次・村上隆［2014］『Vineland™-Ⅱ適応行動尺度』日本文化科学社．

上野一彦・名越斉子［2016］『S-M社会生活能力検査　第3版』日本文化科学社．

第6章

発達障害児の理解と援助①（自閉スペクトラム症）

第1節　自閉スペクトラム症の概要（定義・診断基準）

　自閉スペクトラム症（Autism Spectrum Disorder：以下 ASD と略）の定義として現在最も広く用いられているのは，アメリカ精神医学会の『精神障害の診断と統計マニュアル第5版』（Diagnostic and Statistical Manual of Mental Disorder Ⅴ：以下 DSM-5 と略）である．その診断基準と重症度水準を**表6-1**，**表6-2**に示す．
　この定義をまとめると，以下の通りである（これらについては後述する）．

　　① 他者との対人関係（言語的・非言語的コミュニケーションを含む）の質的な障害
　　② 興味や関心の偏り・こだわり

　ASD の発症率は基準の取り方によって様々である．アメリカ疾病予防管理センター（Centers for Disease Control and Prevention：CDC, 2017）の統計によれば，1.46％すなわち68人に1人，男児の方が女児の4.5倍多いとされている．この比率は，人種や民族，社会階層に関わりなくほぼ一定である．最新の研究では95％の信頼区間で1.91％から3.37％と発表している [Pantelis & Kennedy 2016]．また，ASD の人口が近年増加しているかどうかについての議論がなされることも多いが，これらのデータから ASD が増えていると考える研究者は少ない [土屋 2013]．
　同じく CDC のデータによれば，遺伝子が同じである一卵性双生児で1人が ASD であった場合もう1人が ASD である確率は36～95％，遺伝子が異なる二卵性双生児の場合の0～31％と比べると高くなっている．ここから何らかの遺伝的要因が関連していると推測できる．また，男児の方が女児よりも多いことから，脆弱 X 症候群のような X 遺伝子上の問題という仮説も立てられている．
　しかし，近年は遺伝子そのものの異常として考えるよりも，遺伝子の配列の変化は見られないが遺伝子機能のオン・オフによってもたらされる変化，すなわち「エピジェネティクス」研究から，ASD の危険因子の探索が進んでいる．現在危険因子として，胎児期の母体の喫煙，体重増加，薬物服用，早産などが挙げられているが，いずれも関与が確実視されているものではない [土屋 2014]．また，ASD の行動特徴を脳科学的に説明する研究も進められている．いわゆる「社会脳」と呼ばれる領域である，紡錘状回・背内側前頭前野・側頭葉の一

表6-1　自閉スペクトラム症の診断基準（DSM-5による）

A	複数の状況で社会的コミュニケーションおよび対人的相互反応における持続的な欠陥があり，現時点または病歴によって，以下により明らかになる． (1) 相互の対人的―情緒的関係の欠落で，例えば，対人的に異常な近づき方や通常の会話のやりとりのできないことといったものから，興味，情動，または感情を共有することの少なさ，社会的相互反応を開始したり応じたりすることができないことに及ぶ． (2) 対人的相互反応で非言語的コミュニケーション行動を用いることの欠陥，例えば，まとまりのわるい言語的，非言語的コミュニケーションから，視線を合わせることと身振りの異常，または身振りの理解やその使用の欠陥，顔の表情や非言語的コミュニケーションの完全な欠陥に及ぶ． (3) 人間関係を発展させ，維持し，それを理解することの欠陥で，例えば，様々な社会的状況に合った行動に調整することの困難さから，想像上の遊びを他者と一緒にしたり友人を作ることの困難さ，または仲間に対する興味の欠如に及ぶ．
B	行動，興味，または活動の限定された反復的な様式で，現在または病歴によって，以下の少なくとも2つにより明らかになる． (1) 常同的または反復的な身体の運動，物の使用，または会話（例：おもちゃを一列に並べたり物を叩いたりするなどの単調な常同運動，反響言語，独特な言い回し）． (2) 同一性への固執，習慣への頑ななこだわり，または言語的，非言語的な儀式的行動様式（例：小さな変化に対する極度の苦痛，移行することの困難さ，柔軟性に欠ける思考様式，儀式のようなあいさつの習慣，毎日同じ道順をたどったり，同じ食物を食べたりすることへの要求） (3) 強度または対象において異常なほど，きわめて限定され執着する興味（例：一般的ではない対象への強い愛着または没頭，過度に限局したまたは固執した興味） (4) 感覚刺激に対する過敏さまたは鈍感さ，または環境の感覚的側面に対する並外れた興味（例：痛みや体温に無関心のように見える，特定の音または触感に逆の反応をする，対象を過度に嗅いだり触れたりする，光または動きを見ることに熱中する）
C	症状は発達早期に存在していなければならない．
D	その症状は，社会的，職業的，または他の重要な領域における現在の機能に臨床的に意味にある障害を引き起こしている．
E	これらの障害は，知的能力障害（知的発達症）または全般的発達遅延ではうまく説明されない．知的能力障害と自閉スペクトラム症はしばしば同時に起こり，自閉スペクトラム症と知的能力障害の併存の診断を下すためには，社会的コミュニケーションが全般の発達の水準から期待されるものより下回っていなければならない．

（出所）American Psychiatric Association [2013].

表6-2　自閉スペクトラム症の重症度水準（DSM-5による）

重症度水準	社会的コミュニケーション	限局された反復的な行動
レベル3 非常に十分な支援を要する	言語的および非言語的社会的コミュニケーション技能の重篤な欠陥が，重篤な機能障害，対人的相互反応の開始の非常な制限，および他者からの対人的申し出に対する最小限の反応などを引き起こしている，例えば，意味をなす会話の言葉がわずかしかなくて相互反応をほとんど起こさなかったり，相互反応を起こす場合でも，必要があるときのみに異常な近づき方をしたり，非常に直接的な近づき方のみに反応したりするような人	行動の柔軟性のなさ，変化に対処することへの極度の困難さ，またはあらゆる分野において機能することを著しく妨げるような他の限局された反復的な行動．焦点または活動を変えることへの強い苦痛や困難さ
レベル2 十分な支援を要する	言語的および非言語的社会的コミュニケーション技能の著しい欠陥で，支援がなされている場面でも社会的機能障害が明らかであったり，対人的相互反応を開始することが制限されていたり，他者からの対人的申し出に対する反応が少ないか異常であったりする．例えば，単文しか話さず，相互反応が狭い特定の興味に限られ，著しく奇妙な非言語的コミュニケーションを行うような人	行動の柔軟性のなさ，変化に対処することへの困難さ，または他の限局された反復的な行動．事情を知らない人にも明らかなほど高頻度に認められ，様々な状況で機能することを妨げている．焦点または活動を変えることへの苦痛や困難さ

（出所）表6-1と同じ．

部の機能低下を指摘する研究も多い［土屋 2014］．

　では，自閉スペクトラム症の「スペクトラム」とは何か．日本では，「スペクトル」の方が知られているが，例えば，太陽光をプリズムで分光したものがこう呼ばれる．目に見える

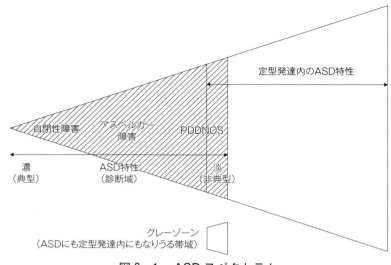

図6-1 ASDスペクトラム
(出典) 清水 [2014].

色でいえば，紫から赤まで連続して変化する光の帯である．その光の帯の中で赤とその隣のオレンジ色との間にはっきりとした区別がつけられないように，ASDの特性も連続して変化している，という考え方から，自閉スペクトラム症と名付けられた [清水 2014].

では，このような特徴を持つASDの子どもがどのように特定され，診断されるか．現在，ASDの子どもが出生前や出生直後に特定されることはない．第Ⅱ部第1章で述べた「三項関係」が，ASDの子どもたちはできにくいことを考えると，生後10ヵ月前後，すなわち10ヵ月の乳児健診で気づかれる場合もあるが，特に第一子の養育者にはわかりにくい．例えば，注意共有は「要求の指さし」として現れる．これは，子どもが欲しいものを指さして，同時に近くにいる他者に視線を向けて声を出す，という行動になる．しかし，子どもが単に欲しいものの方に手を伸ばす「手差し」という行動と混同され，乳児健診の問診の場で特に問題視されずに通過することもある．また，ASDの子どもでは親密な他者との間で成立する愛着に異常があるとされているが，これについても第Ⅱ部第1章であげたように様々な愛着のタイプがあり個人差も大きいため，見過ごされることもある．

実際に養育者が「何か変だ」と気づくきっかけは，1歳半を過ぎても発語が少ないか全くないことである．したがって1歳半の乳児健診で相談するか，問診をする保健師などから指摘されて，ASDの疑いをもたれることが多い．その際にスクリーニングとして用いられるのが，m-chat (Modified Checklist for Autism in Toddlers) である [国立精神・神経医療研究センター 2010]．これは23の項目からなり，養育者がはい・いいえで答えるもので，簡単に実施できる．

この検査は，前述した2つの特徴を尋ねる項目から成り立つ．①の「他者との対人関係の質的な障害」については，「あなたに見てほしいモノがある時，それを見せに持ってきますか」や「いつもと違うことがある時，あなたの顔を見て反応を確かめますか」などの質問が

ある。②の「興味や関心の偏り・こだわり」については，「クルマや積木などのオモチャを，口に入れたり，さわったり，落としたりする遊びではなく，オモチャに合った遊び方をしますか」や「顔の近くで指をひらひら動かすなどの変わった癖がありますか」などの質問がある。これらの23項目で3項目以上不通過の場合は，1～2カ月の間隔をおいて再スクリーニングを行い，3項目以上の不通過がある場合は，さらに検査を進める．

そこで用いられるのが，標準化された知能・発達検査である．また，ASDに特化した検査としては，CARS (The Childhood Autism Rating Scale：小児自閉症評定尺度) がある [ショプラーほか 1989]．これは，後述するTEACCHプログラムの入り口として使われる評定尺度で，療育従事者などが，人との関係・模倣・ものの扱い方・コミュニケーションなどの15項目に分けて観察し，7段階で点数をつけて評定する（図6-2）．もちろん，正式な診断は医師が行うが，これらの検査を経て療育などの今後の対応が決められる．

第2節　自閉スペクトラム症の特徴

第1節で述べたように，ASDは①他者との対人関係（言語的・非言語的コミュニケーションを含む）の質的な障害，②興味や関心の偏り・こだわりの2つの特徴を持つことで定義される．これ以外の行動特徴もまとめたものを表6-3に示す．このような行動特徴の根底にあるASDの本質を，2つの仮説から検討する．

1　「心の理論」の欠損仮説

「心の理論」とは，1980年代後半にチンパンジーの研究などから登場した相手の心を読む能力についての仮説である．すなわち，我々が普段何気なく相手の心を読み行動を予測する能力は，人間は目に見えない心を持ち，それが人間を動かしているという理論に基づいて推測している，ということである．このような「心の理論」を身につけているかを確かめる課題の1つが，図6-3の「サリーとアンの課題」である [Frith 2003]．バロン＝コーエンら [Baron-Cohen, S. et al. 1985] は，同じ精神発達年齢の健常児・ダウン症児・ASD児でこの課題ができるかどうかを検討し，精神発達年齢が4歳以上の健常児・ダウン症児は正解できるが，ASD児は正解できず，サリーが考えている内容を推測できないことを示した．ここから，「心の理論」の獲得が困難であることがASDの原因だと考えられた．

しかし，認知・言語能力の高いASD児は社会性や対人関係に課題はあるがこの「心の理論」課題には正答できることや，逆にASD児以外でも「心の理論」課題に困難を示す例があることなどから，ASDの特徴である対人関係の質的障害を「心の理論」の欠損で説明するのは難しいと考えられるようになってきた [内藤 2012]．また，4歳より前，すなわち「心の理論」を獲得する前からASD児の対人関係の特徴が顕著になることからも，乳児期の他者との情緒的な対人関係の形成過程に課題があると考えるホブソン（Hobson, P.）[1993] らの主張が注目されてきた．そして，別府哲 [2016] は周囲の大人が子どもに寄り添い共に同じ

CARS記述用紙

1 人との関係
母親もはぶきしがため、独にしても抱きついていたり背中にのり、おんぶをせがまようとする。
人をたたくことも多い。人への関わりは、一方的で相互的には難しい。人からの介助は嫌がり、その場から離れる。人のことはほとんど意識していない。

2 模 倣
音声模倣や物を使った行為の模倣はしない。
若干、ハンドベル等の音のおもちゃをまねて音を出す。

3 情緒反応
場面とはふさわしくなく、顔をゆがめたり空を見たりする。
全体的な表情はフラットな印象。身体を硬直させることがある。

4 身体の使い方
爪先立って歩く。
クルクル回る、ジャンプする。
手で壁を打ちつける等が見られる。

5 物の扱い方
電車やミニカー等の車輪部分のおもちゃにはまったく興味を示さない。
はめ板のピースを回したり、口の中に入れる。
出来合音玩具、水の流れるペットボトルの玩具などくり返し見たり聞くが、長くは続かない。

6 変化への適応
通園の後の外出先が変わると最初は混乱する。しかし、時間がたつと受け入れられる。

7 視覚による反応
空や木をじっと見たり、物を見るときは、横目や横目で見る。
視線は合わづらい。

8 聴覚による反応
音玩具に対しても反応に一貫性がない。
耳ふさぎをする。
カスタネットの音は無視する。

9 味覚・嗅覚・触覚反応とその使い方
物を口に入れることが多い。
クレヨンをかじって食べたり、砂や小石等も口に入れる。
人に唐突に抱きつく髪のものの臭いをかいだり、身体を押しつける感覚を好む。痛みに対する反応はるしい。

10 恐れや不安
母親に抱きつくことができないと、激しく怒り自傷行為（足で床を強く打ちつける等）をする。
子どもを落ちつかせることは、なかなか困難である。

11 言語性のコミュニケーション
音声言語の使用はみられない。
有意語はない。
機嫌のよい時には、笑声をする。悪い時には、奇声をあげる。
言語だけの指示には応じられない。

12 非言語性のコミュニケーション
ジェスチャーや指さしを用いた表現はみられない。
他人のジェスチャーや指さしにも注目しない。
実物を提示して要求を伝える行動はみられる。人の手をドアのところへ持っていく（クレーン）動作で要求を伝えることはある。

13 活動水準
無目的にウロウロしている。
一つの場所にとどまっていることは難しい。

14 知的機能の水準とバランス
知的に重度域の遅れを有する。
視覚的な課題の方が優位。

15 全体的な印象
自閉症の多くの症状が見られる。

（Sくんの記述用紙）

図6-2 CARS記入例

表6-3 自閉スペクトラム症乳幼児期の特徴例

・養育者との愛着の異常が見られる（愛着がない・強すぎる，人見知りをしないなど） ・養育者との三項関係が見られない（顔を見て要求しない，珍しいものや興味のあるものを見せに来ない，できたことや困ったことを知らせに来ないなど） ・しつけができにくい ・名前を呼んでも振り向かない ・他の子どもがしていることに興味を示さない ・集団での行事などに参加したがらない ・ルールや決まりなどが守れない ・他児とトラブルになった時に噛み付いたり突き飛ばしたりする
・回るものやきらきら光るものなどをずっと見続ける ・水道の蛇口や水洗トイレなどで水が流れるのを何度も繰り返す ・ミニカーなどのおもちゃではタイヤを回すことを繰り返したり，一列に並べるなどの遊びを好む ・いつもと違うところにものが置いてあったりすると気になって直したり，できないときはパニックになったりする ・自動車のマークや会社のロゴなどに強く興味を示して集める ・偏食が激しい
・言葉の発達が遅いか，コミュニケーションとしての発語がない ・他者から話しかけられた言葉をそのまま繰り返す反響言語（エコラリア）がある

（出所）筆者作成．

情動を表現することでASD児の心の自動処理，すなわち他者理解の基礎を形成する可能性があることを示唆した．

2 感覚過敏

これまで感覚過敏は，ASDの派生的な問題と考えられてきた．しかし，DSM-5の診断基準に感覚の問題が入り，また感覚過敏について評価する尺度も開発されてきた（日本ではDunnが開発したものを標準化した「ITSP乳幼児感覚プロファイル」（日本文化科学社）など）ことから，感覚過敏がASDの重要な一要素として捉えられるようになった．

熊谷高幸［2017］は，多くのASD当事者の経験記録などから，ASDの症状の本質を感覚過敏であると指摘する．そして，この感覚過敏からASDの様々な症状が生じると論じる（図6-4）．ASD児の場合，親や周囲の大人との三項関係が確立する前に過敏な感覚にとらわれ，自分と対象との二項関係にとどまり，結果的に他者とのコミュニケーションに障害を生み出す（図6-5）．

もちろん，そこには感覚過敏以外の要因も働く．コミュニケーションの障害を強める要因もあれば，弱める要因もある（「男性型の脳」「女性型の脳」については，バロン゠コーエン［2003］を参照）．それらの中で最も周囲からの支援によって変化させやすいものが感覚刺激だろう．したがって，後述する，過敏な感覚にとらわれすぎないように刺激をコントロールする「構造化」と，そこでASD児と対象との間を媒介し，三項関係を強化することが支援の基本になる．このように，これら2つの特徴から，両者に共通する支援の根本は「三項関係の（再）強化」といえる．次節ではその観点に基づいて支援を考える．

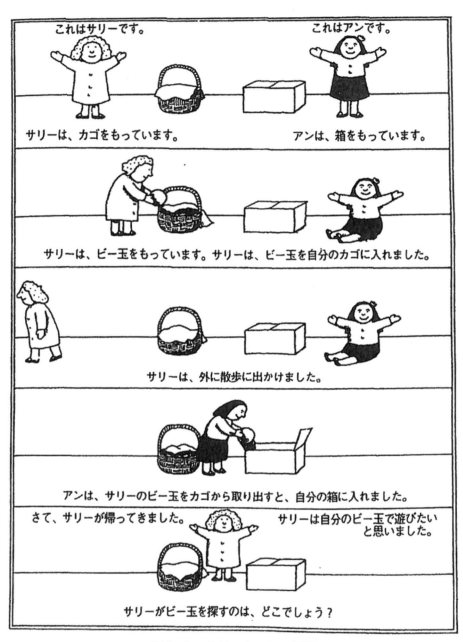

図6-3　サリーとアンの課題

（出所）Frith［2003：邦訳］．

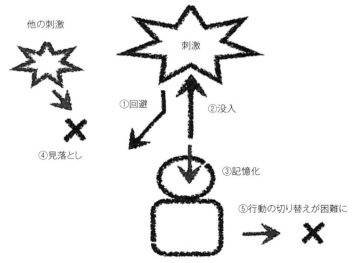

図6-4　感覚過敏によって生じる5種の反応

（出所）熊谷［2017］．

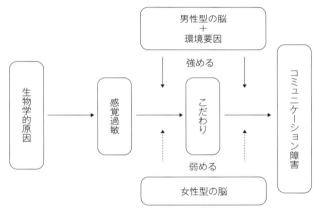

図6-5　自閉症の生成過程

（出所）熊谷［2017］．

第3節　自閉スペクトラム症の支援・援助

　前節では，ASDへの対処として「三項関係の（再）強化」を提案した．しかし，ここで注意しておきたいことがある．それは「母子の間での三項関係がうまく成立していなかったからASDになる」ではないことである．三項関係がうまく成立しないことには様々な原因がある．前述の熊谷［2017］の図式からも，生物学的原因や環境要因が影響していると考えられる．原因を母子関係に求めて母親が罪悪感を持たないように，あくまでも対処として三項関係の強化を考えるべきである．

表6-4　PEP-3の構成

領域別検査	コミュニケーション領域	認知・前言語
		表出言語
		理解言語
	運動領域	微細運動
		粗大運動
		視覚―運動の模倣
	特異行動領域	感情表出
		対人的相互性
		運動面の特徴
		言語面の特徴
養育者レポート	障害像の共有のための聞き取り	現在の発達レベル
		診断カテゴリーと障害の程度
	記録用紙に記入	気になる行動
		身辺自立
		適応行動

《事例》

　B君は幼稚園年中組に在籍．乳児期にはあまり人見知りをせず，鍋のふたを回すなどの遊びが好きで，いつまでも1人で遊んでいた．手助けをしてほしいとかかまってほしいなど大人を求めることも少なく，手のかからない子どもだと親は思っていた．1歳過ぎに歩けるようになると，1人で親から離れてどこかへ行き，親が見えなくなっても平気だった．2歳前になっても言葉が増えなかったが，ある日ガソリンスタンドのマークを見てその会社の名前を言い始め，いくつものマークを覚えていた．

　幼稚園入園前にASDと診断され，加配教諭がついた．幼稚園では，滑り台の上から砂を落とすなどの気に入った遊びを長時間続けて，次の活動に移ることができにくい．他児がその遊びの邪魔をすると，奇声をあげてパニックになることもある．運動会や発表会などの行事は，その場から飛び出したり大きな音に耳をふさいだりして参加できにくい．

　電車の絵本は大好きで，車両の型番なども覚えていて声に出して読む．パズルなども得意で，ピースの多いジグソーパズルでも試行錯誤せずに組み立てる．ひらがな・かたかなは習得済みで，アルファベットや数字も覚えている．

　B君には，ASD支援のためのアセスメントテストとして「PEP-3自閉児・発達障害児教育診断検査」[1]（表6-4）が行われた．

　PEP-3による診断結果からは，コミュニケーション領域では認知・前言語や理解言語に比べて，表出言語がやや低いことが示された．運動領域では，粗大運動はよくできているが，微細運動での不器用さが目立った．ただし，芽生え反応は多く見られた．特異行動の領域では，視覚―運動の模倣，感情表出，対人的相互性がやや低く，運動面・言語面の特徴は特に問題はなかった．これらの結果を踏まえて養育者，保育者との話し合いを行い，以下の2つ

の方針での支援を計画した．

1　環境や指示をわかりやすくする「構造化」

「構造化」とは環境をわかりやすく整理することで，「どこで」「いつ」「何を」「どのように」などの情報を伝わりやすくすることである．「物理的構造化」は，例えば，教室の隅にコーナーを作りそこを自由遊びのスペースにするなど1つの活動を1つの場所でするように設定する，パニックになった時に落ち着ける刺激の少ないスペースを作るなどである．

「視覚的構造化」は，自分の座る椅子には決まったマークを貼る，卒園式などの行事の時に立つ場所を足形のシールで示すなどである．時間についても，「ちょっと待って」や「少し後で」などの言葉がわかりにくいことも多い．目に見えない時間をわかりやすく提示するためには，残り時間が赤の扇形の面積で一目でわかるような，市販されている「タイムタイマー」(スマホ用のアプリもある) を用いることも有効だろう．

「スケジュールの構造化」とは，その日行うことを絵カードを使って順番に提示すること，一週間の予定をあらかじめ絵カードで示すことなどである．手作りでカードを作ってボードに並べるだけで十分である．中にはデジタル機器との相性のよい子どもも多いので，タブレットや携帯端末で使用するスケジュール管理ソフトを使ってもよい (図6-6はiPhone用のアプリ「たすくスケジュール」[2])．

構造化をするだけで，すぐにそれまでできなかったことができるようになるわけではない．本人にわかりやすい方法は何か，絵カードがいいのか，文字入りがいいのか，写真の提示がいいのか，など様々な試行錯誤をして「再構造化」をすることも必要になる．

また，保育者や養育者に都合のいいように子どもを動かすものではないことも留意しなければならない．例えば，B君が教室から飛び出すことは，感覚過敏という特性を持つB君にとって過剰な刺激に耐えられなくなったため，本人なりの適応としてそのような行動をとる．教室から飛び出すことよりも教室にとどまる方がB君の「生きづらさ」を緩和することにならなければ，単に視覚的な指示だけでその行動を止めることは「教育」ではなく「管理」でしかない．

2　三項関係の強化と対人関係の調整

熊谷［2017］は三項関係の発展型として，同じ課題に取り組む子ども同士の関係を重視する (図6-7)．幼稚園や保育所で製作などの活動をする場面では，このような形態がよく見られる．しかし，感覚過敏を持つASD児にとって，視覚的に多すぎる刺激はどこを見ていいのかわからなくなり，子どもたちの声が飛び交う聴覚的な刺激の多さは苦痛を与える．B君の場合は，加配教諭との三項関係ができたところで，次に1人か2人の他児を交えて活動をするなど，少しずつ複合的な三項関係を作り上げることが大切だろう．

また，保育者の行為や他児の行為をモデルにするよりも，B君の行為を保育者や他児がまねる「逆模倣」［筒井・吉岡 2016］なども取り入れることで，さらに複合的な三項関係は深ま

図6-6　スケジュール管理アプリ「たすくスケジュール」

（出所）たすく株式会社開発アプリ「たすくスケジュール」より.

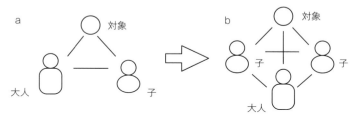

図6-7　三項関係の発展型

（出所）熊谷［2017］.

る．主に言葉に遅れのある子どもへのアプローチとして用いられる「インリアル・アプローチ」［竹田 2005］で基本とされている言語心理学的技法の中のミラリング・モニタリングといった方法も有効である（詳しくは第Ⅵ部第1章を参照）．

　ASDへの発達論的アプローチとして近年注目されているSCERTSモデル［Prizant 2005］や同様に他者との意図の共有を目指す長崎ほか［2009］のプログラムも参考になる．活動も制作だけでなく，身体を使って周りに合わせる・周りが合わせるなどを含められるようなリトミック的なものもよいだろう．ルールを守ることや順番を守ることなども，このような少人数での活動から始める．この他にも，特に行動上の問題が大きい場合には，「応用行動分

析」などの手法が有効だろう（詳しくは，第Ⅵ部第2章を参照）．また，感覚過敏に対処するための様々な道具（聴覚過敏に対するイヤーマフやデジタル耳栓など，詳しくは安部博志［2017］参照）の使用も検討する．

ただし，前述の「構造化」でも指摘したように，「周囲に都合の悪い行動を修正する」という目標で行うのではなく，そのような行動が本人の生きづらさをもたらす場合，本人の行動を修正するだけでなく周囲も折り合いをつける方法を考えて，本人の生きづらさを緩和する視点を忘れてはならない．

注

1）ノースカロライナ大学で開発された TEACCH（Treatment and Education of Autistic and related Communication handicapped CHildren）プログラムで用いられている ASD 支援のためのアセスメントテストである．この検査では言語だけでなく必要ならジェスチャーによる指示も段階的に行うことで，合格ではないが段階的指示を与えることで取り組もうという「芽生え反応」も採点に入る．これによって，いわば「発達の最近接領域」を見極めることができ，教育的支援の範囲を検討できる．

2）「たすくスケジュール」は，発達障がい療育の専門家集団であるたすく株式会社が経験や知識を元に自閉症をはじめとした発達障がいのある子どものために開発したアプリである．

引用・参考文献

American Psychiatric Association［2013］*Diagnostic and Statistical Manual of Mental Disorders Fifth Edition*, APA（日本精神神経学会『DSM-5　精神疾患の診断・統計マニュアル』2014年）．

安部博志［2017］『発達障害の子のためのすごい道具』小学館．

Baron-Cohen, Simon.［2003］*The Essential Difference*, Greenhouse Publications Pty. Ltd（三宅真砂子訳『共感する脳，システム化する脳』NHK 出版，2005年）．

Baron-Cohen, S., Leslie, A. M. & Frith, U.［1985］"Does the autistic child have 'theory of mind?" *Cognition*, 21.

別府哲［2016］「心の理論の非定型発達」子安増夫・郷式徹編『心の理論　第2世代の研究へ』新曜社．

CDC（Centers for Disease Control and Prevention）［2017］https://www.cdc.gov/ncbddd/autism/data.html

Frith, U.［2003］*Autism : Explaining the Enigma, Second Edition,* Basil Blackwell（冨田真紀・清水康夫・鈴木玲子訳『新訂　自閉症の謎を解き明かす』東京書籍，2009年）．

Hobson, P.［1993］*Autism and the development of mind*, Lawrence Erbaum.（木下孝司監訳『自閉症と心の発達――「心の理論」を超えて――』学苑社，2000年）．

国立精神・神経医療研究センター［2010］日本語版 m-chat（http://www.ncnp.go.jp/nimh/jidou/aboutus/mchat-j.pdf）（2016年4月1日閲覧）．

熊谷高幸［2017］『自閉症と感覚過敏』新曜社．

長崎勤・中村晋・吉井勘人・若井広太郎［2009］『自閉症児のための社会性発達プログラム』日本文化科学社．

内藤美加［2012］「自閉症スペクトラム障害の発達精神病理」『発達障害の臨床的理解と支援2幼児期の理解と支援』金子書房．

Pantelis, Peter C.; Kennedy, Daniel P.［2016］"Estimation of the prevalence of autism spectrum disorder in South Korea, revisited," *Autism*, 20（5）．

Prizant, B. M. et al.［2005］*The Scerts Model : A Comprehensive Educational Approach for Children With Autism Spectrum Disorders*, Paul H Brookes（長崎勤・吉田仰希・仲野真史訳『SCERTS モデル：自閉症スペクトラム障害の子どもたちのための包括的教育アプローチ1巻』日本文化科学社，2010年）．

佐々木正美監修［2006］『自閉症児のための絵で見る構造化2』学習研究社.
Schopler, E., Reichler, R. J., and Renner, B. R. [1986] The Childhood Autism Rating Scale (CARS), Irvington Publishers.（佐々木正美監訳『新装版 CARS 小児自閉症評定尺度』岩崎学術出版社，2008年）.
清水康夫［2014］「自閉症スペクトラムとは？」『こころの科学』174，日本評論社.
竹田契一［2005］『実践インリアル・アプローチ事例集』日本文化科学社.
土屋賢治［2013］「自閉症は増えているか」『教育と医学』61.
土屋賢治［2014］「自閉症スペクトラムの研究はどこまで進んだか」『こころの科学』174，日本評論社.
筒井麻衣・吉岡恒生［2016］「就学前の自閉スペクトラム症のある男児とのプレイセラピー――『なぞり技法』を中心とした関わりを通して――」『愛知教育大学教育臨床総合センター紀要』6.

第7章

発達障害児の理解と援助②（ADHD・LD）

第1節　ADHD・LDの概要（定義・診断基準）

　注意欠如・多動性障害（Attention-Deficit/Hyperactivity Disorder：以下 ADHD と略）は，アメリカ精神医学会の『精神障害の診断と統計マニュアル第5版』（Diagnostic and Statistical Manual of Mental Disorder Ⅴ：以下 DSM-5 と略）での診断基準によれば大まかに以下の3つの特徴であらわされる［American Psychiatric Association 2013］．

- 不注意：課題から気がそれること，忍耐の欠如，集中し続けることの困難など．
- 多動性：不適切な場面での過剰な運動活動性（走り回る子どもといった），過剰にそわそわすること，過剰にトントン叩くこと，しゃべりすぎることなど．
- 衝動性：事前に見通しを立てることなく即座に行われる，および自分に害となる可能性の高い性急な行動（例：注意せずに道に飛び出す）など．

　有病率は約5％，男児と女児の比率は2：1とされている．就学前の主な特徴は多動で，不注意は小学校でより明らかとなり，青年期では多動の兆候は収まるが不注意や落ち着きなさが多く見られる．

　学習障害（Learning Disorder/Disability：以下 LD と略）は，DSM-5 では限局性学習障害（Specific Learning Disorder）とされているもので，以下の症状が6カ月以上持続することとされている．有病率は，5～15％とされている．

- 読字に努力を要し，不的確または速度が遅い．
- 読んでいるものの意味を理解することが困難．
- 書字が困難．
- 計算することや数学的な推論が困難．

　これらの障害は，DSM-5 にもあるように，4歳以前の非常に多様な正常範囲の行動から区別することは困難であり，乳幼児期に確定的な診断がなされることは多くない．とはいえ，これらの症状が成長してから現れるのではなく，小児期以前に存在していることも診断の判断材料となる．

　では，乳幼児期でのこのような子どもたちはどのように捉えられているのか．1845年，ド

イツの精神科医ホフマン（Hoffman）が子どものために書いた『もじゃもじゃペーター』という絵本［ホフマン 2014］の中で，落ち着きのない子どもを「ばたばたフィリップのはなし」として描かれている．もちろんそれ以前から「落ち着きのない子どもたち」は認識されていただろう［山崎 2008］．このような子どもたちは近年保育現場では「気になる子」という言葉で取り上げられるようになってきた．

例えば，野呂文行［2006］は落ち着きがなくよく動く，片付けができない，極端に不器用である，指示が通らない・指示通りに動けない，こだわりが強くなかなか行動を変更することができない，友達とのトラブルが絶えない，といった特徴を持つ子どもを「気になる子」として挙げている．また，小平雅基・中野圭子［2014］は，以下のような子どもを「適切な支援を必要とする子どもたち」として挙げている．

・紙芝居の最中に，「このお話知ってるよ」と思いついたことを口にしてしまうB児．「静かに聞いてね」と注意しても，最後までおしゃべりをやめることができません．
・「今，たたいた！」．D児は，友達の手が偶然当たっただけでも大騒ぎして相手を激しく責めてしまいます．わざとじゃないことがわからないようです．
・I児はとても不器用で，片足立ちやなわとびができません．はさみもうまく使えないので，運動や工作の時間などは1人だけ周囲から遅れてしまいます．

そして多くの文献で，このような子どもたちの中には，学習障害・高機能広汎性発達障害・注意欠陥／多動性障害などの軽度発達障害があることを想定して，対応を考えることを勧めている［藤原 2005など］．

確かに障害を想定することで，親の育て方や子ども本人を責めることなく，対応を考えやすくなるだろう．しかし，小西淳子［2009］が指摘するように，「気になる子」として取り上げられる子どもたちをすぐに「診断を受けた方がいいのでは？」という視点で見ることで，落ち着きのなさを作り出しているゆとりのない保育環境や家庭の育児の大変さなどを見逃すこともあるだろう．診断名だけが1人歩きして，「あの子はADHDだから」といって，それ以上目の前の子どもの個性や特徴を理解しようとしなくなるかもしれない．野呂［2006］も，診断名やその有無に振り回されることなく，目の前の1人1人の子どもを理解することが対応の出発点であると述べている．

とはいえ，1人の保育者がクラスすべての子ども1人1人をすべての時間に目を配ることは不可能だ．見落としてはならない行動のポイント，支援をしなければならないタイミングなどメリハリのある配慮が重要である．そして，その際には障害や診断名にこだわることなく，目の前の困っている子どもに寄り添うことが何よりも大切である．

第2節　ADHD・LDの特徴

前節で述べたようにADHDやLDの診断基準にとらわれず，「気になる子」「困っている

表7-1 「気になる子」の特徴

コミュニケーション	・相手がいやがることを平気で言う ・みんなの前で先生が話をしているときに自分のことを一方的に話し始める ・友達との会話が自分の興味のあることだけ話していて成立していない ・「ちゃんとして」とか「じっとしていて」などの指示が通じない
集団場面	・卒園式などじっとしていなければいけない場面でもその場にいられない ・運動会のように普段とは違うことをする行事を極端にいやがる ・気に入った遊びはずっと続けていて次の活動に移れない ・気に入らないことや思い通りにならないことがあるとかんしゃくを起こしてなかなかおさまらない ・当番活動で決まっている役割をしない，逆に当番でないのにやろうとして止められるとかんしゃくを起こす
他児との関わり	・順番を守ることができにくく待つことが苦手 ・おもちゃを貸してほしいときなどに「貸して」が言えず一方的にとりあげてしまう ・好きな子どもには相手がいやがっていることがわからずにしつこくつきまとう ・たまたま身体がぶつかったりした友達を激しく責めたりやり返したりする
生活習慣	・毎日すること（カバンをしまう，着替えをするなど）がなかなか身につかない ・ボタンを留めたりズボンをはいたりが極端に下手 ・偏食がきつかったり食事のムラが大きい
運動・身体の使い方	・絵などが乱雑で紙からはみ出してしまったりする ・一本橋を渡るようなバランスをとることが苦手 ・はさみの使い方や糊の付け方などが極端に下手

(出所) 筆者作成.

子」の特徴をまとめてみる（表7-1）．

これらの特徴は，ASDや知的障害などとも重なる部分が多いが，保育の現場で「気になる」「困っている」という観点からはあえて区別する必要はないだろう．以下，これらの特徴を2つの観点から整理して考えてみよう．

1 実行機能での課題

実行機能とは，目標を達成するために行う認知機能のことで，注意を保つこと・計画を立てること・関係のない反応を抑えること・結果を予測することなどである［Nelson, Thomas, & de Haan 2006］．その機能は大脳の前頭前皮質にあると考えられていて，ADHD群では定型発達と比べて実行機能課題の成績が低いと報告されている［Pineda 1998］．前述の「気になる子」の行動特徴でいえば，「相手がいやがることを平気で言う」や「卒園式などじっとしていなければいけない場面でもその場にいられない」などの多くが当てはまるだろう．

このような実行機能を評価する尺度としては，日本語版BRIEF-Pがある［浮穴・橋本・出口 2008］．表7-2にその構成と質問項目の例を示す．これは主に養育者への聴取で評価するもので，まだ日本での標準化はなされておらず，療育関係者と養育者との共通理解を進めることが目的である．

標準化された認知検査としては，DN-CAS認知評価システムがある（表7-3）．この検査では実行機能の中でプランニングと注意が測定できることから，ADHDやLDの子どもたちの特徴を把握するのに有効である．例えば，注意の領域の表出の制御は，いわゆるカラーストループ課題といわれるものであり，カラーで印刷された色名を，その文字ではなく色を

表7-2　BRIEF-Pの構成と質問項目例

抑制	衝動をコントロールして行動する；適当な時期あるいは適当な文脈で適切に自身の行動を止めたり，調整する	・面白い物や面白い出来事に接して笑い始めると，周りの笑いがやんでもまだ笑っている ・そわそわしている，じっとしていられない，あるいはもじもじする ・ふるまいが荒っぽすぎたり抑えがきかない（コントロールがきかない）
転換	状況が要請するように，ある状況や活動，問題の局面から他のものへ自由に変える；移行する；柔軟に問題を解決する	・計画や日課の変更によって混乱する（例えば，日常活動の順番，予定にない用事の急な依頼，買い物へ行く道順の変更） ・新しい状況に動揺する ・騒然とした状況や落ち着きのない状況（例：騒音に満ち溢れていたり人がたくさんいて活動している場合など）では圧倒されたり刺激を受けすぎたようになる
感情コントロール	状況の要請や文脈に対して適切に情動的な反応を調整する	・些細なことに過剰に反応する ・かんしゃく持ちで，怒りを爆発させる ・怒ったり泣いたりという感情の噴出が激しいが，突然終わる
ワーキングメモリ	課題を完遂したり，適切な反応を形成するために心の中に情報を保持する；活動を続けたり，活動から離れない	・やるべきことを2つ伝えられると，どちらかしか覚えていない ・課題（例えば，ゲーム，パズル，ごっこ遊びなど）を始めるとやめることが難しい ・自分が課題を行う時に，正しいか間違っているかに無頓着である
計画／組織化	将来の出来事あるいは結果を予期する；文脈の中で行動を導いていくために目標あるいは指示を用いる；関連した課題や行動を遂行するために前もって適当な方法を作り出したり実行したりする	・自分でしようと思っていることでも，他の人に言われなければ始めない ・課題や状況の細かいことにとらわれ，本当に大切なことを見逃す ・行き詰った時に，別のやり方を考えて，問題を解決したり，活動をやり遂げることが難しい

（出所）浮穴・橋本・出口［2008］．

表7-3　DN-CASの構成

	4つの認知機能領域	下位検査
Planning	プランニング 提示された情報に対して，効果的な解決方法を決定したり，選択したり，使用したりする認知プロセス	○数の対探し ○文字の変換 ○系列つなぎ
Attention	注意 提示された情報に対して，不要なものには注意を向けず，必要なものに注意を向ける認知プロセス	○表出の制御 ○数字探し ○形と名前
Simultaneous	同時処理 提示された複数の情報をまとまりとして統合する認知活動	○図形の推理 ○関係の理解 ○図形の記憶
Successive	継次処理 提示された複数の情報を系列順序として統合する認知活動	○単語の記憶 ○文の記憶 ○発語の速さ／統語の理解

答える課題で，自動的に文字を読んでしまう反応を抑えて注意を切り替えてできるかどうかを測定する．文字を読むことに十分なじんでいなければ自動的に文字を読んでしまう反応は出にくいので，文字を読めないあるいは読み始めた子どもには不適切な課題である．そこで，「ゾウは大きい」「小鳥は小さい」などの自動的に出てくる反応を抑えて，小さく描かれたゾウや大きく描かれた小鳥の絵を見せて絵の大きさを答えさせる課題を行う．この課題ができ

にくいということは，「人の話を聞いているときに一方的に自分のことを話してしまう」や「順番が守れない」，「友達の持っているおもちゃを『貸して』といわずにとってしまう」などの行動特徴を示すことになるだろう．

2　報酬系の問題

「気になる子」に対しては，「ほめて意欲を育てるということが大切だ」と多くの文献には書かれている．保育者にとってはこのような「ほめて育てる」という考え方は非常になじみがあり，多くの保育者が実践しているであろう．特に，発達障害のある子どもたちに対しては，「自己肯定感を育てる」「二次障害を防ぐ」といった観点から「叱る」ではなく「ほめる」ことで育てることが勧められる［小平・中野 2014など］．しかし，「いくらほめても同じことを繰り返してしまう」「ほめたいけれどほめるところが見つからない」「ほめてばかりいるとわがままになってしまうのではないか」といったことで，ほめることに困難を感じる保育者も多いだろう．**表7-1**にあげられたような行動特徴を持つ子どものほめるところを見つけるのが難しいと考える養育者も多いだろう．ただでさえほめられることが少ない子どもたちにわずかに与えられるほめられる機会だが，それが効果を持ちにくい．このような「気になる子」にはどうしてほめることが届きにくいのだろう．

Sonuga-Barke［2003］は，ADHDに関する二重経路モデルを提唱した（**図7-1**）．ここで取り上げている報酬系の障害には，報酬の遅延を嫌がることと報酬への感受性の低さが挙げられている．

報酬の遅延を嫌がることは，「目の前のごほうびを我慢して，もっと後により多くのごほうびをもらう」というマシュマロ・テスト［ミシェル 2015］が苦手ということである．今すぐ友達が遊んでいるおもちゃがほしい，今すぐ順番を守らずにブランコに乗りたいなど，目の前の欲求を抑えることが難しく，今我慢すれば後でほめられることは入りにくい．

また，ADHDの子どもでは報酬への感受性が低いことは1970年代から知られていた［Tripp and Alsop 1999］が，近年の脳画像での研究では特に線条体といわれる部分の活性化が低いことが明らかになった［Mizuno, et al. 2013］．これらの研究では，ADHD児と健常児とで，お

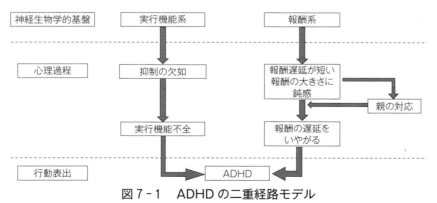

図7-1　ADHDの二重経路モデル

（出所）Sonuga-Bark［2003］から作成．

金などのごほうびがもらえるゲームを子どもたちに実際にやらせている時の脳画像を比較した．その結果，ADHD の子どもたちは，ごほうびをたくさんもらえる時にしか線条体が活性化していないことがわかった．これらの結果は，「あなたのお子さんは楽しいことをやめさせるのは大変ですか？」「あなたのお子さんはごほうびをもらうためだったら危ないことでもしてしまいますか？」といったことを親に尋ねた質問紙での結果とも一致し，日常生活でほめられることに対しても同じように線条体の活性化が低いことが示唆された [Branko, et al. 2017].

ただし，このような報酬への感受性の低さは ADHD の子どもたちだけの特徴とは限らないことがこの Branko らの研究でも示された．特に，幼少期の深刻な虐待やネグレクトなどによって養育者との愛着がうまく形成されず，安全が脅かされる時でも養育者を求めない反応性愛着障害の子どもたちでも同様の結果が見られた [Takiguchi 2015]．このように，反応性愛着障害であろうと ADHD であろうと，ほめられることに対する感受性が低いという子どもたちは存在する．そのような子どもたちは少しほめられた程度ではその行動が定着せずその結果ほめられることが少なくなり，さらに自己肯定感が低下するという悪循環に陥ることは同じであろう．

この 2 つ以外にも，曖昧なことばや状況がわかりにくい，（ASD とは違った様子だが）こだわりが強いなどの特徴があるが，次節ではこの 2 つの特徴に対する支援を考える．

第 3 節　ADHD・LD の支援・援助

1　実行機能に課題を抱える子どもの支援

> 年長組の C ちゃんは，ブランコなどの順番を守ることができずにトラブルになったり，どんなことでも一番になりたがってなれないとかんしゃくを起こす．恐竜が大好きで長い名前を覚えるなど，自分の興味のあることには集中して取り組む．しかし，制作などはちょっとやってみてうまくいかないと投げ出してしまう．

C ちゃんに対しては，社会のルールやマナーを具体的に学ぶソーシャル・スキル・トレーニング（Social Skill Training：以下 SST と略）を行うことが考えられる．SST の実践については，様々な方法が提案されている［霜田・渡邉・橋本 2009；五十嵐 2005；小貫・名越・三和 2004 など］．

もちろん，日常の保育場面の中でこのような SST 的な実践を行うことも可能である．例えば，順番を守ることや遊びのルールについては，前もって図などを用いてゆっくりと説明する，ルールがわかりにくければ少し簡単なものに変える，保育者がそばにいて一緒に行うことで身につけさせるなどの方法も考えられる．グレイ [Gray 1994] が提案する「ソーシャルストーリー」が有効な場合もあるだろう（図 7-2）．

制作などでうまくいかない場合には，手順がことばの説明だったり，一度だけしか見せら

れなかったりすることでわかりにくいことも考えられる．手順を少しずつ分けて絵で示すことで，いつでもそれを参照できるようにすることがやる気を維持させることになる．また，手順を前もってスマホでビデオに撮っておいて，それに簡単な説明をつけるアプリの活用が有効な場合もあるだろう．第Ⅱ部第5章で紹介した「魔法のプロジェクト」でも，動画コンテンツを簡単に作成する方法がまとめられている．

ここまでは基本的には個別に指導することでの対処だったが，栗田ほか［2012］は外国人のADHDの児童に対して，共同でパズルを取り組ませることで実行機能の向上を目指す研究を報告した．ここでは，他者に合わせて自己の行動を調整するという実行機能の社会的側面を伸ばすことを試みた．その結果，直接の実行機能の向上は見られなかったが，協力行動や離席行動には改善が見られた．単に個人内での行動調整・自己抑制を見るのではなく，他者との協力の中で実行機能を見ていくことは，保育場面でも十分応用できるものであり，後述する「自己有用感」ももたらすことになるだろう．

おもちゃをゆずりあうこと

たいていの子どもはおもちゃであそびます。
おもちゃであそぶのは楽しいものです。

ほかの人といっしょに、おもちゃであそぶのもおもしろいときがあります。

わたしは、おもちゃをゆずりあうという練習ができます。

ゆずりあってあそぶのも、楽しいことかもしれません。

わたしは、ゆずりあったりしてみようと思います。
そして、楽しんでみようと思います。

図7-2　ソーシャルストーリー
(出所) Gray [1994：邦訳 55].

2　報酬系に課題を抱える子どもの支援

> 年長組のDちゃんは手先が不器用ではさみやのりが上手に使えず制作などには初めから取り組もうとしない．友達がそのことでからかったりすると，かっとなって突き飛ばしたりする．友達が制作をしていると「へたくそ！」などとちょっかいを出して，トラブルになることもある．

Dちゃんの場合，すでに自分ができないことをはっきりと意識している．そのため，きっとうまくできないだろうという予期不安や，さらに練習しないことでますます上達できないことなどの悪循環に陥っている．ここから抜け出すには，まず全く違った種類の課題でしっかりと自信をつけさせる．

その際の注意点の1つが，自分の行為の成果がはっきりと理解でき，確実に達成感を満たせるようにすることである．例えば，Dちゃんのように不器用な子どもにボタンかけの練習

をさせる時に，いきなり自分の服についている普通の小さいボタンで留めさせるのではなく，大きめのボタンで練習用のボードなどを使うなどする．ただ，これだけだといくらできてからほめられても達成感は得られにくい．ボタンを外したり開けたりすること自体で達成感を得られるように，開けたら本人の好きなキャラクターの絵が見えるなどの工夫が必要だろう．また，ボタンでは確実にできたという成果が見えにくい場合，スナップボタンのように，はまればカチッと手応えが得られるものを使うことも考える．

　次の注意点は，自分が役に立っているという自信をつけさせることである．多くの文献で，発達障害の子どもたちにとって自尊感情や自己肯定感を高めることが大切であると書かれている．一方，近年ではこのような「自尊感情を高めることであらゆる心理的・社会的問題は解決される」という「自尊感情神話」に対する批判的検討もなされ始めている［中間 2016］．その代わりに最近注目されているのが，人の役に立ったことや人から感謝されたことで育つ「自己有用感」である．

　保育の現場には，このような自己有用感を育むのに適切な多くの活動がある．保育者の手伝いをすること，お当番などの役割をすること，年少の子どもの世話をすることなどをやり遂げることで自己有用感は育つ．例えばDちゃんの場合であれば，年少組の子どもたちが制作をする場面で，すでにDちゃんができる活動あるいは少し頑張ればできそうな活動を使ってお手伝いをさせることで，自己有用感が育つだけでなく，自分の行動を他者に合わせる経験もできる．このような異年齢での縦割り活動を，Dちゃんにだけでなく園全体で取り組むことで，Dちゃんへの特別扱いではない支援が可能になる．

引用・参考文献

American Psychiatric Association［2013］*Diagnostic and Statistical Manual of Mental Disorders Fifth Edition*, APA（日本精神神経学会『DSM-5　精神疾患の診断・統計マニュアル』2014年）．

Branko, M. v. H., et al.［2017］"Children with ADHD symptoms show decreased activity in ventral striatum during the anticipation of reward, irrespective of ADHD diagnosis", *Journal of Child Psychology and Psychiatry*, 58.

藤原義博監修［2005］『保育士のための気になる行動から読み解く子ども支援ガイド』学苑社．

Gray, C.［1994］*The New Social Story Book（Illustrated Edition）*, Future Horizons（服巻智子監訳『ソーシャルストーリーブック　入門・文例集（改訂版）』クリエイツかもがわ，2010年）．

ホフマン, H.［2014］『もじゃもじゃペーター』復刊ドットコム．

五十嵐一枝編著［2005］『軽度発達障害児のためのSST事例集』北大路書房．

小平雅基・中野圭子監修［2014］『気になる子のために保育者ができる特別支援』学習研究社．

小西淳子［2009］「保育現場は毎日がてんてこまい」『こころの科学』145，日本評論社．

栗田季佳・前原由喜夫・清長豊・正高信男［2012］「発達障害のある外国人児童への社会的相互作用トレーニングの効果——実行機能に注目した共同パズル完成課題——」『発達心理学研究』23.

小貫悟・名越斉子・三和彩著［2004］『LD・ADHDへのソーシャルスキルトレーニング』日本文化科学社．

Mischel, W.［2014］*The Marshmallow Test: Mastering Self-Control*, Little, Brown and Company（柴田裕之訳『マシュマロ・テスト』早川書房，2015年）．

Mizuno, K. et al.［2013］"Osmotic release oral system-methylphenidate improves neural activity during low reward processing in children and adolescents with attention-deficit/hyperactivity disorder", *Neuro-Image : Clinical* 2.

中間玲子編著［2016］『自尊感情の心理学　理解を深める「取扱説明書」』金子書房.

Naglieri, J. A. & Das, J. P.［1997］*Das-Naglieri congnitive assessment system*, The Riverside Publishing Company（前川久男・中山健・岡崎慎治訳『DN-CAS 認知評価システム』日本文化科学社，2007年）.

Nelson, C. A., Thomas, K. M., & de Haan［2006］"Neural Bases of Cognitive Development, in Kuhn", in D. and Siegler, R. S.（eds.）*Handbook of Child Psychology, sixth edition*, Wiley.

野呂文行［2006］『園での「気になる子」対応ガイド』ひかりのくに.

Pineda, D.［1998］"Executive Dysfunction in Children with Attention Deficit Hyperactivity Disorder." *International Journal of Neuroscience*. 96.

霜田浩信・渡邉貴裕・橋本創一編著［2009］『子どもの SST プログラム』ラピュータ.

Sonuga-Barke, E. J. S.,［2003］"The dual pathway model of AD/HD : an elaboration of neuro-developmental characteristics." *Neuroscience and Behavioral Reviews*, 27.

Takiguchi S. et al.［2015］"Ventral striatum dysfunction in children and adolescents with reactive attachment disorder : functional MRI study," *British Journal of Psychiatry Open* 1.

Tripp, G. & Alsop, B.［1999］"Sensitivity to Reward Frequency in Boys With Attention Deficit Hyperactivity Disorder", *Journal of Clinical Child Psychology*, 28.

浮穴寿香・橋本創一・出口利定［2008］「日本語版 BRIEF-P の開発——発達障害児支援への活用を目指して——」『発達障害支援システム学研究』7.

山崎晃資［2008］「これだけは知っておきたい発達障害の基礎知識」石井哲夫監修『発達障害の臨床的理解と支援 1 発達障害の基本理解』金子書房.

第8章

重症心身障害児の理解と援助

第1節　重症心身障害児とは

　肢体不自由の範疇のなかで，重度の肢体不自由と重度の知的障害とが重複した状態を重症心身障害といい，その状態にある子どもを重症心身障害児という．医学的診断名ではなく，児童福祉における行政上の措置を行う基準として定められた．周産期医療や小児医療，感染症治療・予防，救急医療などが進歩し，早期産児や超低出生体重児，重症者の救命率が格段に向上している一方，重症心身障害児は減少しにくい現状である．

　重症心身障害は，肢体不自由の一部である．原因となる疾患は肢体不自由と重複するものが多いが，特に，脳の形成不全や損傷などによる重度の脳障害あるいは重度の筋疾患から生じる（詳細は第Ⅱ部2章第2節を参照）．例えば，出生前の原因として，胎内感染症，脳形成不全，筋疾患，染色体異常症，先天性心奇形，先天性代謝疾患が挙げられる．出生時や新生児期の原因としては，脳性麻痺，低酸素性虚血性脳症，重症仮死，頭蓋内出血など，後天性の原因としては感染症等による髄膜炎・脳炎・脳症，てんかん性脳症，溺水・窒息事故，交通事故による頭部外傷などがある．

　重症心身障害は，重度の運動機能障害と重度の知的障害を重複している状態をいうが，日

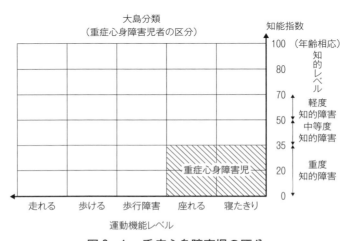

図8-1　重症心身障害児の区分

（出所）大島［1971］をもとに作成．

表8-1　重症心身障害の主な原因疾患

発症時期		
出生前	胎内感染症	先天性風疹症候群，先天性サイトメガロウイルス感染症，先天梅毒　など
	脳形成不全	滑脳症などの脳皮質形成不全　など
	筋疾患	先天性ミオパチー，福山型，脊髄性筋萎縮症1型　など
	染色体異常症	18トリソミー，13トリソミー，22q11.2欠失症，1q36欠失症，4p-症候群，5p-症候群　など
	先天性心奇形	ファロー四徴症，両大血管右室起始症　など
	先天性代謝疾患	ゴーシェ病，メチルマロン酸血症　など
出生時・新生児期	低酸素性虚血性脳症	重症呼吸障害　など
	その他	脳性麻痺，重症仮死，頭蓋内出血　など
出生後	感染症等による脳炎・脳症	インフルエンザウイルス，ロタウイルス　など
	てんかん性脳症	てんかん発作の重積状態などによる脳障害
	低酸素性虚血性脳症	溺水・窒息などの事故による
	頭部外傷	交通事故などによる脳損傷

（出所）筆者作成.

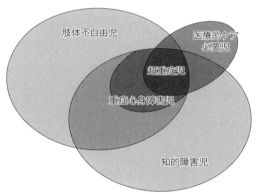

図8-2　重症心身障害児と超重症児，医療的ケア必要児

（出所）筆者作成.

　常的に人工呼吸器や経管栄養などの医療行為が必要な児・者が多く含まれる．医療だけでなく医療器具の進歩もあり，人工呼吸器や経管栄養などの医療行為を在宅で行えるよう貢献し，在宅で行われる日常的に必要な医療行為は，医療的ケアと呼ばれるようになった．入院・在宅に関わらず，人工呼吸器などの高度で濃密な医学的管理を必要とする重症児を超重症児と呼ぶ［鈴木 2015］．これは厚生労働省の判定基準である．運動機能の他に，人工呼吸器や気管切開などの呼吸管理，経管栄養などの食事機能，消化器症状の有無，その他の項目から点数化する判定であり，知的機能の程度に関する判定基準は含まれないため，医療的ケアが必要な重症心身障害児と必ずしも一致しない．

第2節　重症心身障害児の症状や日常生活

1　保育者の役割

　保育所は子どもにとって，初めての自宅以外の生活の場所であり，子ども自身はもちろん保護者にとっても不安を感じるが，保育者が「大丈夫ですよ」と温かく受け入れることで，安心感が生まれ，活動の幅を広げることができる．重症児の場合，子どもや保護者が抱く不安はさらに大きい．保育者は，子どもの体調や発達についての見通しを持つことで，重症児

であってもゆとりを持って受け入れやすくなる．

　重度の脳障害を持つため，移動やコミュニケーションの難しさに加えて，呼吸や嚥下咀嚼機能，排泄などの基本的な身体機能を維持することに関わる問題，てんかん，筋緊張による脊柱や四肢関節の変形などの合併症に関する問題を併せ持つことが多い．したがって，医療的ケアの要否に関わらず，通院や医療専門職からの援助などが必要で，日常生活と医療とを切り離しにくい．加えて，重症心身障害児はコミュニケーション能力や心身の状態などの個人差が非常に大きく，かつ変動しやすいにも関わらず，体調不良のサインを出しにくく，保護者や保育者が異常の判断をすることが難しい．子どもの状態をよく知って関わることが望まれる．

　子どもの状態，あるいは家庭や地域の状況によって，家族以外の子どもたちと接する機会を得られにくい場合や，成長に必要な体験をすることが難しい場合もあるが，重症児であってもなくても，日々成長し発達していく子どもたちにとって，子ども同士の関わりや家族以外の大人からのライフステージに合わせた専門的な支援が必要である．また，24時間絶え間なく介助者を必要とするなど，通常の子育て以上の負担を担って暮らしている保護者や家族の中には，子どもの発達や家族の安定に望ましい暮らしを維持することが難しい家族もあり，家族の力を支援する意味でも保育者の役割は大きい．

2　姿勢・移動

　運動機能としては，座位をとれるかそれ未満の子どもであり，移動や姿勢維持には介助が必要である．車いすや座位保持装置などの補助具を，機能や体型，日常生活上の目的に合わせて調整し使用する．身体障害者手帳を所持している場合は，障害者総合支援法に基づいて，車いすや座位保持装置の支給（購入費用金額の補助）を受けられることがある．身体障害者手帳を所持しない特定の難病患児では，小児慢性特定疾病の日常生活用具給付を受けられることがある．自治体の福祉課に相談・申請し，療育施設や医療機関等で作成や調整を行う．小児では成人より身長体重の伸びが大きく，機能の発達や医療的配慮事項の変化なども併せて考慮しながら作成・調整する．

　車いす移動介助における一般的な留意点はもちろんのこと，移乗の際など骨折等の防止に努める．子ども自身で移動や抗重力姿勢をとることが困難な場合，骨密度が低下しやすく，日常生活動作・介助の範囲内であっても骨折をきたしえるためである．有効な姿勢変換を自分でできない場合は，脊柱や背部，殿部などへの荷重を調節できず，痛みや不快感，睡眠困難，脊柱側彎症，褥瘡などにつながることがあるため，同じ姿勢を長時間継続しないよう配慮し，日中や睡眠中に適宜，姿勢変換を行う（第Ⅱ部9章第4節を参照）．

3　呼　吸

　重度の運動機能障害では，体幹の筋肉の働きが不十分で，胸郭の運動性が低く低換気であったり，気道分泌物の排出（排痰）が困難な場合がある．また，先天的あるいは後天的に，鼻

表8-2　重症心身障害児の呼吸機能不全

原因部位			選択の可能性のある対応・治療
体幹の筋肉の働きによる	胸郭の動きが低く低換気		人工呼吸器（日中，夜間），酸素投与
	気道分泌物の排出不足		吸引，排痰，ネブライザー等による薬剤吸入
気道狭窄による	鼻咽頭・中咽頭・下咽頭など	アデノイド肥大	手術治療
		咽頭の形成不全	手術治療，気管切開
		下顎・舌根部の沈下	姿勢工夫，気管切開，経鼻エアウエイ
	喉頭部	喉頭軟化症，喉頭狭窄など	気管切開，筋緊張のコントロール
その他	肺や気管支などの下気道の形成不全		酸素投与
	下気道の機能不全		酸素投与，人工呼吸器（日中，夜間）

（出所）筆者作成．

腔や咽頭，喉頭などの気道狭窄（空気の通り道が狭くなっている状態）を認める場合もある．肺や気管支などの下気道の形成不全による換気障害を持つ場合もある．特に超早期産児や超低出生体重児に多い．呼吸機能不全の原因によって，人工呼吸器や酸素投与，薬剤吸入，気管切開，気道分泌物吸引処置などの医療的補助を必要とすることがある．これらは子どもによって，常時，夜間のみ，体調不良時のみなど，必要度も異なる．呼吸機能不全を持つ場合は，医療的ケアを要していなくても，気管支炎や肺炎などの感染症や誤嚥を含む嚥下咀嚼機能に注意が必要である．

4　食　事

重症心身障害児は嚥下咀嚼機能に困難を持つことが多いが，経口で食事をする子どもと，経管栄養を必要とする子どもと，その両方を行う子どもとがいる．経管栄養は医療的ケアの1つであり，保育者にとって食事というより医療的なイメージが先行しやすく不安を抱くこともあるが，適正に行えば安全で確実な栄養摂取となる．また，嚥下咀嚼機能に困難が強い子どもの経口摂食には，十分に配慮し安全で楽しい食事を心がける．例えば，嚥下や咀嚼には，口周囲から下顎にかけての分離したスムーズな動きと，脊柱が伸展し下顎が胸部方向にわずかに引きつけられている姿勢とが必要である．

重度の運動機能障害では，体幹の支持性が低く，つまり安定した座位がとれず，嚥下や咀嚼時の口周囲や下顎の動きが不十分で，円背あるいは反り返った姿勢になりやすい．飲み込みのときのムセがないか，咀嚼機能に合った食形態かどうかを確認する．ムセやすい場合は，食事のときの座位姿勢を工夫し，必要があれば後頭部の位置を調整する．

5　消化器症状

体幹の筋活動が低く，自発運動やとれる姿勢の種類が限られる重症児では，腸管蠕動運動が弱く便秘傾向を持つことが多い．生活リズムを安定させること，姿勢変換の頻度を増やすこと，必要があれば内服薬や浣腸などを生活リズムの一部に組み込んで一定間隔での排便を

習慣づけるなどの工夫を行う．蠕動運動の弱さに，反り返り姿勢などの姿勢の特徴や，体調の変動などが加わり，腸閉塞が出現することもある．

　逆に，消化吸収不全のため軟便や下痢を認めやすい子どももいる．食事や栄養剤の変更や，経口摂食でも経管栄養のいずれであっても1回量が増えたとき，経管栄養の注入スピードが速いときなどに軟便や下痢が増悪しやすいので注意する．体幹の筋活動が低いため，胃と食道を隔てている横隔膜の収縮力が発達しづらく，胃食道逆流症を合併し，その症状として，呼吸に合わせてゼロゼロ音が聞こえる喘鳴や，嘔吐，胃出血などが出現することがある．その場合は，食事や注入の1回量を減らしたり，トロミ剤や寒天などを加えて逆流しにくいような食形態に調整したり，食事中や食後の姿勢を嚥下しやすく逆流しにくいように工夫する．

　また，経口摂食だけでは十分量をとれず低栄養の場合もある．重症心身障害児では同年齢の子どもに比べて，自発運動が少なく，しかし筋緊張が非常に強い子どももいて個人差が大きく，1日の必要カロリーを設定することが難しいため，体重や体調の変動を観察しながら，保護者や主治医と連携してじっくり対応する．

6　排　泄

　重症心身障害児の7～8割が排泄に全介助を要するといわれる．排尿時間間隔をあけたり，自力で十分に排便することや，排尿や排便のタイミングを伝えるのが難しいなど，困難さには個人差がある．トイレでの排泄が可能な場合は，トイレでの座位姿勢設定を工夫することで，介助が容易になるだけでなく，排泄しやすくなることもある．

7　筋緊張

　四肢はほとんど力が入らないか，逆に強く突っ張って，どちらの場合でも物を持ったり離したり，介助しても体重を支えることが難しい．体幹は非常に支持性が低く，したいことがあるときでも姿勢を保てない，反対に強く反り返ってしまう．このように筋収縮が持続している状態を，筋緊張が高いまたは低いと表現する．

　体の反り返りが強すぎると，座位などの姿勢の安定が難しく，移動や移乗，食事や更衣，オムツ交換などの日常生活動作に困難をきたしたり，睡眠や呼吸，嚥下，消化器機能などに影響を与える．例えば，気道分泌物がうまく排出できず呼吸に合わせてゼロゼロ音が聞こえる状態や，胃食道逆流症といった胃内容物が戻ってしまう状態などである．

　また，筋緊張が常に高いため熱がこもる，骨格の変形や関節の拘縮につながることもある．突っ張りや反り返りを緩めることは困難であるが，体調が安定しているほど，生活リズムや内容が一定であるほど，心身ともにリラックスできる．リラックスできないと筋緊張はさらに高まりやすく，表情や発声を妨げ，消化器症状などを増悪させる．筋緊張を下げるための内服薬や座薬，注射薬などを投与されている場合，眠気や活気不良，よだれの増加，嚥下障害など副反応が起こることもあるため，体調や生活状態などを観察する．

8 易骨折・脊柱側彎症・変形・関節拘縮・褥瘡

重症心身障害児では，抗重力姿勢をとれず，長管骨に荷重することが不足するため骨密度が低いことが多い．座位や立位姿勢の時の転倒防止や，移動や移乗，姿勢変換，更衣やオムツ交換などの際，介助者は注意が必要である．筋緊張が高すぎると物理的要因なく骨折することもありうるので，機嫌不良や手足の発赤・腫脹などの観察も忘れてはならない．骨折しやすい部位としては，上腕骨と大腿骨が多い．

また，四肢の筋緊張が高い状態が継続すると，四肢の関節（股関節，膝関節，足関節，肩関節，肘関節，手関節，手指など）が動かしにくくなったり，変形が固定したりすることがある．動かしにくい関節をマッサージすることは有益であるが，急に力を加えることや無理に動かすことは痛みや骨折を誘発するため避ける．年齢や生活環境の広がりによって座位姿勢が増えると，体幹の支持性が低く脊柱周囲の筋肉が頭部を支えることができず，脊柱側彎症となることがある．座位姿勢の工夫や，座位時間の調整が必要である．脊柱側彎症の増悪を防ぐために体幹コルセット装具を使用することがある（第Ⅱ部9章第3節を参照）．体重を支える面積が限られたり，姿勢や運動が限定的である場合など，臀部などの特定の部位の皮膚発赤がみられることがある．その状態が長く続いたり，発熱などの体調不良が加わると，褥瘡となることもあるため注意する．

9 体温調整

体温の恒常性を保つための脳の働きの未熟さ，体温を産生するための適度な筋収縮が行えないこと，また筋緊張が高い場合に適度に緩められないことなどから，体温調整が難しく，高体温や34℃以下などといった極端な低体温になることがある．低体温が継続すると，排痰不良や消化不良，便秘傾向になりやすいほか，体内のホルモンや酵素などの働きが弱まりやすく，免疫力の低下のおそれもあるため，体温が下がりすぎないように衣類などの調整を行う．カイロなどで局所的に温める場合は低温火傷に十分注意する．

10 コミュニケーション

言語での意思伝達や理解は困難で，表情やまばたき，眼球の動き，指の動きなど，体の一部の動きなどで意思表出する場合がある．また，表出は弱いが，簡単な状況理解や言語理解は可能である子どももいる．いずれの場合も，生活パターンを単純化し，生活動作や活動などの見通しを持ちやすくすることで，子どもがリラックスでき，表情や感情を表しやすくなる．表情や動きなど，小さなことでも意思表出に気づいたら，「気づいた」と子どもに十分に伝えたり，表出することをほめたりして，意思表出を増幅させる．

11 知的障害・発達障害

重度の肢体不自由と重度の知的障害とが重複した状態を重症心身障害といい，基準としては知能指数が35未満である重度知的障害を指すが，知能検査や発達検査を必ず受けるわけで

はない．また，知能検査や発達検査の特定の基準に当てはまらない理解能力を持っていても数値としては判定しにくい場合もある．つまり，言語表出ができない重症心身障害児であっても，知的能力に個人差がある．加えて，社会性の遅れ，つまり発達障害を併せ持っている子どももいて，コミュニケーション能力やコミュニケーション方法，対人関係のとり方の特徴など，非常に個人差が大きい．重度の肢体不自由に起因する姿勢の異常や不安定さ，上肢機能や頭部回旋，眼球運動など，対人面や活動を妨げる複合的な要因に目を配りながら，その子どもに合った工夫や進め方で集団活動を拡げていく．

12　聴覚・視覚

重度の肢体不自由児では，斜視や眼振など眼球運動に問題があることや，姿勢の異常のため，見たい方向へ体や視線を向けられないことがある．染色体異常症などで，先天的に視覚あるいは聴覚の機能不全を持つこともある．脳損傷の結果，視覚や聴覚，あるいはその両方の認知機能不全を生じた子どももいる．つまり，視覚や聴覚についての困難さにはかなり個人差があり，見た目ではわかりにくいことも多い．

いずれの場合でも，言葉かけだけでなくジェスチャーをつける，コントラストのはっきりした物を見せながらや，物を触らせながらなど，可能な限りわかりやすく伝えて，それに対する子どもの反応を受け止めて，さらには反応が増幅するように促す．保育者のそのような関わり方を他児が真似るなどして，子ども同士のつながりが生まれることも多い．

また，手足の運動麻痺に加えて，顔面の筋肉が働きにくい子どものなかには，眼瞼を閉じることが困難な子どももいる．開眼状態が続くため眼球結膜や眼瞼結膜に充血が起きやすく，毎日，外用薬を塗布するなどの処置を行うことが多い．

13　てんかん

てんかんは脳波異常を伴う神経細胞の異常興奮によって　意識障害やピクつきなどが生じる病態であるが，重症心身障害児の約7割に，てんかんを合併しているため，てんかん発作時の対応や連絡，日常の留意点などを知り，不必要な活動制限を避けて，安全で活動的な保育を目指す（第Ⅱ部9章第1節を参照）．

14　通園や屋外活動

小児用車イスを使用して登降園する場合は，入口や通路のバリアフリーだけでなく，幅なども確認する．人工呼吸器など医療機器を複数必要とする子どもであれば，子どもは垂直座位姿勢でなくリクライニング座位か臥位での車イスとなり，かつ，車イスの座面下に呼吸器や他の必要な医療機器を載せているため，車イスの大きさや長さが大きく，かつ折りたためないことも多い．雨の日など，自動車で通園する可能性などについても検討する．入院期間が長かった重症児などは，屋外で過ごす経験がない場合もある．屋外は屋内と比べて，気温や湿度はもちろん，日照や風でさらに体温や湿度に変化をもたらす．特に気管切開をしてい

る子どもの場合，乾燥や脱水を防ぐ対応や埃への対応なども考慮する．自発運動が乏しい子どもの場合，車イスに座って屋外で過ごすとき，顔や手足に日照を受け続けることもあるため注意する．電源を必要とする医療機器はバッテリーで駆動できるものが多いが，時間が限られるため，A/C 電源を使用できる場所を確認しておく．

15 事 例

> 5歳　男児　　　病名：低酸素性虚血性脳症後遺症
> 現在も寝返りはできない．移動と座位は全介助．視覚認知は乏しい．

1）保育目標——生活リズム・生活の場

　重症心身障害児は生命活動の基本である呼吸や嚥下，睡眠などに困難を持つことが多く，保護者や家族は1日24時間にわたって介助や見守りを求められる．子ども本人の体調や家庭環境によって，子どもの生活リズムは変動したり偏ったりすることがあるが，通園することにより1日の生活リズムを整えることができる．安定した生活リズムをとれるようになると，体調の変動を減らすことや，体調変化に気づきやすくなることが期待できる．ただし，急に生活リズムを整えようと無理をすることは，体調不良を招くことや，家族の生活力を損ねることもありうるため，長期的に計画する．

　介助や見守りが必須で，度々の通院が必要な子どもであるため，ともすれば自宅と病院が生活の場となりやすい．通園することによって，家族や医療者以外の人々との関わりを持てるだけでなく，子ども自身のための生活の場所が増え，地域で生活する基盤や，地域での役割が生まれる．

2）保育目標——コミュニケーション

　発話や発声，身振りなどが乏しく，自発的な動きが少ない子どもでは，生活介助に主眼が置かれがちであるが，更衣や食事，移乗などの生活動作の1つ1つを声かけしながら行うことが大切である．繰り返しの声かけによって，子ども自身が安心感を得たり，生活の流れを理解したり表情や発声などで意思表出しやすくなることがある．さらには，発声や表情などを使って，「はい」「いいえ」などの返事や，2つのうちから1つを選ぶなどの表現に発展することがある．

　本事例の子どもは視覚認知障害があるため，簡単な単語で説明したり，触らせて知らせたり，コントラストがはっきりした物を提示するなど，さりげなく十分な情報を与える．視覚に問題がない子どもであっても，周りを見回すことが難しい場合も多いので同様の配慮が望ましい．保育者がこまめに声かけすることによって，クラスの子どもが会話に参加するなど子ども同士のつながりが生まれる．

3）保育目標——生活動作の発達

　低酸素性虚血性脳症の子どもは，体幹の支持性は非常に低く，したいことがあるときに四肢を思うように動かせないため，意志に反して強く体を反らすことがある．生活動作のたび

表 8-3　肢体不自由児の保育での確認・配慮事項〈重症心身障害児の事例〉

	項目	内容
疾患や体調	病名	低酸素性虚血性脳症後遺症
	合併症	てんかん，股関節亜脱臼，視覚認知障害
	今後の見通し	独歩獲得の見込みなし
	これまでの経過	重症新生児仮死．生後1カ月時にNICUを退院し，児童発達支援センターにてリハビリと親子通園を開始．3歳時より，公立保育所通園開始．
	これまでの主な治療	リハビリ（理学療法・作業療法・言語聴覚療法），抗てんかん薬内服
	これまでの入院治療	気管支炎や肺炎のため，年に2回ほど入院
	これまでの手術治療	なし
	骨折の既往	なし
	現在の治療・リハビリ	今後も継続
	今後の治療予定	股関節亜脱臼に対して経過観察中（近い将来手術の可能性もある）
	普段の体調	風邪をひきやすく，風邪をひくと長引きやすい．風邪のときなどに気道分泌物が増え，食事量が減ったり機嫌が悪くなりやすいので，自宅で内服薬・貼付薬を投与し，鼻腔吸引や薬剤吸引をしている．
	体調不良のサイン	週に2回ほど，前触れなく，てんかん発作出現するため見守りが必要．
	医療的ケア	自宅で鼻腔吸引や吸入，浣腸を適宜
	医療機関・主治医	○○病院小児科○○医師（3カ月おきに通院），○○病院整形外科○○医師（半年おきに通院），○○病院眼科○○医師（半年おきに通院），○○小児科医院（ワクチン接種や風邪のときなどに受診）
状態	補聴器	不要
	眼鏡	不要
	補装具	車いす，短下肢装具（歩行器使用や立位訓練時に装着する）
	移動・座位など	移動と座位は全介助．食事のときはリクライニング姿勢で体幹保持工夫したイスを使用．描画など手をつかう作業のときは，抱っこで行う．
	上肢機能	物を持ったり離すことは難しい
	更衣	全介助．肩関節や肘関節，手首などの関節がかたいのでゆっくり更衣する．
	排泄・トイレ	終日オムツ使用．連れていくタイミングがあうとトイレで排尿できる．トイレでの座位を介助する必要がある．排便はほぼ毎日だが，十分でないため月に1度くらいの割合で自宅で浣腸している
	手洗い・歯磨き	全介助
	食事	全介助．ペースト食．水分や汁物にはトロミ剤を溶かして，スプーンで飲ませる．リクライニング座位
	アレルギー・偏食	なし
	コミュニケーション	時々声を出すが多くない．名前を呼ぶとニコッとしたり，口をあけることがある．嫌なことには，全身に力を入れて伝える．
	遊び・興味	好きな音やTVCMが聴こえると，耳をすませている．視覚認知障害があり，視覚反応は乏しいが，急に音が鳴ったり，拍手などでビクッとする．（以前は泣いてしまっていたが，最近は泣かなくなった）
その他	園内外の設備・安全	トイレのスペースが狭く，座位介助しにくい．
	活動・行事など	運動会や遠足には車いすを使用して参加している．宿泊活動はまだ経験していない．
	家族構成	小学生の兄がいる．祖父母は父方も母方も健在だが遠方在住．
	家庭での様子	降園後，自宅では臥位で過ごしていることが多い．
	事業所等利用状況	土曜日には児童発達支援を利用している．数カ月ごとにショートステイを利用している．
	希望や目標	兄と同じ小学校に通わせたい

（第Ⅱ部2章第3節の「肢体不自由児の保育での確認・配慮事項」の表を参照）

（出所）筆者作成．

にこまめに声かけすることで，安心感が増し，筋緊張が緩まり介助者が生活動作介助しやすくなることがある．介助への協力をほめて，協力を増やすことが，生活動作の発達につながる．

第3節 医療的ケア

1 医療的ケアの現状と実態

医療の進歩などを背景として，生命に関わる重篤な状態で入院治療を受けた後も引き続き，自宅での生活において呼吸や栄養などについての医療補助を受けている子どもたちが増えている．在宅での日常生活上，生命維持のために必要である医療的な生活援助行為を医療的ケアと呼び，医師による治療行為とは区別される．在宅生活では，医療的ケアは家族や訪問看護師等が行うが，気道分泌物の吸引など限定されたケアについては，特定の研修や手続きを経た介護職員や教職員などが実施できるようになった（平成23年「社会福祉士及び介護福祉士法」の一部改正による「喀痰吸引等研修」）．

言い換えると，喀痰吸引等研修において規定されているケア以外は，保護者や看護師でなければ実施できないため，看護師配置のない通園施設の場合，園内においても保護者が実施しているのが現状である．特に，人工呼吸器などの高度な医療機器を必要とする子どもたちに関して，保護者以外の介助者が明らかに不足しており，保育や教育を受ける機会は十分でない．訪問看護師等による登園・登校支援などの解決策が期待されている．保育者においても，医療的ケア児についての理解や関わりを深めることが望まれる．

表8-4 主な医療的ケア

		○：喀痰吸引等研修に含まれるケア （×：保護者か看護師が実施する医療的ケア）
呼吸に関するケア	口腔・鼻腔吸引	（咽頭より手前まで）○，（咽頭より奥の気道）×
	経鼻喉頭エアウェイ内吸引	×
	気管切開部吸引	（気管カニューレ内）○，（気管カニューレ奥・外）保護者も実施しない
	ネブライザー等による薬剤吸入	×
	酸素投与	×
	人工呼吸器	×
栄養に関するケア	経鼻経管・胃瘻・腸瘻栄養	（留置されている管からの注入）○
	中心静脈栄養	×
その他	導尿（介助）	×
	間欠性腹膜透析	×
	人工肛門	状態が安定している場合，ストマバッグからの排泄物処理やバッグ交換は医行為に該当しない
	インスリン注射・インスリンポンプ	×

(出所) 筆者作成．

2 気道分泌物吸引

　重度の運動機能障害により体幹の筋肉の働きが不十分で，胸郭の運動性が低く換気能力が十分でない場合や，気道分泌物の排出（排痰）が困難な場合がある．また，脳や神経の問題による嚥下機能不全のため，気道分泌物や唾液の処理が困難なことがある．このような場合，気道分泌物を吸引して，食事しやすくしたり，呼吸状態の悪化を防ぐ．口腔内（咽頭の手前まで），鼻腔内，気管切開カテーテル内については，喀痰吸引等研修によって規定されているケアである．咽頭を越える部位での吸引は嘔吐を誘発しやすいため，看護師等が行う必要がある．気管切開カテーテル内を越える吸引では，気管内壁を損傷しやすく，さらには，気管内壁の肉芽から気管腕頭動脈瘻という大出血のリスク要因につながりえるので慎重を要する．

3 経管栄養

　嚥下咀嚼機能が未熟で，十分な栄養を摂れない場合や，胃内容物が気道にまで逆流する恐れがある場合などに，チューブを使って胃や腸に直接，栄養分を送る．鼻腔から胃にチューブを入れて栄養を送る方法を経鼻経管栄養注入といい，「鼻注」と略して呼ばれる．この方法は手術等を必要としない点がメリットであるが，1〜2週間ほどでチューブ交換をする必要があることや，鼻腔から胃までの経路途中の挿入不良があり得ること，挿入できるチューブの径を大きくできないため注入できる栄養が限られること，チューブが喉を通過しているため不快に感じ飲み込みに影響する可能性などのデメリットもある．

　腹部の皮膚表面から胃壁や腸壁に手術で孔をつくり，カテーテルを通して栄養を送る方法を，胃瘻栄養・腸瘻栄養という．長期にわたって経管栄養を必要とする場合に選択される．手術を必要とするデメリットはあるが，短い経路で太い径のカテーテルであるため，栄養剤や水分だけでなくペースト食なども注入可能で，挿入不良が起こりにくいなどのメリットがある．瘻孔から胃液や腸液が浸み出すことがあり，カテーテル周囲の皮膚の状態を確認する．経鼻経管でも胃瘻でも腸瘻でも，注入前には体調や挿入状態を確認し，適切な手順や接続，注入スピードで行い，注入中・注入後の体調や表情などにも留意する．なお，腸に注入する場合は血糖値の急激な変化を避けるため，注入時間を十分長くとる必要がある．

4 導　尿

　尿を出すときに筋肉を緩める神経や，尿を貯める膀胱の機能などが未熟な場合，腎臓などの尿路に感染症や機能低下を起こすことがあるため，定期的に尿道にカテーテルを挿入して尿を出す必要がある．この手技を導尿という．カテーテルを常時留置せず，必要時に挿入するので間欠的導尿とも呼ぶ．導尿は喀痰吸引等研修で規定されたケアではないため，子ども自身で行えない場合，保護者か看護師等が実施する．二分脊椎の子どもなどは3〜4時間おきに尿道カテーテルを挿入し，排尿する．朝1回，昼食後に1回，夕方に1回，夕食後に1回，眠前に1回というような具合である．幼児の在園時間内であれば，例えば昼食後と降園

前の2回ほどとなる．

5　人工呼吸器などの高度医療

　重度の運動機能障害や筋疾患のため体幹の筋肉の働きが不十分で，胸郭の運動性が低く低換気で，十分な呼吸量や血中酸素濃度を保てない子どもがいる．また，先天的あるいは後天的に，鼻腔や咽頭，喉頭などの気道狭窄があり，人工呼吸器で吸気を補助する必要がある子どももいる．人工呼吸器といっても，常時必要な子どももいるが，夜間など睡眠中のみ，体調不良時のみなど，必要度は異なる．自宅で人工呼吸器を使用する子どもの場合，電源のON/OFFや，呼吸状態モニターのアラーム音のOFF，気管切開カニューレと人工呼吸器との接続，あるいは，顔や口鼻のマスクの装着と呼吸器との接続，そして，気道分泌物吸引の度に呼吸器の接続をはずしてまた繋ぐなどの操作を保護者が日常的に行っている．人工呼吸器の設定を操作するのは医師であり，通常，呼吸状態に変化がない限り設定は変更しない．不測の事態で多いのは，呼吸器から気道への回路（チューブ）の接続部がはずれることと，気管切開カニューレが抜けてしまうことであり，多くの場合，これらには保護者が対処している．人工呼吸器に関する行為については，喀痰吸引等研修に規定されている行為ではないため，看護師が配置されていない園では，保護者が同伴しているのが現状であるが，現行の制度を見直すようなフレキシブルな対応が求められつつある．

　また，排痰補助装置など新たに普及してきた在宅医療機器もある．これは，口鼻マスクや気管切開カニューレを介して，強制的な陽圧吸気と陰圧呼気の数サイクルを毎日数分ずつ数回継続使用するものである．深呼吸して大きな咳をして排痰することに似た効果を期待できる．今後，高度な医療機器を含めて，在宅医療で使われる医療機器が進歩するであろうことは想像に難くない．

　処置や対応を，保護者以外の誰が担うかなどの問題はさておき，高度医療や新たな在宅医療機器を必要とする子どもの生活や病態，医療，制度などについて，保育者の理解を期待する．

引用・参考文献

鈴木康之［2015］「超重症児（者），準超重症児（者），いわゆる動く重症心身障害児（者）」岡田喜篤監修『新版　重症心身障害療育マニュアル』医歯薬出版．

第 9 章

併発しやすい疾病

第 1 節　てんかん

　先天的，出生時あるいは出生後の様々な原因によって，脳神経細胞のネットワークに構造的な異常が起こり，その部位を中心として，神経細胞に激しく乱れた電気活動が発生することによって，意識の減損や異常な筋収縮が現れることがあり，この症状を痙攣（けいれん）と呼ぶ．脳波検査における異常を伴い，痙攣を繰り返す場合，てんかんと診断される．痙攣は突発的におこることが多く，繰り返しみられるため，てんかん発作とも呼ばれる．てんかん発作の状況には個人差があり，発作の始まりから意識障害を伴うものや，途中から意識障害があるもの，意識障害を伴わないものもある．異常な筋収縮についても，全身性のものや，手足や顔の一部だけのものもある．

　てんかんは，脳神経細胞のネットワーク異常によって起こることから，脳に起因する神経疾患である知的障害，発達障害，運動機能障害（肢体不自由）を持つ子どもであれば，合併して発症することがある．知的障害を持つ子どもの10〜30%がてんかんを合併し，重度の知的障害であればあるほど，その率は高くなる．発達障害を持つ子どもの40%にてんかんがあり，73%が脳波異常を持つという報告がある［中川 2016：9-14］．脳神経細胞の電気活動の異常の有無やパターンを確認するために，脳波検査を行うことがある．頭皮上の所定の部位に，ペーストを塗った電極を密着させて記録する方法であり，痛みはない．他に，脳に形態的な異常がないかどうかをCT検査やMRI検査で確認したり，脳以外の臓器に起因する病態を検索するために血液検査や尿検査などを実施することもある．

　てんかんの治療としては，内服薬が主である．脳神経細胞の電気的な異常興奮が大きくなりすぎないように抑える効果を持つ薬で，抗てんかん薬と総称される．てんかん発作のパターンなどにより使い分けられるが，1種類のみの場合や，数種類を組み合わせて投与する場合もある．毎日，なるべく定時に飲み，脳神経細胞の電気的活動を安定させる．飲み忘れることによって，逆にてんかん発作が起こりやすくなることもあるので注意する．抗てんかん薬は多くの場合，毎日，長期間必要となることが多いため，定期的に主治医の診察を受けて，必要な間隔で採血検査や尿検査などを行い，副作用の出現をできる限り早期に発見する．内服薬でてんかん発作をコントロールすることが難しい場合や，効果を見込めるタイプのてんかんの場合などは，脳手術治療や注射薬治療，ケトン食などの特殊食治療などを検討するこ

ともある．いずれの治療であってもてんかん発作を完全にコントロールすることが困難で，難治性てんかんと呼ばれる場合もある．その子どもにとっての適量以上に抗てんかん薬を投与することは，活動や覚醒が緩慢になったり，唾液や気道分泌物が増えたり嚥下困難が出現したりすることがあるため望ましくない．てんかん発作を止めることばかりに目を向けるのではなく，子どもの生活や活動の質にも配慮して治療を選択する．

保育者に期待されるのは，てんかん発作を起こしにくいように，日頃の体調安定を援助することや安全に目配りすることと，てんかん発作が起きたときの対応を確認しておくことである．てんかん発作は，寝起きや眠気のあるときや，薬を飲み忘れた時，体調不良などで睡眠不足のときなどに起こる可能性がある．子どもによっては，発熱や入浴などの体温上昇がきっかけになることもある．

発作時の対応は，① 安全確認・安全確保（高い場所や水際，道路など危険な場所や物の近くから離れる），② 時間と様子を確認（時計で痙攣出現時刻と痙攣持続時間を確認するとともに，意識状態や痙攣の状態などを確認），③ 全身に入っている力が緩んできたら即座に横向きにして誤嚥を防ぐ，④ 保護者との打ち合わせ事項に合わせて，保護者への連絡や救急搬送要請，座薬挿肛などを行う．行ってはいけないことは，てんかん発作中の子どもの口の中に物や手を入れること，てんかん発作終了後にあわてて立たせたり水分を飲ませたりすることと，不要な活動制限をとることである．子どもの安全に注目するだけでなく，保育者の不安を減らすために，これらのことを保育者間で定期的に確認することが重要である．

また，熱性けいれんでも，てんかん発作と同様の痙攣を示すことが多いため混同されやすいが，病態は異なる．熱性けいれんは，脳神経細胞のネットワークの構造異常によるものではなく，ネットワーク形成の発達途上における不安定さによるものである．熱性けいれんでは，脳波検査において異常所見を認めないことが多い．ネットワークがまだ安定していないため，急な発熱などにより一時的に異常な電気活動が誘発され痙攣がおこる．5歳までの子どもの20～30人に1人以上の割合でみられる［熱性けいれん診療ガイドライン策定委員会 2015］．痙攣時の対応方法はてんかん発作と同じである．

第2節　睡眠の問題

発達の遅れを示す子どもたちは定型発達児に比べて，睡眠についての問題を持っていることが少なくない．染色体異常症などで先天的に気道狭窄を認める場合や，明らかな気道狭窄がなくても，肢体不自由，知的障害，発達障害などの幼児は体幹の低緊張を認めやすいなど，複合的な要因が影響する．

睡眠中のいびきや呼吸リズムの不規則さ，うつ伏せ寝を好むことや寝相の悪さなどで気づかれる睡眠時無呼吸症候群は，昨今，成人においてよく知られるようになったが，子どもであっても日中の機嫌や身長の伸びなどに影響するため軽視できない．扁桃肥大やアデノイドの有無や，無呼吸の頻度などを検査して，必要であれば治療を行う．

睡眠時無呼吸症候群の有無に関わらず，発達障害を持つ子どもの34％に睡眠困難を認めたという報告がある［中川 2016］．この報告では，自閉スペクトラム症を持つ子どもの41％，注意欠如・多動症を持つ子どもの28％に睡眠困難を認めたと述べている．睡眠困難には，入眠困難，途中覚醒，早朝覚醒などのパターンがあるが，いずれの場合も，乳幼児期から認めることが多く，日中の不機嫌や活動に集中しにくい，朝食をとりにくいなどの問題が起こりえるだけでなく，保護者の睡眠にも影響を与える．

第3節　耳鼻科的疾患

中耳炎の原因となるのは細菌やウイルスであり，これらは外耳道からではなく，咽頭から耳管を通って中耳に侵入する．つまり，外耳道からプールや風呂の水が入ることによるのではなく，風邪などの咽頭感染が起因となって中耳炎が発症することが多い．耳管の本来の役割は，嚥下する時に瞬間的に拡がって中耳内の圧を調整することであり，ヒトにとって必要な通路である．乳幼児の耳管は，大人のものより短く，かつ咽頭側から中耳側へ水平に近い構造をしているため，咽頭で細菌やウイルスが増殖すると中耳まで侵入しやすい．特に，ダウン症候群などの小頭症を特徴とする疾患などではその傾向が顕著である．

また，体幹の低緊張などにより胸郭の運動性が低い場合や，アデノイドなどによる気道狭窄，気道の形成不全などを持つ場合，気道分泌物が貯留しやすく，咽頭で細菌やウイルス感染が起こりやすく，中耳炎につながる頻度が高くなりうる．そのような傾向を持つ子どもでは，中耳炎を繰り返すこともある．中耳炎では，炎症による浸出液や膿が中耳にたくさん溜まり，内圧が高くなり強い痛みを感じたり，鼓膜や耳小骨による音伝達が阻害されて聴こえにくくなることがあるが，鼓膜が自然に破れて膿が外耳道から流れ出たり，ゆっくりと炎症が治まってきたりして，痛みや聴こえにくさから回復する．滲出性中耳炎により難聴が継続することもある．

中耳炎による痛みや不機嫌に気づかれにくい子どももいるため，疑わしい場合は耳鼻咽喉科を受診する．耳管の形状が大人に近づいたり，感染症の頻度が減るにつれて，中耳炎に罹患する頻度は減る．

全ての乳幼児において注意しなければならないことであるが，子どもは小さなおもちゃや紙などを口や鼻腔，外耳道などに入れることがある．知的障害や発達障害を持つ子どもの場合，入れたことに長く気づかれなかったり，繰り返し入れたりすることがある．

第4節　整形外科的疾患

肢体不自由児だけでなく知的障害児や発達障害児も，体幹の低緊張を伴って乳幼児期に運動発達遅滞を認めることがある．運動機能に明らかな問題がなくとも，危険予知が未熟で転倒やケガをしやすい子どももいる．障害を持つ子どもたちの保育場面では，ケガや骨折につ

いての予防策をとることはもちろん，骨折が疑わしい状態やその対応について知ることが望ましい．局所的に強い痛みや腫れ，発赤，熱感を認める場合は骨折が疑われるため，可能な範囲で局所を保護か固定して受診する．微細な骨折の場合など，受傷当日にはレントゲン検査によっても診断しにくいこともあるが，診断そのものより対処についてのアドバイスが有効なこともある．

体幹の低緊張が著明な場合，座位や立位姿勢が増えるにつれ，脊柱への頭部の重みを十分に支えることができず，生理的でない脊柱彎曲が出現することがある．これが継続する病態を脊柱側彎症という．頭部の発達や身長の伸び，座位や立位姿勢時間のさらなる増加などにより，脊柱側彎症の進行を認める場合があるため，一定の座位や立位姿勢を長く続けずにこまめに姿勢変換するなどの配慮をする．進行予防のため体幹コルセットを装着することがあるが，脊柱にかかる重みをコルセットで軽減することと体幹の可動性とは両立しにくい．適切な装着の仕方などについて主治医の指示を確認する．

また，低緊張が著明な場合や脳性麻痺などでは，乳児期の股関節臼蓋形成が遅れ，発達性股関節脱臼や亜脱臼となることがある．股関節を開排しにくい子どもでは，両下肢を揃えた姿勢で固定せず，股関節開排位を保つような姿勢を工夫する．反対に，股関節が強い開排位を示す子どもでは，開排しすぎない姿勢をとりやすいよう工夫する．

一般的に，乳幼児の下肢は生理的にO脚である．独歩獲得後，徐々に膝の角度が変化していき，2歳から6歳頃は逆にX脚の傾向となり，7歳頃には成人に近い下肢の形になる．また，乳幼児は足底の土踏まずが扁平であるが，歩行の発達とともに3歳頃からアーチを形成していく．ところが，体幹の低緊張を持つ子どもの場合，生理的O脚や生理的X脚のほかに，反張膝（膝関節の過進展）や，アーチ形成不全である外反扁平足を認めることがある．重度の場合はインソールなどの装具をつけることもあるが，多くの場合は経過観察となる．

発達障害を持つ幼児の中には，つま先歩きする子どもがいる．足底の感覚過敏や周囲の状況への不安感などがきっかけとなる．生活環境や活動の見通しなどを獲得し不安感が薄れると，年齢とともに体重が増加することもあいまって，徐々に足底を着けて歩行するようになる．脳性麻痺や筋疾患を持つ子どもの尖足歩行の場合は，年齢とともに徐々に強まる点で対照的である．

引用・参考文献
中川栄二［2016］「発達障害とてんかん」『認知神経科学』18（1）．
熱性けいれん診療ガイドライン策定委員会［2015］『熱性けいれん診療ガイドライン2015』診断と治療社．

第Ⅲ部

障害児保育の実際

　第Ⅲ部では，保育所や幼稚園等で障害児保育を展開する際の基本について学ぶ．第1章と第2章では，保育に不可欠な指導計画，記録，評価の方法について解説し，個別の支援計画の作成の方法や過程，留意点について述べる．第3章から第5章にかけては，障害児の遊びと生活を支えるために，障害の特性などを踏まえながら，どのような保育者の援助と環境構成が求められるのか，そして子ども同士の育ち合いを支えるための視点と保育者の役割について論じる．第6章では，職員間の協働をすすめる方法の1つとしてのカンファレンスについて事例を交えて解説する．

第1章
全体的な計画に基づく指導計画の作成と記録及び評価

第1節　保育所保育指針で示される障害児保育に関する計画

　保育所における保育は，計画に基づいて展開される．保育所保育に関わる計画は全体的な計画と，指導計画がある．全体的な計画は，保育所保育指針で示される保育の目標を達成するために，各保育所の保育方針や保育目標，子どもの発達過程，過程や地域の実態，保育時間などを踏まえて作成される，当該保育所保育の全体像を包括的に示した計画である．

　指導計画については，保育所保育指針において「保育所は，全体的な計画に基づき，具体的な保育が適切に展開されるよう，子どもの生活や発達を見通した長期的な指導計画と，それに関連しながら，より具体的な子どもの日々の生活に即した短期的な指導計画を作成しなければならない」（第1章3(2)ア）と示されている．

　このため多くの保育所では，長期的な指導計画として年間指導計画や四半期に分けた指導計画，これらに基づく月間指導計画（以下，月案）を作成している．短期的な指導計画は月間指導計画をもとに，適切に保育が展開されるように，より具体的なものとして一週間の指導計画（以下，週案）と一日の指導計画（以下，日案）が作成される．

　障害児保育に関しては，保育所保育指針において，「障害のある子どもの保育については，1人1人の子どもの発達過程や障害の状態を把握し，適切な環境の下で，障害のある子どもが他の子どもとの生活を通して共に成長できるよう，指導計画の中に位置付けること．また，子どもの状況に応じた保育を実施する観点から，家庭や関係機関と連携した支援のための計画を個別に作成するなど適切な対応を図ること」（第1章3(2)キ）と記載されている．

　前半部分において障害のある子どもが他の子どもと共に成長できるように指導計画に位置付けることが示されている．そして，後半部分において特別支援の観点から個別支援計画の作成をすることが明示されている（次章を参照）．

第2節　実際の指導計画

　実際の保育所（A保育所とする）で活用されている指導計画をもとに説明する．A保育所では，長期的な計画として年間指導計画と月案があり，短期的な指導計画には週案と日案がある．障害のある子どもを含めた指導計画は，通常の指導計画に，障害のある子どもに関する

ことは「□」で記載している．

1　長期的な指導計画

　ここでは，A保育所の月案について説明する．A保育所の月案は，年間指導計画や前月の子どもの姿などをもとに作成される．ねらいは，養護と教育（健康，人間関係，環境，言葉，表現）について記載し，それを達成するための内容と，環境構成，予想される子どもの活動，保育士の援助が記載される．

　表1-1は，3歳児クラスの7月の月案である．このクラスは20名の子どもで構成され，その中に軽度の自閉スペクトラム症の子ども（以下，B児）が1名いる．担任1名と加配保育士が1名でクラスを運営している．B児の状況は，①3歳児クラスになって転園してきた，②基本的生活習慣は他児と同様にほぼ自立しているが，食事については食べる意欲が低く，好き嫌いが多い，③体を動かしたり，歌ったりするのは好きだが，他児との関わりはほとんどない，④言葉に少し遅れがある．やりとりが続かない，である．

　指導計画には，通常の指導計画に関するもの（B児がクラスの他の子どもと一緒に活動することに関するもの）は「・」で示され，B児に特別に支援することや身につけてほしいことに関するものは「□」で示される．

　例えば，食事については他児よりも個別的な支援が必要なため，前月までの子どもの姿が「□これまで食べなかったもおのを自ら口に運ぶようになっている」ので，ねらいでは「□友達や保育士と一緒に食事を楽しむ」とし，それを達成するための内容を「□自ら選んで食べられるものを味わい，食事を楽しむ」とした．そのために環境構成では見通しが持てるように「□事前に献立を伝える」とともに，「□食事を楽しめるように自分で食べる意欲を尊重しつつ，新しいものや苦手なものを口に運んだら十分に認める」という保育士の援助を計画した．

2　短期的な指導計画

　A保育所は3歳児・4歳児・5歳児クラスではコーナーを主体にした保育を進めながら，週に1，2回は設定保育を行っている．表1-2は，5歳児クラスの日案で，設定保育の部分のみを示している．

　このクラスは22名の子どもで構成され，その中に軽度の知的障害と自閉スペクトラム症を併せ持つ子ども（以下，C児）が1名いる．担任1名と加配保育士が1名でクラスを運営している．C児の状況は，①基本的生活習慣は自立している，②不器用であるがリズムに合わせて体を動かしたり，運動遊びをしたりするが好き，③他児と関わろうとするが言葉に遅れがあり，やりとりが続かない，④ゲーム遊びや競争では勝ちにこだわり負けると他児をたたく行動がある．

　C児の特性に合わせて，歌の時には「□歌詞が分かるように歌詞カードを提示する」とう視覚支援や，「□友達や保育士の話に気持ちが向くように個別に言葉をかける」の個別的な

表1-1　月の

前月までの子どもの姿
・園での活動の流れを覚え，身の回りのことを自分でしようとする姿が見られる． ・友達と一緒に好きな遊びを楽しみ，ごっこ遊びや積み木遊びなどが発展してきている． ・ルールのある簡単な集団ゲームを楽しんでいる． ・栽培した植物の生長を楽しみにしている． □これまで食べなかったものを自ら口に運ぶようになっている． □戸外では，タイヤ転がしや縄跳びなど身体を動かす遊びを楽しんでいる姿が見られる． □自分の思いが伝わらず，大声で泣き叫び続ける姿が見られる．

内　容	環境構成
・着替え，手洗い，うがい，水分補給を自分でしようとする． □自ら選んで食べられるものを味わい，食事を楽しむ．	・すぐに水分補給ができる場所に水筒を置く． □事前に給食の献立を伝える．
・水遊びやプールあそびの準備や片付けの仕方を知り，自分でしようとする．	・プール，シャワーの用意や着替え，片付けは毎回同じ手順で行えるように，プールバッグはロッカーの上に置き，着替えの時は各自，机，イスなど自分が着替える場所に整頓しておけるようにする．
・水遊びやプールあそびでの約束事を知り，夏の遊びを楽しむ． ・砂遊びや泥遊びなどで砂や泥の感触を味わう．	・プールでの約束事などは分かりやすく図示する． ・水，砂，泥遊びが楽しめるように，タライやペットボトルなど容器を十分に用意する．
・好きな遊びを通して友達に親しみを持ち関係を築く． □全身を動かす遊びを保育士や友達と一緒に楽しむ． □自分で作った物で友達と一緒に遊ぶ満足感を味わう．	・友達と関わりを楽しめる遊び・玩具を用意する． 　室内：お医者さんごっこ，お店屋さんごっこができるコーナー，積木やブロックで遊ぶコーナーを設ける． 　室外：タイヤ転がし，ボール遊び，集団ゲームがころんだができるスペースを確保する． 　雨天時：リズム遊び，体操など体を動かして楽しめる遊具を準備する． □一緒に遊べる遊びを把握する．
・自分たちの育てた野菜の収穫を楽しむ．	・収穫した野菜を入れるカゴや袋を用意する．
・自分の要求を伝えたり，友達の要求に気付いたりする． □自分の気持ちや欲求を簡単な言葉で伝えようとする．	
・夏の自然や行事に関心を持ち，歌ったり，製作したりすることを楽しむ．	・星や昆虫，植物に関する図鑑や絵本を用意する． ・製作に必要な教材（のり，クレパス，水性ペンなど）を用意する．

健康・食育・安全への配慮
・日中の活動が活発になったり，暑かったりして疲れがたまり体調を崩しやすくなるので，こまめに健康観察を行う． ・室内の温度や湿気をエアコンなどで調整したり，水分補給を促したりして快適に過ごせるようにする． ・栽培している野菜の生長に気付き，食べ物への興味・関心を高めるとともに，収穫し，食べる喜びを味わえるようにする． ・プールの水温，水質に十分に注意する．また，プール周りや玩具など，危険のないように点検や整備をする．

指導計画

ねらい	今月の行事
・温度の調節や水分補給をして健康で快適に生活ができるようにする． ・夏の生活の仕方を知り，衣服の着脱や身の回りのことを自分でしようとする． ・友達と一緒に全身を動かす遊びや感覚あそび，ごっこ遊びを楽しむ． ・夏の自然や行事に触れ，それらに対する興味や関心を深める． ・好きな遊びをする中で，友達とのやりとりや自分の思いを相手に伝える楽しさを味わう． ・友達や保育士と一緒に季節に関わる歌や製作を楽しむ． □友達や保育士と一緒に食事を楽しむ． □好きな遊びを見つけ，様々な感覚を楽しむ． □自分の思いを相手に伝えようとする．	略

予想される子どもの活動	保育士の援助
・汗をかいて衣服の着脱が難しい子どもがいる． ・汗をかいたら着替える． ・水分補給をする． □自分で食べたいものを選んで食べる． ・自分からシャワーやプールの準備，片づけをする． ・友達や保育士と一緒にプールで遊ぶ． ・友達と一緒にポットボトルシャワーや色水遊びを楽しむ． ・友達と一緒に泥や砂で団子を作ったり，山を作ったり，トンネル掘りを楽しむ． ・友達や保育士と一緒にお医者さんごっこやお店屋さんごっこを楽しむ． ・友達がしていることに興味を持ち，一緒に遊ぶ． □保育士や友達と一緒に跳んだり，転がったり体を動かす． ・野菜を収穫する． ・自分の気持ちを言葉にして友達に伝える． ・友達の話を聞き，友達の気持ちに気付く． □保育士に自分の気持ちや要求を伝える． □保育士と一緒に友達に自分の気持ちを伝える． ・季節の歌「たなばたさま」「水遊び」などを歌う． ・様々な素材を使って製作をする． □保育士と一緒に製作をする．	・着替えや水分補給の大切さを伝え，自ら積極的に取り組めるようにする． □食事を楽しめるように自分で食べる意欲を尊重しつつ，新しいものや苦手なものを口に運んだら十分に認める． ・子どもたちの自分でしようとする気持ちを受け止め，十分でないところは手伝ったり，励ましたりする． ・素足や汚れることを嫌がる子どもや，水を怖がる子どもは無理強いせず，他の子どもが遊んでいる様子を見せる，保育者と一緒に遊ぶ中でその楽しさに気付けるようにする． ・ごっこ遊びのときは，保育士も一緒に遊び友達と関われるように仲立ちをしながら，楽しさを伝え，関わりを広げるようにする． ・ゲーム遊びは，繰り返し遊び，ルールが覚えられるようにする． ・みんなで楽しめるように，リズム遊びや体操を一緒にする． □遊びに自発的に参加できるように跳ぶ，転がるなど好きな動きを取り入れながら一緒に体を動かす． ・野菜への興味が深まるように，野菜を収穫した喜びに共感する． ・子ども同士の関わりの中で取り合いや衝突などが起こった時は，子どもたちの思いを十分に受け止め，保育者が仲立ちとなり，相手の気持ちに気付けるようにする． □自分の動きや気持ちを意識できるように，日常的な動作に言葉を合わせたり，気持ちを代弁したりする． ・歌をより楽しめるように一緒に歌う． ・イメージを持って作れるように，見守ったり，手伝ったり，声をかけたりする． ・のりやクレパスなどの教材を大切に使うことを伝える． □

保護者・地域との連携
・プールが始まるため，再度持ち物や注意事項について伝える． ・泥遊びをする際は，事前に伝える． ・感染症の発生状況を知らせ，予防や早期発見ができるように協力を呼びかける．

表1-2　日案（5歳児クラス・8月　一部）

ねらい	・友達と競い合い，ルールを守りながらイスとりゲームを楽しむ． □友達と関わり合いながら，いすとりゲームを楽しむ．
内容	・ルールを守り，音楽をよく聞いて瞬時に友達のイスに座ることを楽しむ． □音楽が止んだら，友達のイスに座ったり座ってもらったりすることを楽しむ．

時間	環境構成	予想される子どもの活動	・保育士の援助　□C児への援助
略	略	略	略
10:00	・グループに分かれて立つ．	○「うみはひろいな」を歌う ・グループごとに歌う ・全員で歌う	・友達と歌声が合わさる心地よさに共感する． □歌詞が分かるように歌詞カードを提示する． □歌うことを楽しめるように，少しでも歌えることを認める．
10:10		○ジグザグケンケンをする	・子どもが意識してケンケンできるように，その姿を認める． □事前に友達に優しくタッチすることを伝える． □本児なりに取り組む姿を認める．
10:30	・ゲームに参加する子どもには広く座るように呼び掛ける．	○チーム対抗イスとりゲームをする ・ルールを確認し合う ・AグループとBグループがイスとりゲームをする ・BチームとCチームがイスとりゲームをする ・AチームとCチームがイスとりゲームをする ・友達の応援をする． ・結果発表する．	・これまでのことを振り返りながら，ルールを確認する． □注意が向くように声をかける． ・座ることができた子どもには，さらに意欲がわくようにその喜びに共感する． ・座れなかった子どもには，その悔しさに寄り添う． ・最後まで残った子どもを紹介する． □友達と関わって楽しみながら活動する姿を認める． □座れなかった時は側に寄り添いながら，悔しい気持ちに共感し，友達に手を出さないように関わる． ・期待を持てるように，イスとりゲームの結果を発表する． ・遊びの中での出来事や面白さを友達に分かりやすく話せるようにヒントを出したり，代弁したりする．
11:10		・話し合いをする	□友達や保育士の話に気持ちが向くように個別に言葉をかける． □保育士の問いかけに自分なりに答えたらその姿を認める．
略	略	略	略

関わりを記載している．また，イスとりゲームでは勝ちにこだわっていたが，何度か遊び，また，他児がゲームをする様子を見るうちに少しずつ活動を楽しめるようになってきたので，「□友達と関わって楽しみながら活動する姿を認める」「□座れなかった時は側に寄り添いながら，悔しい気持ちに共感し，友達に手を出さないように関わる」援助を計画した．

　指導計画作成の留意点は，障害のある子どもの発達過程や障害の状態を十分に把握するのはもちろん，当該クラスの子ども1人1人の発達過程や特徴を把握し，障害のある子どもとクラスの他の子どもにとって負担が生じないようにすることである［西村 2015］．

第2節　保育の記録と自己評価

1　記録の意義と自己評価

　保育所保育指針では，保育士の自己評価について「保育の計画や保育の記録を通して，自らの保育実践を振り返り，自己評価することを通して，その専門性の向上や保育実践の改善に努め」，「自己評価に当たっては，子どもの活動内容やその結果だけでなく，子どもの心の育ちや意欲，取り組む過程などにも十分配慮する」よう留意し，さらに「自己評価における自らの保育実践の振り返りや職員相互の話し合い等を通じて，専門性の向上及び保育の質の向上のための課題を明確にするとともに，保育所全体の保育の内容に関する認識を深めること」（第1章3(4)ア）と示されている．

　つまり，保育における記録は，子どもへの理解を深めて発達の過程を捉えるのと同時に，保育者の援助や環境構成を省察し，次の計画や指導に生かすためにある［小林 2015］．そのため，保育の評価は，保育の記録を通して，子どもの生活の実態や発達の理解が適切であったかどうか，また，指導計画で設定したねらいや内容が適切であったかどうか，環境構成や適切な援助が行われたかなどを中心に実施される必要がある．その際，記録を書きながら振り返りを行い自己評価するとともに，評価の妥当性を高めたり，子ども理解を深め，よりよい援助や環境構成の糸口を掴んだりするために同僚との話し合いや保育カンファレンスを行う必要がある．

2　記録と評価の種類

　記録には，日々の保育状況を記録する保育状況記録（日誌）や，1人1人の子どもの生活状況を記録する個人記録がある．保育状況記録は毎日記録するものだが，日々の記録をつなぎ合わせて長期的な視点から保育を省みることもできる．保育状況記録は保育所ごとに様式が異なるが，**表1-4**は，テーマを定めたものである．この日の活動の1つは，シャボン液に絵の具（赤，緑，黄）入れて，それを画用紙に向けてふく遊びで，シャボン玉がはじけて，画用紙に色が広がり，模様ができるというものである（画用紙は子どもの腰の高さ程の机に置かれており，子どもは下を向いてシャボン玉をふくらましている）．4歳児クラスのD児，E児（肢体不自由），F児の状況を記録したものである．

　個人記録は，日々の記録を積み上げ週や月，年でまとめ，最終的には保育所児童保育要録や幼稚園幼児指導要録として記録され，小学校に送付される．

　自己評価を行う際には，上記の記録を利用するが，テーマ（課題）を設定して自己評価をする際には，実践記録を記述することもある．実践記録とは，「保育実践に携わる者が，自分の（自分たちの）日常の保育実践を振り返り，省察によって課題や問題点を発見し，それを改善し実践を向上させることを目指して書く記録」［今井 2009：114］である．例えば，「なぜA君（4歳児）は友達をかみつくのだろうか」「なぜBちゃん（3歳児）は遊びに集中できな

表1-3 記録や評価の方法と概要

記録・評価の種類	方法・特徴	適用可能な状況
エピソード記述	・保育実践の中で生じた，子どもに関する特定の出来事や場面について，エピソードとして書き記すとともに，エピソードに対する保育者の振り返りを記述する． ・単なる事実の羅列ではなく，出来事についての保育者自身の思いを含めて考察を行う点が特徴である．	場面は問わないが，1つの出来事，やり取りなど，短時間での子どもの姿から，子どもの育ちを捉えたい場合に適用しやすい．
ラーニング・ストーリー	・ニュージーランドの保育施設で一般的に用いられている記録と評価の方法である． ・子どもの発達を5つの学びの構え（関心をもつ，熱中する，困難に立ち向かう，考えや感情を表現する，困難に立ち向かう，自ら責任を担う）から捉え，肯定的に評価する点が特徴的である．	場面は問わないが，一定時間，特定の活動に取り組んでいたり，他者との関わりが見られたりするような場面で適用しやすい．
保育マップ型記録	・保育環境図に，小集団ごとに展開される遊びの様子と活動の状況（誰が，どのように），遊びの姿を踏まえた保育者の援助の方向性を記述する． ・遊び集団の中での，障害のある子どもの友達関係や遊びの流動性などを把握しやすい点が特徴である．	同一空間内で，複数の遊びが展開しているような場面，時間に適用しやすい．
KJ法	・明らかにしたい特定のテーマ（例えば「〜君の集団遊びでの課題」）を立てて，付箋紙やカードなどの小さな紙を用いて，複数の保育者で記録，情報の記述を行う． ・収集した情報をもとに図解を作り，テーマに関する答えを導いていく点が特徴である．	場面は問わないが，複数の保育者で参与，観察することが可能な場面に適用しやすい．

（出所）吉川［2015：129］．

表1-4 テーマを定めた保育状況記録

テーマ	やっぱり僕もふきたいんだ

D児，E児，F児の3名が画用紙に向かって夢中になってシャボン玉を飛ばしていた．「もっと色を足してみよう」「今度はこの色でやってみよう」と遊びを楽しんでいた．私（担任保育士）は「きれいだね」「E君のは○○みたいな形だね」と声をかけた．

下を向いてふくらませるため，液がぼたぼたと落ちて，E児はうまくふくらませることができない．何度も挑戦するが5回に1回くらいしかふくらませることができなかった．E児はふくのをあきらめて，シャボン液をつけて，スタンプを押すようにストローの先を画用紙に押し付けた．私が「スタンプを押してるみたいだね」と言うと，こちらを見てニコッと笑い，何度も何度もストローの先を画用紙に押し付けた．

E児の様子を見ていたD児も，同じようにストローの先端を画用紙に2，3回押し付け，私に「ほらっ」と言って見せた．私は「Dちゃんもスタンプしたんだ．シャボン玉が割れたときとは色がちょっと違うね」と伝えた．すると，画用紙の模様をじっと見て，シャボン玉を画用紙に向けてふくらませた．

E児も再びしゃぼん玉をふくらませようとするが，うまくいかずどうしようという表情を見せた．「どうしてうまくふくらまないのかなぁ」と声をかけるが，困った表情をしたままであった．しばらく見守って，画用紙を縦に，E児の顔の高さに持って，「こっちに向けてふいてみて」と声をかける．E児は，ふーっとしゃぼん玉をふくらませることができ，画用紙についた模様と私をみてうれしそうに微笑んだ．2，3回くらいシャボン玉をふき，「できた」と言って加配保育士にも画用紙を持っていった．
（考察）
E児はうまくシャボン玉をふくらすことができなかったが，ストローをスタンプのように使い，模様を付けていた．E児が自分で考えて工夫したことに私は満足したが，彼はやはり他児と同じようにシャボン玉をふいて模様をつけたかったようだ．

いのだろうか」など疑問に感じたことを，自問自答しながら記述する．

保育実践記録は個人の自己評価にとどまらず，保育カンファレンスにも使用し，職員間でも共有可能である．記載した記録をもとにカンファレンスを行い，さらに，吉川［2015］は，表1-3に示すように，障害のある子どもの姿を，保育環境（人的・物的・時間的環境）との関

係性の視点より記録し，評価するための方法として，エピソード記述［鯨岡・鯨岡 2009］，ラーニング・ストーリー［2013］，保育マップ型記録［川邉 2013］，KJ 法［中坪 2012］を紹介している．詳細は各書に譲るが，これらの記録と評価方法の共通点は，他の保育者との対話を重視している点である［吉川 2015］．

引用・参考文献

今井和子［2009］『保育を変える　記録の書き方　評価のしかた』ひとなる書房.
河邉貴子［2005］『遊びを中心とした保育――保育記録から読み解く「援助」と「展開」――』萌文書林.
河邉貴子［2013］『保育記録の機能と役割――保育構想につながる「保育マップ型記録」の提言――』聖公会出版.
小林紀子［2015］「記録と評価」森上史郎・大豆生田啓友編著『よくわかる保育原理（第 4 版）』ミネルヴァ書房.
鯨岡峻・鯨岡和子［2009］『エピソード記述で保育を描く』ミネルヴァ書房.
中坪文典編［2012］『子ども理解のメソドロジー　実践者のための「質的実践研究」アイデンティティブック』ナカニシヤ出版.
西村重稀［2015］「保育課程に基づく」西村重稀・水田敏郎編『障害児保育』中央法規.
大宮勇雄［2010］『学びの物語の保育実践』ひとなる書房.
吉川和幸［2015］「記録と評価」七木田敦・松井剛太編著『つながる・つなげる障害児保育　かかわりあうクラスづくりのために』保育出版社.

第2章

個別の支援計画の作成

「障害者基本計画」において,「障害のある子どもの発達段階に応じて,関係機関が適切な役割分担のもとに,1人1人のニーズに対応して適切な支援を行う計画(個別の支援計画)を策定して,効果的な支援を行う」ことの必要性が示された.

本章では,前半で児童発達支援領域での個別支援計画について触れ,後半で保育所や幼稚園における個別支援計画について触れる.

第1節　児童発達支援領域における個別支援計画

1　個別支援計画とは

障害のある子どもを対象とした福祉サービスには,児童福祉法に基づく「障害児入所支援」及び「障害児通所支援」と,障害福祉サービス全般を規定している障害者総合支援法にも児童が使えるサービスが一部ある.福祉サービスを利用する際に1人1人のニーズに対応して作成されるのが「個別支援計画」である.

障害児通所及び入所支援を利用する場合,「児童発達支援計画」「放課後等デイサービス計画」「入所支援計画」を1人1人に作成し,計画に基づいて提供することになっている.同様に障害福祉サービスの提供にあたっても,利用者の意向,適性,障害の特性その他の事情を踏まえた計画である「個別支援計画」を1人1人に作成し,計画に基づいて福祉サービスを提供することになっている.

2　個別支援計画の背景

「個別支援計画」とは,措置制度時代に施設サービスを中心に行われていた「集団処遇」への反省から,利用者1人1人のニーズに対応するといった意図が込められている [津田 2010：39-48].長い間,障害福祉は,障害者を施設に収容し集団管理,保護する施策が取られてきた.当時,施設の入所や利用は,「措置」といって行政が入所や利用を決定する行政行為として行われ,障害者本人の自己選択や自己決定なしに決められていた.2003年に支援費制度が始まり,措置から契約制度に大きく改革され,利用者主体や自己決定,自己選択が重視されるようになり,地域の中で社会資源を活用して生活するための障害者ケアマネジメントが強調されるようになった.それ以前にも先駆的な施設によって個別支援計画は作成されていた.しかし,2006年に障害者自立支援法ができた際,個別支援計画の作成が義務とな

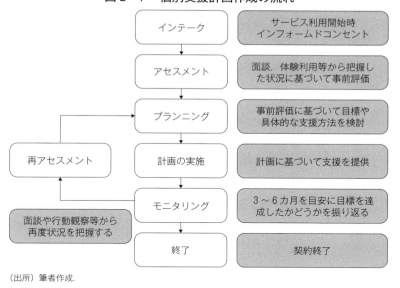

図2-1 個別支援計画作成の流れ

(出所) 筆者作成.

り，障害者総合支援法では相談業務が法定化されたことにより，相談支援事業所が作成したサービス等利用計画に基づいたサービス利用，サービス提供事業所が作成した個別支援計画に基づいたサービス提供がなされることになった［大橋 2016］．

3 個別支援計画作成の流れ

個別支援計画は，サービス利用開始前に利用目的などを知ることから始まる．そのことをインテークと呼ぶ．そして，保護者や本人との面談や体験利用を通して，子どもの状況を事前評価（アセスメント）し，個別支援計画を作成（プランニング）し，計画に基づいてサービスが提供されることになる．計画はおおむね3カ月～6カ月ごとに見直され（モニタリング），状況を再度アセスメントし計画を見直しながらサービスの継続がなされるという一連の流れを繰り返す（図2-1）．それぞれの内容について流れに沿って具体的に見ていく．

1）アセスメント

アセスメントは，子どもについての情報収集を行い，ニーズを事前評価することである．ニーズとは一体どういったものか．マズロー（Maslow, A. M.）は，人が生きていくためには，4つの基本的欲求である①生理的欲求，②安全の欲求，③所属と愛の欲求，④承認の欲求と，成長欲求である⑤自己実現の5つが階層を成していると述べている［Goble 1970］．また，岡村重夫は，老人・児童・障害者も含めてすべての人が社会人として，生活してゆく場合に，避けることのできない欲求が，「社会生活の基本的欲求」で，①経済的安定，②職業的安定，③家族的安定，④保健医療の保障，⑤教育の保障，⑥文化・娯楽の機会，⑦社会参加ないし社会協同の機会の7つを挙げている［岡村 1983］．つまり，ニーズを評価するとは，マズローや岡村の基本的欲求が社会の規範や他者と比較したときに満たされていない状況を捉

表2-1 ICFに基づいたアセスメント様式

領　域	項目例	状　況	生活課題（ニーズ）	個人要因	環境要因
心身機能・身体構造 （健康状態）	内科 外科 精神科 その他				
活　動	ADL 　着替え 　洗面・歯磨き 　食事・排泄 　入浴・移動				
	IADL 　掃除・整理 　洗濯				
	日常生活のスキル 　服薬 　電話 　金銭管理 　外出・移動能力				
	コミュニケーション 　意思疎通 　対人関係 　その他				
参　加	家族関係 友人・知人 教育 地域・人との交流 仕事 貯金・収入 余暇活動 その他				
本人や家族の思い	気持ち・意向 意欲や自己決定能力 将来の希望 その他				

（出所）筆者作成.

え，こうありたいという生活を見出していくことである．さらに，こうなりたいという成長欲求の自己実現が引き出されることでもある．しかし，ニーズは必ずしも子どもと保護者が自覚しておらず，表明されない場合もあるので，情報収集し規範と照らし合わせたり，他と比較したりして判断する．

　次に，収集すべき情報には，「利用者及び障害児の心身の状況，その置かれている環境，他の保健医療サービス又は福祉サービスの利用状況等」が挙げられている．具体的な項目としては，「健康状態」「心身機能・身体構造」「活動」「参加」の状況を把握し，「環境因子」と「個人因子」から生活課題（ニーズ）が生じる要因を分析し，どのような支援をするのかを考える（表2-1）．情報収集の方法は，子どもと子どもを取り巻く環境について保護者や本人との面談，また体験利用時などでの行動観察，保育所等関係機関からの情報提供などで

ある.

アセスメントの留意点は2つある．1つは，子どもの欲求を正しく理解することである．例えば，子どもが「チョコレートをお腹いっぱい食べたい」と希望したとする．もちろん，チョコレートをお腹いっぱい食べることがニーズではない．その裏に隠れた「チョコレート以外の楽しみや関心を見つけたい」「ストレスを無くしたい」という欲求を見逃がさないことである．

留意点の2つ目は，子どもの「ストレングス」を見つけることである．ストレングスとは子どものもっている「強み」である．個別支援計画を立てる時に，どうしても「問題」や「できていないこと」に着目しがちである．ストレングスによるアプローチは，できることや可能性に焦点を当て，何ができるのかを考える（第Ⅵ部第4章も参照）．

2）プランニング

アセスメントに沿って，ニーズを充足する目標とそのための支援方法を考える．これをプランニングという．目標は，3カ月～6カ月後をイメージした短期目標，6カ月～1年後をイメージした長期目標がある．そこから，生活課題を充足，達成するための実際の支援内容を具体的に考える．後で振り返り評価しやすいように曖昧な表現を避け，可能なら数値化することが望ましい．そして，それを誰がいつどこで行うのか担当者や担当部署を明確にする．

プランニングの際に留意すべき点は，事業目的を正しく理解することである．例えば，福祉型の児童発達支援センターでは，日常生活における基本的な動作の指導，知識技能の付与，集団生活への適応訓練などが目的として掲げられているので，医療的ニーズには対応できない．

次に，自己と他者の価値観の違いを理解しておくことである．「生活様式」に対する価値観は人や家庭はもちろん，地域や年齢によっても大きく異なり標準化できない．例えば，子どもによくある「偏食」に対する支援も，「嫌いなものを無理に食べる必要はない」と考える人もいれば，「偏食を直した方が生活を豊かにする」と考える人もいる．そのため，プラ

表2-2　プランニング様式

生活課題	長期目標	短期目標	具体的支援	担　当	期間・頻度

ンニングは，複数の職員，多職種等で構成されるケースカンファレンスで話し合うことが必要不可欠である．個別支援計画ができたら，本人や保護者へ説明を行い，同意を得て支援が開始される．

3）モニタリング

モニタリングは2つの意味を含む．1つは，計画した支援が実際に提供されているかどうかを確認することであり，法律を守るというコンプライアンス（法令順守）の意味を含む．例えば，「好き嫌いをなくしたい」という目標のために，「調理実習」を挙げていたとしても，実際に調理実習をした形跡がなければならないし，たった1回だけでは目標を達成することは不可能だろう．実際に提供したことを証明する根拠，週にあるいは月に○回といった記録が必要である．

もう1つは，目標をどれくらい達成しているかを確認することである．達成したかどうかを判断するためには，日々のケース記録が必要である．つまり，モニタリングは日々のケース記録をまとめる作業でもある．例えば，偏食の例で考えると「○○を食べた」「○○を食べなかった」といった記述を追い，食べられるようになった物の数，食べられる条件や量を根拠にして，達成状況を判断する．

目標を達成した場合は，再アセスメントを行い新たな目標に移行するか，あるいは利用終了になる場合もある．

4　個別支援計画の難しさ

個別支援計画は社会資源を活用して豊かな地域生活をマネジメントすることが前提にあり，施設ケア中心で社会資源が不足し選択できない中では個別支援計画の必要性を感じることは難しい．現在，障害福祉は転換期であり，これまで抑制されてきた障害者のニーズは予想以上に膨れ上がり供給が追い付かない状況である．十分な選択肢がない場合や事業所に余裕がない中で個別支援計画を立てると，事業所の都合や職員配置を優先しがちになり，個別支援計画は矛盾を抱え立てるのが難しくなる．また，「重度の障害があるので地域生活や就労は難しい」といった価値観があると，入所施設の中だけで達成可能な計画を立て，同じ目標が何年も続くといった軽視と形骸化が起こる．

こういった状況を改善するには，研修や勉強会への参加やチームによる個別支援計画の作成を行ったり，事業所がネットワークを作り地域で不足している社会資源を行政へ働きかけていく等の取り組みが必要である．

第2節　保育所等における個別の支援計画

学校教育においては「個別の教育支援計画」がある．この計画は，障害のある子どもの1人1人のニーズを把握し，教育の視点から適切に対応する考えのもと，長期的な視点で乳幼児期から学校卒業後までを通じて一貫して的確な支援を行うことを目的として策定されるも

のである．さらに，教育のみならず，福祉，医療，労働などの様々な側面からの取組を含め関係機関，関係部局の密接な連携協力を確保することが不可欠であり，そのために活用される．

　また，学校は「個別の指導計画」も作成する．個別の指導計画は，学校の教育課程を展開するにあたって，子ども1人1人の教育ニーズに対応して指導するための計画である．学年，学期，単元ごとに作成され，指導目標，指導内容，指導方法などが記載される．

　保育所においても「障害のある子どもの保育については，1人1人の子どもの発達過程や障害の状態を把握し，適切な環境の下で，障害のある子どもが他の子どもとの生活を通して共に成長できるよう，指導計画の中に位置付けること．また，子どもの状況に応じた保育を実施する観点から，家庭や関係機関と連携した支援のための計画を個別に作成するなど適切な対応を図ること」（保育所保育指針第1章3(2)キ）と記載されている．

　前半部分において障害のある子どもが他の子どもと共に成長できるように指導計画に位置付けることが示されている（前章を参照）．そして，後半部分において特別支援の観点から個別支援計画の作成をすることが明示されている．

1　個別の支援計画の内容
1）計画の内容

　保育所における個別の支援計画の様式は，市区町村や保育所によって異なるが，おおよそ，

表2-3　個別の支援計画の様式例

児童氏名		性別	男 ・ 女
生年月日	年　月　日	入所年月日	年　月　日
成育歴			
障害・疾病の状況			
関係機関			
関係機関からの情報および支援			
保護者の願い			
支援目標・内容	長期目標　　　　　　　　　　　　　　　　　　　　　　　　　短期目標　　　　　　　　　　　　　　　　　　　　　　　　　支援内容		

表2-3のように子どもの成育歴，相談・療育・治療歴，子どもの現状，保護者の願い，支援の目標・内容が盛り込まれている．

① 成育歴

子どもの出生から現在まで，どのような育ちをしてきたのか，その育ちの内容を理解することは，アセスメントし，支援のプランニングをする上で重要である．出生体重・身長や，出産時の異常の有無，始語や始歩の時期などの発達の過程に沿った特徴に関する情報を収集する．さらに，1歳6カ月健康診査や3歳児健康診査などの定期健康診査（市区町村によっては2歳児健康診査などを実施するところもある）の結果の情報を収集することが望ましい．

② 相談・療育・治療歴

これまでに子どもが病気をしていた場合，その治療の時期や経過に関する情報を収集する必要がある．さらに，子どもの保護者が保健センターや病院などに子どものことで相談をしたり，療育を受けたりしている場合がある．こういった相談歴や療育歴がある場合，いつ（継続も含めて），どのような機関・施設などと関わり，どのような診断を受けたり，療育を受けたりしたかなどの情報を集める．また，病院であれば主治医，相談機関や施設であれば担当者についても記載すると連携がとりやすい．

③ 子どもの現状

支援計画作成のためには，子どもの現在の状況や発達状況に関する情報収集は不可欠である．5領域の視点での情報収集であれば，以下のような内容が挙げられる．

・「健康」領域：身体・運動の発達，基本的生活習慣の獲得状況　など
・「人間関係」領域：社会性（人間関係，集団生活など）の発達　など
・「環境」領域：子どもを取り巻く自然事象，社会事象，文字などへの関心　など
・「言葉」領域：言葉の発達，コミュニケーションの状況　など
・「表現」領域：歌唱，リズム，描画への関心・取り組み状況　など

その他，子どもができること・できないこと，子どもが得意なこと・不得意なこと，集中力の状況，こだわりの有無などについても把握することが求められる．また，自治体や社会福祉法人・学校法人などによってはチェックリストなども併用して，子どもの現状を把握している．

④ 保護者の願い

保護者は子どもの育ちや子育てに関して，様々な願いを持っており，それらに沿って保育を展開することは重要である．そのため，保護者と話し合いをする中で，保護者の子どもや子育てに関する考えや思い，願いを理解することが求められる．

⑤ 支援目標・支援内容

前述した子どもの現状や保護者の願いなどを踏まえて，子どものニーズや課題を把握し，そのための目標を設定する．子どもによっては複数の目標を立てる必要があるが，その際には現状をみて，優先順位をつけることも求められる．

まずは一年を見通した長期目標を設定し，それを達成するための2〜3カ月を見通した短期目標を設定する．その上で，短期目標を達成するために，より具体的な支援内容を設定する．すなわち，いつ，どこで，誰が，どのように関わるのか，どのような環境構成をするのかなどを検討するのである．

2　計画作成の流れ

計画作成の流れの詳細については，前述の通りなのでここでは簡単に触れる．

個別支援計画は，保護者との最初の話し合いで，個別支援計画や支援についての説明から開始される（インテーク）．次に，保護者との面談や子どもの観察などを通して必要な情報を収集し，情報の整理を行う（アセスメント）．そして，その情報をもとにして個別支援計画を作成（プランニング）し，立案された計画に基づいて支援を実施する．計画は定期的に支援の状況を踏まえながら見直し（モニタリング），再度アセスメントして，必要に応じて短期目標や支援内容の修正，新たな短期目標の設定を行う．

引用・参考文献

Goble, F. G. [1970] *The Third force : the psychology of Abraham Maslow*. Grossman Publishers（小口忠彦監訳『第三勢力　マズローの心理学』産能大学出版部，1972年）．

岡村重夫［1983］『社会福祉原論』全国社会福祉協議会．

大橋徹也［2016］『福祉サービス利用者における個別支援計画に関する実践研究――支援者，当事者，家族の視点から――』みらい．

津田耕一［2010］「障害者の『個別支援計画』作成に向けての現状と課題」『総合福祉科学研究』1．

第3章

遊びの援助と環境構成

第1節　遊びの援助の必要性——遊びの援助が必要な子どもたち

　遊びとは本来，自由で自発的な活動であり，それ自体が魅力的で楽しいと思う活動であるといわれているが［茂木・荒川ほか 2015：11］，障害のある子どもの場合，子どもの自発性だけに任せていても充分に楽しめない場合が多い．障害のある子どもの遊びの様子をみると，遊びが年齢に比べると幼いことや，同じ遊びの繰り返しばかりで遊びが発展しにくいことがある．また，玩具本来の遊び方ができずに例えばブロックの入っている箱をガシャーンと引っくり返すだけの注目行動や問題行動と捉えられてしまう場合がある．援助者や保護者が遊びを提供しようと試みても関わりを拒否し一緒に遊べない場面もよく見かける．うまく遊べないのは知的障害が重いから，肢体不自由があるから，1人遊びが多いことや同じ遊びの繰り返しは自閉スペクトラム症だから仕方がないと思われがちである．しかし，実際には，子どもの発達に合った遊びでない場合や障害特性に合った援助ではない場合も多く，援助側にも要因があると思われる．このように障害のある子どもへの遊びの援助には，「子どもの発達」という軸と「障害特性」と「支援者の関わり」という3軸を合わせて考える必要がある．

第2節　発達に応じた遊び

　障害のある子どもへの遊びを支援するには，子どもの興味，関心にあった遊びを提供するのと同時に，子どもの発達レベルに合わせることが求められる．子どもの運動，認知，社会性，言語・コミュニケーションの発達レベルを知り，さらに，今，その子どもがどの遊びの段階なのかを知ることで，発達に応じた遊びの提供や援助ができる．

1　社会的遊びの分類

　子どもの遊びは，大きく分けて1人遊びと人とのやりとり遊びがある．パーテン（Parten, B. M.）は，保育園での行動観察から社会的遊びの発達を6つに分類した［Parten 1932］（表3-1）．パーテンは「ひとり遊び→並行的な遊び→集団遊び」の順に発達すると論じている．パーテンは「ひとり遊び」を年少の未熟な遊びと捉えているが，年長幼児にもみられる遊びという批判がある［中野 1984］．

表 3-1　社会的遊びの分類

何もしない行動	特に何かして遊ぶわけでもなく，ブラブラしている．
ひとり遊び	他児と関わることなく，1人で遊ぶ．
傍観的行動	ほかの子どもの遊びを傍観している．ものを言ったり教えたりする場合もあるが，自分は遊びには加わらない．
並行的な遊び	1人だけの独立の遊びであるが，他児と同じような遊具で遊び，一緒にはならないが，他児のそばで遊ぶ．
連合的な遊び	ほかの子どもと一緒になって遊ぶ．それぞれが同じような活動をしている．年齢とともに多くなる．
協同的又は組織的な遊び	何かを作ったり，ゲームをしたりするための組織を作って遊ぶもので，指導的地位を占める者が現れる．

(出所) Parten [1932].

2　遊びの発達段階

遊びの発達段階には，ピアジェ [Piaget, J.] を始めとして様々な見解がある．ここでは，ピアジェの遊びの発達に沿って，感覚的運動遊び，機能的操作遊び，象徴的遊び，ルールのある社会的遊びにわけて解説する．ピアジェの感覚運動遊びに「やりとり遊び」を含めた．ピアジェは遊びの発達段階通りに順を追って進むとしているが，清水によると「子どもの発達は長期にわたり次第に多面的になっていく力動的な過程であり，ある時期ある面が優勢になって前面に出ることがあってもそれだけでおおいつくせるものではない」[清水 1983：508] と述べている．

1）感覚運動的遊び

視覚，聴覚，味覚，嗅覚，触覚などの自分の身体感覚への刺激を楽しむ遊び．感覚的な遊びから始まり，大人とのやりとり遊びが成立するようになる．

① **感覚的な遊び [1歳半まで]**

2カ月頃にはまだ物を握ったりはできないため，くるくる回るメリーを見たり聴いたり，大人にガラガラを振ってもらって聞くような受け身の遊びが中心だが，4カ月頃には近くにある玩具に興味を示し手を伸ばし握ることも可能になる．6カ月頃には手に持っている玩具を眺めたり，振って音を聴いたり，口に入れて舐めたりしながら遊ぶ．玩具を口に入れるピークは7～9カ月頃で，11カ月頃には減少する．また，この時期は大人に高い高いなどしてもらうような体にダイレクトに快の刺激が入る遊びが中心となる．

② **やりとり遊び**

感覚的な刺激がなくても大人とのやりとりを楽しめるようになる．8カ月頃，物の永続性（目の前に存在する物が何かに隠されてしまい，見えなくなったとしてもそこに存在し続けるということ）がわかるようになると，「イナイイナイバー」遊びがわかるようになる．8～9カ月頃には模倣もできるようになり，大人の「オツムテンテン」や手遊びなどの簡単な模倣をするようになる．

2）機能的操作遊び

遊具本来の特性，機能を理解した遊び．8～9カ月頃には手段と目的の因果関係がわかる

ようになる．玩具のボタンを押して音楽を鳴らすなど簡単なスイッチのON／OFFができるようになる．物の出し入れ，扉の開閉，ミニカーを走らせる，1歳後半には積み木を積むなどの遊び．

3）象徴的遊び

ふり遊び，みたて遊び，ごっこ遊びなど，あるもの（対象）をほかのもの（象徴）に置き換える遊び．「ふり」，「みたて」の順番でできるようになる．15カ月頃になると象徴機能が発達し，そこにないものをイメージできるようになる．15カ月頃では，スプーンやコップで飲むふりをしたりなど自分で飲むなどのふりが中心だが，次第に人形に飲ませたりできるようになり他者にも注意を向けるようになる［戸田 2014：34］．

社会的なふり遊び（典型的なごっこ遊び）は2歳半〜3歳頃で現れ始める．2歳半頃から役割遊びが増え，3歳から4歳半にかけては言語，非言語的にも親しい相手の考えを進展させる交渉が増え，ふり遊びの共同性を発達させる［田中 2014：74］．中沢［1979］によると，3歳前半では簡単なみたて表現型のごっこだが3歳後半から4歳にかけて知識を集める図鑑型（お店ごっこ，乗り物ごっこなど）や，物語型（おうちごっこ，劇ごっこなど）へと傾向がわかれ，5歳期には互いに特色を認め合って本格的な協力が起こるという．

4）ルールのある社会的遊び

ルールと役割をもつ遊びで，ゲームなど競争遊びへと発展する．子どもの象徴的機能の発達に加えて，他者とイメージやルールを共有し協同的に遊ぶ段階で，ピアジェの定義では7〜8歳であるが，鬼ごっこやドッジボールなどの単純なルールのゲームやお店屋さんごっこなどの役割のある遊びは5〜6歳の子どもであっても可能である．

第3節　障害特性による遊びの援助と環境

障害のある子どもの遊びでは，それぞれの障害特性から健常児と同じ遊びの場にいても，表3-2の観点が遊べない理由と考えられる．

以下の①〜⑤点は障害特性によるものが大きいため，肢体不自由，知的障害，ASD，ADHDの4つに分けて，それぞれの障害特性にあった遊びの援助と環境について述べる．遊びの援助には，支援者の関わりとして物的な環境を整えることがあげられる．子どもの理解を助ける支援として，「見てわかる支援」つまり，視覚的な支援をすることが挙げられる．また，遊びには言葉を含むやりとりが含まれてくるため，子どもの言語・コミュニケーションの支援も必要となる（第Ⅵ部第1章参照）．ここでは，主に遊びの環境的な援助について述べる．

表3-2　障害のある子どもが遊べない理由

① 生活年齢に比べて遊びが幼く，発達年齢相応の遊び方になる．
② 生活年齢相応の遊びができていても，好きな遊びに偏る．
③ 身体的制限や不器用さのために，できない遊びがある．
④ 注意の弱さなどにより，遊びが続かない．
⑤ 社会性の発達の弱さなどにより，集団遊びに参加しにくい．

（出所）竹田・里見ほか［2013：112］をもとに作成．

1 肢体不自由のある子どもの遊びの環境と援助

肢体不自由のある子どもは，運動能力と知的な能力が遊びに大きく影響するが症状によっても異なる．全身に強い麻痺がある場合，筋肉が突っ張ったりこわばったりして，手首や指先なども可動域（動かせる範囲）が狭く指先は思うように動かせない場合がある．また，知的障害を伴う場合と伴わない場合によっても対応は変わってくる．知的障害の重さによっても違う．そのため，身体的な援助とともに，知的発達に応じた援助の方法を併せて考える必要がある．また，麻痺のある子どもには発音が不明瞭で，言葉が出てこないなどがあると実際の理解力よりも低く見られてしまう場合がある．遊びも受動的で「感覚運動遊び」や他の子どもたちの遊びを見ることが中心の「傍観的行動」になりがちだが，できるだけ積極的に自分が参加できる遊びや参加の仕方を考えるようにする必要がある．

1）ポジショニング（姿勢保持）

環境設定では特に，ポジショニング（姿勢保持）が重要になる．脳性麻痺がある場合には麻痺の状態が全身性のものか上肢だけ下肢だけなどによっても援助の仕方は異なる．反対に筋肉が低緊張のため体を支えるための筋肉の張りが弱い場合がある．子どもの頭部や体幹をしっかり支える車椅子，特別な椅子（座位保持装置），立位保持装置などを必要に応じて作る必要がある．頭部や体幹が支えられると前方が見やすくなりコミュニケーションも取りやすくなる．また，手が使いやすくなり，机上の課題にも取り組みやすくなる．これらの機器には付け外しできる専用のテーブルを併せて作ることも多い．反対にリラックスできるような姿勢を取ることも必要で，少しリクライニングした椅子やバギーに移ることや，部屋の片隅に床にセラピーマット（弾力性のあるマット）を引いたコーナーを作っておくと休憩しやすい．

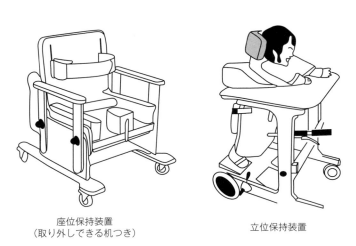

座位保持装置
（取り外しできる机つき）　　立位保持装置

図3-1　活動的な姿勢が取れる装置

図3-2　リラックスした姿勢の椅子

2）主体的な遊びへの参加

①スイッチ遊び

　手首や指先などの可動域が狭く思うように動かせない場合でも，例えば，右足だけは意図的に動かせるなど意図的に少しでも動かせる身体部位があれば，電池で動く玩具にスイッチを取り付けて遊ぶことができる．初めは偶然当たって玩具が動くことが何度か続く経験をすると，徐々にスイッチを押すと玩具が動くという関係性（手段―目的関係）が理解でき自発的にスイッチを押すようになる．こういったスイッチを活用すると手先がうまく使えなくても「機能的操作遊び」が可能となり，子どもの遊びの経験が広がる．

②VOCA（ヴォカ）の活用

　発声のみで発語が難しい子どもの場合には，スイッチ遊びができるようになると，VOCA（Voice Output Communication Aids）を使って音声で他の人に伝える方法がある．VOCAは携帯会話補助装置の1つで音声出力機能を備えたコミュニケーションエイドの総称である．言葉などを録音しスイッチを押すと再生できる機能があり，スイッチと同様にセットで使う．子ども自身が伝えたいと思われる内容を録音する．VOCAを初めて使う場合には，ワンスイッチで押せるものにし，子どもが使えるようになれば，2選択，4選択など選択肢の多いもの取り入れていく．まずは個別で練習し，その後，集団で取り入れてみる．周囲の子どもたちには「Aちゃんのおしゃべりスイッチだよ」と対象児がメッセージを伝えるものであると知らせ，活用できる場面を作り自発的な参加を促す．

③集団への参加

　肢体不自由のある子どもの集団への参加は，介助の必要性もあり保育士が常時付き添うため保育士と2人だけの遊びになりがちだが，集団活動の中で一緒にできることは積極的に参加の方法を考えていく．例えば，保育士と2人で遊んでいるところに一緒に遊びたがる子どもが来たときはチャンスで，一緒に遊べる環境を作るように仲介する．4～5歳児であれば相手の立場に立って考えられるため障害のある子どもとのやりとり遊びも成立しやすい．ごっこ遊びならば，保育者は子どもたちに「Aちゃん○○だったらできそうだよ」と出来そうなことを提案することや，「Aちゃんのアイスクリーム屋さんだよ，いらっしゃーい」

図3-3　スイッチ遊びの例
（間にタイマーをつなげることができる）

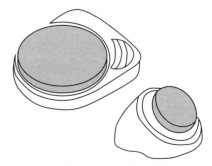

図3-4　VOCAの例

とVOCAに言葉を入れて援助すると「傍観者的な遊び」から自発的な参加が可能になる．保育士は，障害のある子どもと他児との橋渡し役を果たすように心がける．

2　知的障害のある子どもの遊びの環境と援助

知的障害のある子どもは知的な能力が遊びに大きく影響してくる．1つの目安としては発達年齢が1歳半を超えているかどうかである．1歳半に満たない子どもの遊びは「感覚運動遊び」の段階であり，「やりとり遊び」はできても大人との関わりが主となる．1歳半を超えていれば，「感覚運動遊び」や「機能的操作遊び」ができるため，基本的な玩具の操作ができており，「象徴的遊び」も簡単なふり遊びはできる．言葉も2語文程度は使えるので友達とのやりとりを楽しむことができる．しかし，知的な遅れがあることは記憶と大きく関係しており，言葉の意味や概念の発達や物の操作の仕方の学習にも遅れがあり，新たな遊びや遊びの手順やルールを覚えたりすることも苦手である［竹田・里見ほか2013：112］．

また，手先の不器用さも伴う場合も多いため，簡単な操作はできても複雑なものや小さいものはできず，結果的に面白くないと放り投げ，その場を逃れてしまうことになる．知的な遅れがある場合は，発達レベルに応じた遊びを念頭に置き，記憶や理解，手先の不器用さを援助する方法について考える必要がある．

1）発達に合った遊び

知的障害の程度により遊べる玩具や遊びの内容は違うため，子どもの発達にあった遊びを用意する必要がある．保育所などでは年齢が上がるにつれ，用意している玩具類は操作や内容が複雑になる．知的な遅れのある子どもには難しくて遊べない場合が多く，結果的に自分の手を舐めて感覚遊びにふけることや，手に持つものはガンガン叩きつけるだけになってしまう．

知的障害が重く発達年齢が1歳半に満たない子どもで遊びが「感覚運動遊び」の段階であれば，好きな感覚遊びのレパートリーを増やしたり，少し発達のレベルと上げるような促しをしたりしながら，横にも縦にも広げた遊びを用意するように心がける．例えば，横に広げるとは，ガラガラなど振ると音の鳴る玩具が好きであれば，ペットボトルにビーズや鈴，石ころ，と素材の違ったものをそれぞれペットボトルに入れ，音の違いや手に伝わる振動の違いを楽しむことができる．また，縦に広げるとは，例えば，少しレベルを上げて転がすと音楽がなるものなど発展的にしていくものを考える．肢体不自由児の遊びで説明した「スイッチ遊び」を利用すると手先の不器用さを補うことができ，楽しみながら「機能的操作遊び」へと発展することができる．

2）記憶や理解を助ける

記憶や理解を助ける援助としては，言葉と共に動作などのジェスチャーを一緒に使うことや，視覚的な支援として，絵カードなどの目で「見てわかる」ものを用いることが役に立つ．例えば，耳で聞いただけの指示の「はさみで切ろう」よりも「はさみで（絵カード），チョキチョキ（ジェスチャー）切ろう」と伝える方が，理解も記憶も助けることができる．子どもの

理解に合わせて視覚的な支援は「実物→写真→絵カード→文字」で実物から文字へとより抽象度はあがっていく．視覚支援は自閉スペクトラム症への支援方法であるが，知的障害のある子どもにも役立つ援助方法である．

　また，「象徴遊び」でふり遊びができるレベルの子どもでも，内容が複雑になり，役割をもった遊びになると理解できず参加できない．そのような場合には，役割がひと目でわかる「あかちゃん役にはよだれかけ」「お母さん役にはエプロン」「お父さん役にはネクタイ」などお決まりのシンボルとなるものを用意しておき，他の子どもも必ず着用するように習慣づけるとわかりやすい．ただし，内容の理解については年齢が上がって行くに従い，集団で一緒に遊ぶのは難しくなるため，保育士が間に入って仲介することや，別の時間に保育士と1対1でじっくり遊ぶ時間を15分であっても取ることが満足感につながる．

3）手先の不器用さへの援助

　知的障害のある子どもは，脳性麻痺のような機能的困難さはないが，手先が不器用な子どもたちが多いはさみがうまく使えずに，結果的に破いたり，途中で投げ出したりすることがある．例えば，ダウン症のある子どもでは，造形の基本的な行動「切る」，「折る」，「描く」に援助が必要になる．不器用さを補う補助具を使うと自分でできることが増える．市販の「バネ付きはさみ」を使うと一回切りしかできない場合でも，連続切りが可能になる．描画では握りやすいクレヨンや鉛筆（太めのクレヨン，三角の太めの鉛筆，グリップを付けるなど）を利用すると描きやすくなる．また，折り紙など視覚支援を用いて，出来上がりの見本や工程を示したものを提示すると，どの順番でやっていけば良いのか何度も確認しながら作ることができる［中島 2016：77］．

3　自閉スペクトラム症（ASD）のある子どもへの遊びの環境と援助

　ASDの子どもは，社会性の障害から仲間で遊ぶことを好まなかったり，集団で遊ぶことが苦手であったりすることが多い．パーテンの社会的遊びの発達でいうところの，「連合的なあそび」「連合的な遊びまたは組織的な遊び」に参加しにくいのが特徴である．

　ASDの子どもは「感覚運動遊び」や「機能的操作遊び」を好んでするが，こだわりが強く遊びのルールがパターン化し，決まった遊びを決まった手順で「1人遊び」するのを好むため，保育者や友達が一緒に遊ぼうとしても，介入を嫌がって手で払い退けられることがよくある．また，遊びを止めることができず次の活動が始まっても，ずっと続けてしまうことや，無理やり終わらせようとするとパニックになる場合がある．

　さらに，ASDの子どもは想像性と社会性の障害があるため，ごっこ遊びや集団遊びが苦手で，想像性の障害があるため実際にはそこにはないものをイメージして遊ぶような「象徴的遊び」はわかりにくい．例えば，ブロックをライターに見立てて，ケーキのろうそくに火をつけるふりをするなど「見立て」や「ふり」は抽象的でわかりにくい．「ルールのある社会的遊び」では，ゲームなどルールがわかると参加できるが勝ち負けのある遊びは1番へのこだわりや二元的思考のため，負けると怒り出すことがある．そうすると他児も一緒に遊び

たがらなくなってしまう．

　ASDの子どもへの支援は，まずは保育士との信頼関係を作る必要があり，それにはインリアル・アプローチの言語心理学的技法［第Ⅵ部第1章参照］を使って共感できる遊びをすることから始める．ここでは，ASD児の好きな遊びと苦手な遊び，大人と遊ぶ，視覚支援で理解を助けることについて述べる．

1）ASD児の好きな遊びと苦手な遊び

①好きな遊び

　ASDのある子どもには感覚の異常があり，好きな「感覚運動遊び」も偏っている．また，回るものを見るのが好きでミニカーを裏返し，車輪が回るのばかり見ていたり，平衡感覚に異常があると，クルクル回り続けても目が回らなかったりする．

　ASDのある子どもの好む「感覚運動遊び」では，水遊びやキラキラしたものが好きで蛍光灯の光にかざしてみたり，椅子に乗ってクルクル回ったり，1人用のトランポリンなども好きである．「機能的操作遊び」では，物を並べるのを好み，ミニカーをずらりと並べることや，数字やアルファベットを順番に並べて遊ぶ．また，クーゲルバーンのように単純に玉を転がすのを好み長時間繰り返す．パズルやペグ差し，ビーズなどの知育玩具も好む．

②苦手な遊びへの対応

　感覚の異常から遊びに参加できないことがある．そのような場合には，何らかの対処や代替手段を用意する必要がある．例えば，聴覚過敏があると大きな音を嫌がり，集団で合唱する声を怖がって耳を塞いでしまう時には，耳栓やイヤーマフ（図3-5）の使用で音の緩和や消音によって参加が可能になる．また，触覚過敏のため手に絵の具がついたり，のりを手で塗るのを嫌がったりする場合には，すぐに手を拭けるように水に濡らした手拭きを机に用意することや，のりを手で塗るのが耐えられないならばスティックのりを使うとよい．

2）視覚支援と構造化で理解を助ける

　前述の視覚的な支援として，絵カードなどの目で「見てわかる」ものを用いることが有効である．ASD児は記憶する能力が高いが，見通しが立たなかったり，話し言葉の意図されていることの理解，そこで何をすればよいのか場の理解が困難であったりするため，理解を助ける手段として視覚支援や構造化を用いる．

　1日の活動のスケジュールを毎朝，対象児だけでなく全体に向けて提示すると見通しがもてる．特に，好きな遊びを始める前には終了の時間を示し，次の活動を知らせておく必要がある．そうすると終わりを予測でき自分から終了できる．時計の読める場合には時間を書く，時計が読めない場合は視覚的に残りの時間がわかるタイマーを使うとわかりやすい（図3-6）．

　自由遊びの時間にはコーナー遊びをするとその時間にはどこで何をすればよいのか理解できる．可動式の棚などで間仕切りコーナーごとに活動を用意する．例えば，造形コーナーなどでは，出来上がりの見本や工程を示したものを提示すると理解しやすい（図3-7）．

　勝ち負けへのこだわりについても，「ゲームを始める前のお約束」を子どもと一緒に作り

図3-5　イヤーマフ　　図3-6　タイムタイマー

毎回確認してから始めるようにする．しかし，それでも負けると嫌な気持ちが残るが，子どもの気持ちを代弁したり，頑張ったプロセスを褒めたり，次に勝てるような作戦を一緒に考えようと励まし，嫌な気持ちをコントロールできるように援助する．

3）保育士と遊ぶ経験を積む

ASD児は周りに合わせて遊ぶのが苦手なため，1人遊びを好むが，関わる大人との信頼関係ができてくると一緒に遊ぶことができるようになる．その場合，ASD児の好む「感覚運動遊び」を手掛かりにする．例えば，前述の「椅子に乗ってクルクルまわる」，「1人用のトランポリンを跳ぶ」遊びは1人でもできるが，大人が入ることで，早く回してもらえたり，高く跳べたりすることがわかると，ASD児の方から自発的に誘うようになる．ASD児が大人との信頼関係を確立するには，好きな遊びを一緒にしてくれ「役に立つ人」だという認識をもつと受け入れやすい［春木 2016］．幼児期に人と遊ぶことが楽しい，大人は困った時に頼りになるといった対人的な成功経験が，その後も人と関わることにつながるため，遊びを通して保育士と関わることができる機会を多く設ける必要がある．

4　ADHDのある子どもへの遊びの環境と援助

ADHDの子どもは，多動性があるため着席できなかったり，注意が散りやすく手順を抜かしたり，集中が途切れたりするため遊びの達成感をもちにくい．また，友達とのやりとり遊びを続けることも苦手である．目に入った物に衝動的に飛びつくため，友達の玩具を奪ってしまうことや，「いれて」「いいよ」といったお伺いもなしに唐突に遊びの輪に飛び込んでしまう場合もある．そうすると集団と協力しあう「連合遊び」や「協同的又は組織的な遊び」が成立しにくい．また，「社会的なルール」が守れないと友達から嫌われたり，保護者や保育士から叱られたりすることが多くなる．このようなADHDの子どもへの援助は遊びが持続するように集中力を高め，手順を理解し，できたときの達成感をもてるように，また，集団で協力しあう経験を積めるように「社会的なルール」を援助することが必要となる．

1）集中力を高める

まず，遊びに集中して取り組める環境を設定することが必要になる．保育室などは，壁面飾りや出来上がった作品を貼ったりしているため，何か集中して取り組む活動のときは余計

な視覚刺激が入らない場所で行う．取り組む時間や量についても他児と同じ時間，同じ量に合わせる必要はなく，その子どもの集中力の持続時間やペースを把握して決める．また，ADHDの子どもには，特に幼児期から着席し集中できる遊びに慣れるように取り組む．初めは他児が揃うのを待たず，座るとすぐに始め，すぐに完成する1工程の「塗るだけ」，「シールを貼るだけ」など簡単な遊びを重ね，徐々に工程を増やしながら達成する楽しさを積み重ねる．

　絵本の読み聞かせの時に，ADHDの子どもは立ち歩くことが多い．衝動的に他のことが気になり離席することもあるが，絵本の内容がわかりにくく興味がもてない場合も考えられる．内容がわかることは参加の第一歩となるため，事前に個別で保育士と読んでおくとよい．その時，内容の説明をしながら絵と文の関係もわかるように読む．そうすると全体の読み聞かせにも参加しやすくなる［竹田・里見ほか 2013：68］．

2）手順を理解する

　衝動性や不注意から手順を踏んで行う作業が苦手である．例えば，折り紙などでは，折り方の説明を最後まで聞かずに自分勝手に折り始め，結果的には，上手く折れず，グシャグシャに丸めたり，教室を立ち歩いたりしまいがちである．手順通りに折るには視覚支援が役立つ．工程表を作って折り方を順に示すとわかりやすい（図3-7）．1工程終わるとその面を巻いていき，「今，自分はどこをしていて，次はどこをするのか」がわかるような見通しをもたせる援助が必要である．

　集団で「ルールのある遊び」に参加する場合にも視覚支援を用いる．実際に行う前に，他児も含め全体でルールを1つずつ説明し，さらに，ADHDのある子どもには個別で横についてルールを確認しながら行うよう援助する必要がある．

3）達成感と承認

　集中力を高めることや手順を理解する援助によって，ADHDの子どもが遊びを達成し楽しむことができるようになる．そのときに保育者が「○○が上手にできたね」といった具体的な賞賛をしっかり与え，自己肯定感がもてるような体験をさせることが大切である．そのような経験を積むことが結果的に，注意力を高め，多動性を抑制することにつながる［竹田・

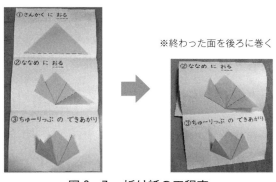

図3-7　折り紙の工程表

里見ほか 2013：114］．ADHD のある子どもは友達と一緒に遊びたい，仲間に入りたいという思いは強いため，「社会的なルール」を守って仲間から受け入れられる経験は自尊感情を高めていくことにつながる．

引用・参考文献

春木裕美［2016］「新奇な人との関わりを嫌がる ASD 児への支援」坂口しおり・田中美成・恒岡武・小松洋子編『レッツ特別支援』15，ジアース教育新社．

中野茂［1984］『幼児の遊びの次元間の相互関係の検討』教育心理学研究　32［3］，164-173．

茂木俊彦・荒川智・木全和巳・佐藤久夫・杉山登志郎・高橋　智・玉村公二彦・土岐邦彦・堀江重信・水野信義編［2010］『特別支援教育大辞典』旬報社．

中島順子［2016］「集団生活で『わかる』『支える』支援」玉井　浩・里見恵子　編『ダウン症児の学びとコミュニケーション支援』診断と治療社．

中沢和子［1979］『イメージの誕生』日本放送出版協会．

Parten, B. M,［1932］*Social Participation among preschool children*. Iburnal of Abnormal and Social Psychotqg, 27, 243-269.

Piaget, J［1945］*La Formation du Symbole chez L'enfant*. Delachaux & Niestle（大伴茂訳『遊びの心理学』黎明書房，1967年）．

清水美智子［1983］「遊びの発達と教育的意義」三宅和夫・村井潤一・波多野誼余夫・高橋恵子編『波多野・依田児童心理学ハンドブック』金子書房．

竹田契一・里見恵子・西岡有香・秋元壽江［2013］『保育における特別支援』日本文化科学社．

田中みどり［2014］「母子の遊び」小山高正・田中みどり・福田きよみ編『遊びの保育発達学——遊び研究の　今，そして未来に向けて——』川島書店．

戸田須惠子［2014］「母子の遊び」小山高正・田中みどり・福田きよみ編『遊びの保育発達学——遊び研究の　今，そして未来に向けて——』川島書店．

矢野喜夫［1996］「遊びにおける活動発達」高橋たまき・中沢和子・森上史朗編『遊びの発達学展開編』培風館．

第4章

生活の援助と環境構成

第1節　保育者の専門性としての生活援助

　保育士の専門性の1つに，子どもの発達過程や意欲を踏まえて，子ども自らが生活する力を援助する生活援助の知識・技術がある．もう少し具体的にいえば，生活援助の技術とは，「子どもの食事，排泄，休息，衣服の調整（着脱）等を援助する技術，及び子どもの日課を把握し，調整する技術です．――中略――保育者が子どもの食事，排泄を介助する技術と，子ども自身が生活習慣を獲得できるよう援助する技術があります．――中略――さらに保育者は，個々の子どもの生理的欲求を的確に把握し，子どもの生理的欲求を満たしています」［柏女・橋本 2010：194］である．

　また，保育所保育指針などに示される保育の目標の1つに「健康，安全など生活に必要な基本的な習慣や態度を養い，心身の健康の基礎を養うこと」があり，基本的生活習慣の確立は，乳幼児期の大切な課題である．

第2節　基本的生活習慣とは

1　基本的生活習慣の定義と内容

　基本的生活習慣とは何か．前原寛は，「生活習慣とは，毎日の生活を送る中で習慣化された行為を意味する．その中でも，生命的な行為として日常的にくり返されるものを基本的生活習慣と呼び，通例食事，排泄，睡眠，着脱衣，清潔の5項目」［前原 2015：73］という．鈴木佐喜子は，「人間が生き，社会生活を営むうえで不可欠とされる日常生活の基本的行動．具体的には，食事，排泄，睡眠，清潔，着脱等がある」［鈴木 2006：64］とする．さらに，谷田貝公昭と高橋弥生は，「人間が社会人として生活を営むうえで不可欠かつ最も基本的な事柄に関する習慣をいう．具体的には食事，睡眠，排泄，着脱衣，清潔の5つの習慣」［谷田貝・高橋 2016］としている．

　以上から，基本的生活習慣とは，生命の維持と社会生活を送る上で基本的かつ不可欠な日々繰り返される行為と捉えられる．そして，その具体的内容は，一般的に食事，睡眠，排泄，清潔，着脱を指す．そして，食事，睡眠，排泄の習慣は，生理的基盤に立つものであり，着脱衣と清潔の習慣は，社会的・文化的・精神的基盤に立つものと捉えられる［谷田貝・高橋

2016］．本章でも同様に食事，排泄，睡眠，清潔，着脱を基本的生活習慣として捉える．

2　基本的生活習慣の発達基準

　基本的生活習慣の形成は，子ども自身の発達と同時に，社会や文化に規定される面を持つ．そのため，子育て環境が変化すれば，基本的生活習慣の発達基準も変化しうる．そこで本項では近年の調査［谷田貝・高橋 2016］をもとに，現代の幼児の基本的生活習慣の発達基準を概観する．この調査は，2003年に1059名の子ども（6カ月～9歳）の保護者を対象に実施された．各項目で，同一年齢段階児の70～75％が「はい」と回答している場合，その項目は自立したと見なし，その年齢を表4-1に示すように標準年齢としている．

1）食事に関する習慣

　離乳はおよそ5～6カ月頃に開始され，1歳2～3カ月でほぼご飯を食べるようになる．食事行動では，自ら食べようとする要求が見られる標準年齢は1歳で，1人でコップやスプーンを使用できる標準年齢は1歳6カ月である．

　箸の使用は，2歳頃から始まり，3歳6カ月頃が標準年齢であるが，正しい使用の標準年齢は6歳頃である．最後まで1人で食事ができるようになるのが3歳6カ月前後で，箸と茶碗を両手に持ち食事ができる標準年齢は4歳である．

2）睡眠に関する習慣

　就寝時刻はどの年齢も21時台が多く，6歳未満では70％が22時台であった．起床時間は，各年齢で70％以上の子どもが7時台までに起床している．

　就寝の準備行動をみると，1人で寝間着を着替えられる標準年齢は3歳6カ月である．また，「おはようございます」などの挨拶をする標準年齢は2歳である．さらに就寝前の排尿は，誰かに促されてトイレに行く標準年齢は3歳6カ月頃で，自分で進んで行ける標準年齢は6歳である．

3）排泄

　排泄習慣の自立は，生理的な発達と神経系の成熟が大きく関わり，自ら排泄行動を制御できない時期はおむつが必要である．その後，徐々に膀胱に尿がたまる感覚が分かり，排尿を我慢でき，トイレで用を足せるようになる．

　おむつの使用離脱年齢，排尿や排便の事後通告・予告の標準年齢は，表4-1を参照してほしいが，排尿行動の自立は，3歳6カ月から4歳頃で約90％を占める．排便の場合，自立の標準年齢は4歳頃であるが，完全に後始末できる標準年齢は5歳である．

4）着脱衣

　子どもが自分で着脱衣できる前に，それらに対する興味や意欲が現れる．自分で服を脱ごうとする（脱衣の意欲）標準年齢は1歳6カ月であり，自分で服を着ようとする（着衣の意欲）標準年齢は2歳である．実際に自分で簡単な衣類の着脱ができる標準年齢は3歳6カ月である．袖を通すなどの着脱衣行為については，表4-1を参照のこと．

表 4-1 基本的生活習慣の自立の標準年齢

年齢	食事	睡眠	排泄	着脱衣	清潔
0:10	・自分で食事をしようとする				
1:6	・自分でコップを持って飲む ・スプーンを自分で持って食べる ・食事前後の挨拶			・1人で脱ごうとする	・就寝前の歯磨き
2:0	・こぼさず飲む	・就寝前後の挨拶		・1人で着ようとする	
2:6	・スプーンと茶碗を両手で使用		・排尿排便の事後通告	・靴をはく ・帽子をかぶる	・うがい ・手を洗う
3:0	・こぼさず食事する		・排尿排便の予告 ・付き添えば1人で排尿ができる	・パンツをはく	・顔を拭く ・石鹸の使用
3:6	・箸の使用 ・1人で食事ができる	・寝間着に着替える ・就寝前の排尿	・おむつの使用離脱 ・排尿の自立 ・パンツをとれば排便ができる	・前ボタンをかける ・両袖を通す ・靴下をはく ・脱衣・着衣の自立	・食前の手洗い
4:0	・握り箸の終了 ・箸と茶碗を両手で使用		・排便の自立		・顔を洗う ・髪をとかす ・鼻をかむ
4:6			・夢中粗相の消失		
5:0			・排便の完全自立（紙の使用，和式様式の利用）		・朝の歯磨き
5:6					
6:0	・箸を正しく使う	・昼寝の終止 ・就寝前の排尿の自立			
6:6					
7:0				＊紐を前で結ぶ（8歳）	

（出所）谷田貝・高橋［2016：120-121］．

5）清潔

　清潔習慣は多岐に渡るが，どれも健康の維持と，社会生活を営む技能として重要である．歯磨きは，**表 4-1**のように就寝前の歯磨きと朝の歯磨きの標準年齢に開きがある．これは，就寝前の歯磨きは保護者が磨き，朝の歯磨きは自分で磨いていると考えられ，後者の標準年齢は 5 歳である．

　また，1 人で手洗いができる標準年齢は 2 歳 6 カ月で，石鹸を使用してのそれは 3 歳である．さらに，顔洗いは，2 歳頃から 1 人でできる子どもがみられ，その標準年齢は 4 歳である．

第3節　生活の援助と環境構成

1　生活援助の基本事項

まず，基本的生活習慣の援助の基本について言及する［前島 2009；高橋 2010；鶴 2011］．

第1に，援助の前提となるのは子どもの発達状況の把握である．なぜなら，例えば，着脱や食事は手指の運動機能が，排泄は身体・神経系の成熟などが関係するためである．つまり，細かな指先の動きができない状態でボタンはかけられないし，排泄機能が未成熟な状態でトイレットトレーニングをしても子どもの負担になる．このように，子どもがある基本的生活習慣に関わる行為を獲得できる発達の状況かどうかの見極めが重要である．

第2に，子どもの意欲を育み，大切にすることである．子どもは発達するにつれて周囲の環境に関心を持ち，自分なりに行動し，基本的生活習慣の自立に向けた動きが見られる．そのため，例えば子どもが，自分でコップで飲みたいそぶりを見せれば，それをやらせてみて，「～したい」という意欲を育むことが重要である．また，できるところは自分ですることで達成を味わうことも重要となる．

第3に，子どもの模倣を大切にすることである．子どもは1歳前後で他者の模倣が始まり，2歳頃にはそれが盛んになる．そのため，模倣は，前述の自発性や意欲とも関係し，そのような機会を設け，活用することが重要である．また，保育者は，子どもの模倣を意識するとともに，子どもの手本となる基本的生活習慣を習得する必要がある．

第4に，繰り返しである．習慣とは，意識せずできるパターン化された行為である．毎日繰り返し指導することで，その行動を日常的なものとして形成する．また，基本的生活習慣を教えている途中で，これまでと異なるやり方を教えるなどの例外をつくると，子どもが混乱しかねない．きちんと身につくまで，一貫性を持って同じやり方で教えることが大切である．

最後に，環境を整えることである．例えば，子どもが自分で手洗いをしようとしても，蛇口が手の届かない高さであれば自分では洗えない．子どもが蛇口に届くような台を準備するなど，子どもが自発的に取り組めるような環境を整えることが重要である．

2　生活援助における具体的な働きかけ

子どもへの生活援助における具体的な働きかけの基本的枠組は，**表4-2**のように，行為の提供，子ども自身でできるように支える，見通しを持たせることである［橋本・西村・鎮目 2012］．これらの項目は乳児保育に関わるものであるが，障害のある子どもへの援助にも示唆を与えるものである．

子どもが主体的に生活する力を獲得するためには，ある行為を意識し，それをしたくなる意欲を育むことが重要である．そのためには，まずは**表4-2**の (1)-① 「言葉をかけてから働きかける」は重要である．例えば，食事の介助をする際に「○○君，××食べるよ」と

表4-2 生活に関する援助（働きかけ）項目

基本的枠組み	生活項目
(1) 行為の提供	① 言葉をかけてから働きかける
	② 子どもの状態に合わせて働きかける
	③ 子どものテンポに合わせて働きかける
	④ 穏やかに声をかける
	⑤ やさしく触れる
	⑥ 視線を合わせて関わる
(2) 自らできるように支える	① 保育士の言葉と行為を一致させる
	② 子どもの感覚に沿った言葉をかける
	③ 子どもの意識が行為に向くような言葉をかける
	④ 一緒にその動作・行為を行う
	⑤ 必要な動き（使い方，方法）のモデルを示す
	⑥ 必要な動き（使い方，方法）を言葉で知らせる
	⑦ 手順の段階を子どもができる段階まで細かく分割し伝える
	⑧ 行為に取り組むきっかけをつくる
	⑨ 子どもの動きを予測して待つ
	⑩ 子どもの行為を手伝う前に子どもの意思を確認する
	⑪ できないところを見極めて手伝う
	⑫ 行為がやりやすくなるよう手を添える
	⑬ 行為がやりやすくなるよう言葉で方法を伝える
	⑭ 子どもの取り組もうとする姿勢を認め言葉をかける
	⑮ 子どもの取り組もうとする姿勢と行為を見守る
	⑯ 行為を繰り返し行うことを認め，見守る
	⑰ 行為が完了したことを子どもと共に確認する
	⑱ 子どもの「出来た」という思いを言葉で表現し代弁する
(3) 生活の見通しを持つことを助ける	① 個々の子どもの日課を知る
	② 個々の子どもの生活の見通しを持つ（日，週，月，年）
	③ 個々の子どもに応じた日課を日々繰り返す
	④ 保育士が行為や行動のモデルを示す
	⑤ 他児の様子に気づくように働きかける
	⑥ 次の行動や行為を言葉で伝える

（出所）橋本・西村・鎮［2012：2-3］.

声をかけて，子どもの口にスプーンを運ぶといった援助である．これは，子ども自身がその行為を獲得できていない場合や，肢体不自由などの全面的な介助が必要な場合でも，子ども自身が食べることを自分の行為として意識できるようにするためである．これが子どもの主体性形成の第一歩となる．

　また，**表4-2**の (2)-⑭「子どもの取り組もうとする姿勢を認め言葉をかける」は，ある行為ができるかできないか（能力）に着目するのではなく，その行為をしようとしたこと（努力）を認めるのである．このような努力に着目し認める方が，子どもの意欲は高まり，ま

たその行為に取り組む可能性が高くなる［外山 2011］．

　表4-2の (2)-⑦「手順の段階を子どもができる段階まで細かく分割し伝える」や (2)-⑪「できないところを見極めて手伝う」，(2)-⑫「行為がやりやすくなるよう手を添える」は，子どもの発達状況などに合わせて，子どもができる部分から行う援助である．このような援助を行う際は，事前に課題分析を行うと有効である（第Ⅵ部第2章を参照）．課題分析とは，ある一連の行動を構成する細かな行動に分け，スモールステップ化するものである．例えば，「自分で靴下を履く」を目標にし，課題分析すると，靴下を手に取る→足指の先が入るように靴下の穴を中心に輪を作る→靴下の入り口に足の指5本を入れる→靴下を踵前まで引き上げる→靴下を踵にくぐらせる→靴下を踵から上まで引き上げる，となる．これらの細かな行動が順番にできて，靴下を履くという大きな行動が可能になる．できる部分を子ども自身にしてもらいながら，それを具体的に認めることで達成感を味わい，それを繰り返すことで習慣化するのである．

　表4-2に示される働きかけは，言語的援助，動作的援助，視覚的援助の3種類があり，さらにこれらの組み合わせもある［西村 2011］．ここでは，基本的生活習慣に関わる行為を引き出したり，習得したりするための援助に限定して説明する．

　言語的援助は，文字通り，子どもに対して言葉を用いる援助である．言語的援助には，教示，ルール，説明，ヒント，助言，質問，その他の言語的な援助が含まれる．例えば，食事の時間であるが遊びが夢中になっている子どもに対して，直接的に「お弁当を取ってきてください」という言葉がけや間接的に「今は何をする時間かな」と問いかけるような言葉がけ，あるいは「いただきます」と発話させるために保育者が「い」，「いた」と語頭の文字をヒントとして言うことなどが挙げられる．

　動作的援助は，保育者の動作を伴う援助であるが，ここでは身体的援助，すなわち保育者が子どもを身体的に手助けする援助に限定する．適切な操作をしたり，適切な選択をするために手を添えたり，正しい動きをするように体を持って誘導する，一緒にすることなどが含まれる．例えば，手洗いの際に子どもの手に保育者が手を添えて洗う，子どもの歯ブラシを持つ手を持って歯を磨く動きを誘導するなどである．表4-2の (2)-⑪「できないところを見極めて手伝う」や，(2)-⑫「行為がやりやすくなるよう手を添える」など，子どもの状況に合わせて，どれだけ接触し，動作を誘導したり，教示したりするかを常に検討する必要がある．

　また，障害によっても特徴があり，例えば，視覚障害のある子どもの場合，「清潔に関する日常生活動作の多くが，道具を用いず動作そのものを模倣しなければならないという特徴があるため，視覚障害による特有の困難さを示す領域であると考えられる．そのため，1つ1つの動作について実際に手を取りながら丁寧に指導することが重要である」［枡見・佐島 2011：76］と指摘されている．

　視覚的援助は，子どもに対して視覚情報を用いる援助である．可視化された情報を提示することは，子どもの具体的な理解を促す際に有効である［西村 2011］．援助の内容としては，

身振り，モデリング，位置を示す，絵や写真を示すなどがある．後2者は一般的には視覚支援と呼ばれるものであり，次項で触れる．

　身振りを用いた援助は，子どもに適切な行動をとらせるための保育者による身体動作（指さしやジェスチャー）である．モデリングは，例えば，子どもの目の前で保育者が手を洗って見せるなど，子どもに獲得してほしい行為を保育者が実際に行って見せ，その行為を生じやすくすることである．**表4-2**の(2)-⑤「必要な動き（使い方，方法）のモデルを示す」ことや，(3)-④「保育士が行為や行動のモデルを示す」がこれに該当する．

3　生活援助における環境構成

　子どもへの生活援助における環境構成や環境整備の基本的枠組は，**表4-3**のように，基本的対応，子ども自身でできるように支える，主体的にできるように支えることである［橋本・西村・鎮目 2012］．なお，この表に示される項目も前項同様に，乳児保育に関わるものである．子どもが自ら生活行為をしようとするためには，子どもを取り巻く環境が，そこで求められる行為を行う上で適切な状況にあり，そして，そこでいかなる行為をすればよいかに関して理解しやすい手がかりを提示する必要がある．

　まずは，その行為に集中できる環境を整えるとともに，どこで何をするかを理解する必要がある．つまり，子どもが理解しやすい手がかりを構成したり，提示したりするのである．例えば，子どもが何をするところか分かるように位置を示す方法がある．**表4-3**の(2)-②「空間の範囲や役割を理解しやすいよう工夫（マットを敷くなど）する」環境を構成する必要がある．例えば，トイレに隣接した着脱スペースにマットを敷いて，「ここはトイレに行く時などに服を着脱する場所」という認識を持たせるのである．

　そして，**表4-3**の(2)-⑥「生活に関わる場所（食事，睡眠等）を決めている」ことも必要である．これは，保育室内の場所にとどまらず，例えば，食事は常に同じ席で座る，着脱の際は常に同じカゴを置くなど，毎日決まった場所や配置にすることが求められる．

　さらに，食事の際に決まったトレーあるいはランチョマットに食事を置くことで，「自分のご飯」を認識するような手がかりや，服の前後が理解できるように服にマークをつけるという手がかりをつける工夫もある．

　前項でも触れた，絵や写真などの絵カードを用いた支援も有効である．絵や写真を示す援助については，**表4-2**には記されていないが，特に視覚優位，衝動性が高い，ワーキングメモリが弱い子どもに対しては，絵カードの使用が生活だけでなく，コミュニケーションや学習にも有用であることが先行研究で示されている［例えば，今本・門司 2014：安田・式部 2016］．絵カードは，以下の3つに分類でき［水野 2015］，子どもの理解度や用途に応じて使用することが求められる．

　　・指示カード；保育者が子どもに行動を促す際に用いるカード
　　・手順カード；歯磨きなど一連の動作を細かく示して，子どもが次に何をしてよいか理

表4-3 生活に関する援助（環境）項目

基本的枠組み	生 活 項 目
(1) 基本的対応	① 安全面，衛生面においては，チェックリストを活用するなどして点検が確実に行われるようにする
	② 室温，湿度等は，適温を意識して調整する（季節，1日等）
	③ 採光，風通しを意識して室内環境を構成する
	④ 保育室にはがれているもの，汚れているもの等を放置せず，整理整頓し必要に応じて確実に廃棄する
	⑤ 遊具や物を置く場所が決まっている（定物定位）
	⑥ 季節に応じた家具や道具の配置，室内装飾を行う
	⑦ 刺激の少ない色を基調にアクセントの色を配する
(2) 自らできるように支える	① 食事から睡眠等，生活の流れを考えて空間を構成する
	② 空間の範囲や役割を理解しやすいよう工夫（マットを敷く等）する
	③ 子どもや保護者の動線を考えて家具等を配置する
	④ 子どもの発達や成長に合わせて家具や遊具を取り替える
	⑤ 生活行為を補助する道具を適切な場所に置く
	⑥ 生活に関わる場所（食事，睡眠等）を決めている
(3) 主体的にできるように支える	① 子どもが視覚的に捉えやすい場所や位置に家具や道具を配置する
	② 「場面転換」が視覚的に捉えやすい場所や位置に家具や道具を配置する

(出所) 橋本・西村・鎮 [2012：2]．

解できるように順番を示すカード
・スケジュールカード；その日の予定を時系列に並べ，子どもに一日の見通しを持たせるカード

　また，**表4-3**の (2)-⑤「生活行為を補助する道具を適切な場所に置く」環境設定も求められる．例えば，子どもが蛇口に手が届かないのであれば蛇口に届くような台を置く，洋式トイレで足が浮くのであれば足台を置くなどである．
　その他，**表4-3**の (1)-③「採光，風通しを意識して室内環境を構成する」とあるが，例えばトイレでの排泄を嫌がる場合，トイレの明るさ，臭い，閉塞感などが要因であるためどの要因であるかを検討し，照明の交換や臭い対策などの対応が求められる．加えて，その子どもの好きなものの絵などをトイレやドアに貼るなどの対応も考えられる．

　基本的生活習慣の形成は，しつけともいわれるが，ある調査によれば，保育所に対する保護者の要望の第2位は「しつけ・教育・体験」であった［東京都社会福祉協議会 2007］．現在に至るまで，保育所では基本的生活習慣の形成に向けた援助を行っているが，長時間保育が進む中，この要望は今後も高くなると考えられる．
　そのため，保育者が基本的生活習慣の形成に関わる知識，援助方法・技法を理解し，修得する必要がある．

引用・参考文献

橋本真紀・西村真実・鎮朋子［2012］『西宮市公立保育所における保育評価指標（乳児保育版）』.

久世妙子［1980］「生活習慣」松村康平・浅見千鶴子編『児童学事典』光生館.

今本繁・門司京子［2014］「自閉症児に対する視覚的スケジュールとPECS（絵カード交換式コミュニケーションシステム）を用いたトイレのこだわり行動の減少とトイレ要求行動の形成」『自閉症スペクトラム研究』12（特集号）.

柏女霊峰・橋本真紀［2010］『保育者の保護者支援（増補版）』フレーベル館.

前島寛子［2009］「生活習慣の形成と親の役割」服部照子・岡本雅子編著『保育発達学（第2版）』ミネルヴァ書房.

前原寛［2015］「基本的生活習慣」森上史朗・柏女霊峰編『保育用語辞典（第8版）』ミネルヴァ書房.

枡見瑛莉佳・佐島毅［2011］「盲幼児の日常生活動作獲得の発達的特徴に関する研究——食事・着脱衣・清潔領域における視点から——」『障害科学研究』35.

松田純子［2014］「幼児期における基本的生活習慣の形成——今日的意味と保育の課題——」『実践女子大学生活科学部紀要』51.

水野智美［2015］「保育者が行う絵カード作成の誤りおよび不適切な使用方法の分類」『教材学研究』26.

西村真実［2011］『乳児保育における保育技術の体系化に関する研究』こども未来財団.

鈴木佐喜子［2006］「基本的生活習慣」保育小辞典編集委員会編『保育小辞典』大月書店.

高橋弥生［2010］「子どもの基本的生活習慣の獲得」谷田貝公明編集『健康（新・保育内容シリーズ①）』一藝社.

鶴宏史［2011］「基本的生活習慣の獲得と発達援助」無藤隆・清水益治編『保育の心理学Ⅱ』北大路書房.

東京都社会福祉協議会保育部会［2007］『保育園を利用している親の子育て支援ニーズに関する分析と提言』東京都社会福祉協議会.

外山美樹［2012］『行動を起こし，持続する力——モチベーションの心理学——』新曜社.

安田敬子・式部陽子［2016］「絵カードを用いた重度知的障害を伴う自閉症児へのトイレ指導」『自閉症スペクトラム研究』13（2）.

谷田貝公昭・高橋弥生［2016］『データでみる幼児の基本的生活習慣（第3版）』一藝社.

第 5 章

子ども同士の関わりと育ち合い

第1節　1人1人の権利を保障するということ

　就学前の子どもが通う保育所や認定こども園などは，障害のある子どもや障害のない子どもなどという分け隔てなく，ともに保育を受け，生活している場であることが多い．時間と空間を共有し，相互に影響を与えながら，お互いのあるがままの姿を認め合い，人との関わり方を知るなど，子どもたちにとって学びは大きい．

　障害のある子どもと障害のない子どもが同じ場で過ごし，お互いの存在を認めて共に育ちあう保育のことを「インクルーシブ保育」というが，障害のない子どもが，幼い頃から人との関わり方についての理解を深めるきっかけになること，障害のある子どもにとって様々な人との関わりの中で成長が促されることから，この保育の果たす役割も大きい．

　乳幼児期の子どもたちは比較的小さなコミュニティの中で生活しており，年齢が上がるにつれてそのコミュニティはしだいに広がる．人格形成にとって大切な時期である就学前の子どもたちが，社会生活のひな型ともいえる保育の集団の中で，相手の立場を思いやって行動すること，チャレンジすることなど，共に生きていく上で人として大切な多くのことを，このインクルーシブ保育から学んでいる．

　保育者は子どもの今後のコミュニティの広がりを見据えて，子どもがお互いを尊重すること，子ども同士が関係性を広げるための自らの役割を自己覚知できるようにすること，子どもが好奇心や探求心を持って物事に関わることができるよう，保育という営みの中でその基礎を育てているのである．

　2014年に「障害者権利条約」（障害者の権利に関する条約）が批准された．2016年に障害を理由とする差別の解消の推進に関する法律（障害者差別解消法）が施行され，第4条に「国民は，第一条に規定する社会を実現する上で障害を理由とする差別の解消が重要であることに鑑み，障害を理由とする差別の解消の推進に寄与するよう努めなければならない．（社会的障壁の除去の実施についての必要かつ合理的な配慮に関する環境の整備）」と示されている．

　障害のない人も，その人自身が持つ能力や心身の機能のみで日常生活を営んでいるわけではなく，社会生活を送る上で様々サービスの提供を受けたり，権利を保障されていたりする．このようなサービス提供や権利保障は，障害のない人を基準にしているものも多く，障害のある人を対象としたサービスが日常生活の中に当たり前のように入っていないこともある．

それらは障害のある人にとっては社会的な障壁となったり，障害のある人はその障害を理由としてサービスを提供されなかったり，制限されることもある．

　子どもの権利を保障するための合理的な配慮については，保育・教育の場では人員の確保，施設・設備の整備，個別支援計画や個別指導計画の作成，教材を配慮することなどがある．「障害者の権利に関する条約」第2条の定義に示されている「『合理的配慮』とは，障害者が他の者との平等を基礎として全ての人権及び基本的自由を享有し，又は行使することを確保するための必要かつ適当な変更及び調整であって，特定の場合において必要とされるものであり，かつ，均衡を失した又は過度の負担を課さないものをいう」とあるように，「均衡を失した又は過度の負担を課さない程度」に合理的配慮を提供しているところも多い．子どもたちが今後，合理的配慮の提供を受ける側，提供する側として社会生活を営むことになることを理解した上で，保育者としてすべての子どもたちの権利を保障し，保育・教育を行う責務を果たさなければならないのである．

　集団生活を送る上では，合理的な配慮の考え方をもとにしながら，ルールや秩序が必要になる．子どもたち同士がともに育ち合うためには，そのルールをどちらか一方だけに有利に働くようなものであってはならないことを，子ども自身がわかるように，保育者が子どもたちに気づきを与えなければならない．既定のルールに束縛されるのではなく，1人1人が尊重されるためは，ルールを柔軟に変更することが必要なのではないか，自分を含めた集団を構成するメンバーにとって必要なルールは何か，を見つけ出せるように導いていくことが，保育者の役割なのである．

　そのクラス集団に応じたルールが子どもたちによってオーダーメードされ，子どもの発達に応じて大人側が子どもの社会生活との関わりの基礎となる部分や，主体的に行動できる行動規範の育ちを支える関わり方を保育者自身が行う必要がある．

第2節　年齢・月齢の違いによる育ちあいの芽

1　保育所保育指針などにおける保育の特性

　保育とは，養護と教育を一体的に行うことを特性とするもので，保育者は養護的な関わりをしながら教育をしている．保育者は，子どもの年齢や月齢の違いによる発達の差，家庭環境など様々な状況にある子どもたちが同じクラスの中にいることを理解して，個と集団を見る目を持って保育を実施している．また，発達は連続性を持っていると捉える視点が必要で，年齢や月齢によって，養護的関わりが多い時期・養護的関わりを多く必要とする子どももいることを理解しながら，今の子どもたちに必要な関わりや言葉がけを瞬時に判断し，養護的な関わりをしながら教育をして，子ども1人1人を大切にしながら保育しているのである．

　保育所保育指針や認定こども園教育保育要領には，幼児期の終わりまでに育ってほしい姿が10項目挙げられている．その中で「社会生活との関わり」については，「人との様々な関わり方に気づき，相手の気持ちを考えて関わり，自分が役に立つ喜びを感じ，地域に親しみ

を持つようになる」と述べられている．これは領域「人間関係」に属する内容であり，家族や地域とのつながりを意識したものともいえる．

また，「思考力の芽生え」については「友だちの様々な考えに触れる中で，自分と異なる考えがあることに気づき，自ら判断したり，考え直したりするなど，新しい考えを生み出す喜びを味わいながら，自分の考えをより良いものにするようになる」と述べられている．これは他の子どもの考えに触れて，保育者とのやり取りなどを通して，自ら考え行動する力を培うようにすることを意識したものといえる．

このようにして保育所保育指針や認定こども園教育・保育要領では，子どもの主体的な活動は，子ども自身に人との関わりを意識させ，考えるプロセスの中で，人とのやり取りから新たな発見を見出せるようにし，それらは就学までに学びの芽として引き出していけるように，保育者は子どもたちが主体的に行動できるように導くことが示されている．

そこで，3～5歳児の各年齢の子どものおおむねの発達と，インクルーシブ保育場面で起こる子ども同士の関わりの発達について見ていくこととする．

2　3歳児の社会性の発達とインクルーシブ保育場面での子どもたちの様子

3歳児の発達の特徴は，言葉が発達するにつれて，何にでも興味を持って「なんで」「どうして」といった質問が増える．身近な友達や相手の気持ちを汲みとることも徐々にできるようになってきて，自分の思いなどを簡単な言葉で表すこともできるようになる．

遊びにおいては，ごっこ遊びが多くなり，友だちとの遊びもさかんに見られるようになる．友だちとの関わりを通じて，感情を表現することや我慢すること，許すことも学んでいき，人との関わりの中から関わり方を学んでいく．

3歳児の社会性の発達の特性からインクルーシブ保育場面においては，3歳児の特徴である「なんで」「どうして」ということが，障害のある子どもの行動に向けても発せられることもある．これは純粋な好奇心であり，保育者の言葉や行動によって，その子どもが他児をどのように捉えるか，その後の子ども同士の関わりに大きな影響を与えると言っても過言ではない．

例えば，クラスの子どもの多くができていることについて，障害のある子どもができていない場面や，障害のある子どもが，保育者の話を聞いて行動ができない場面などは，子ども自身が他の子どもとの違いを「なんでできないの」「どうしてしないの」などと本人に指摘をしたり，保育者に質問してきたりすることがある．思うとおりに行動ができなかったり，相手の行動が先読みできなかったりすることもあるため，障害のある子どもをめぐり，周りの子ども自身がイライラして怒ったり泣いたりしてしまうこともある．

また，障害のない子どもは，保育者が答えにくい質問をすることもあり，保育者としてどのように答えることがよいのか悩むこともある．しかしこれは，子ども同士が好奇心を持って関わろうとすることの表れであるため，質問に適当に答えることがないようにしたい．できることも増えてきて，いろいろなことに挑戦したい気持ちが芽生えてくるので，周りの大人は好奇心を醸成するような関わりや言葉がけをしていくとよい．

保育者が瞬時に答えられない時には，「なんでだと思う？」や「どうしたらいいと思う？」など，子ども自身が考える力を養えるような言葉がけをしたり，好奇心にとどまらずその先につながる言葉がけをしたりすることも必要である．

さらにこの時期の子どもはいろいろなことを吸収する時期であるため，周りの大人の発する言葉を覚えて使うようになる．保育者が子どもたちの前で何気なく発した言葉や，障害のある子どもと関わる際の表情，態度など，子どもに真似してほしいと思う言葉や態度を取ることができるように日頃から関わり方に十分注意しないといけない．

3　4歳児の社会性の発達とインクルーシブ保育場面での子どもたちの様子

4歳児のおおむねの発達としては，基本的生活習慣は確立されつつある時期に来て，大人の言ったことを理解して手伝いをすることができるようになる．友達に興味を持って，共に遊び込むことができるようになったり，遊びの中で必要な語彙数が増え，遊びも広がりを見せるようになる．場に応じて他の人に迷惑をかけないようにマナーを意識することもできるようになったり，順番がわかったり，待つことができるようになる．ルールのある遊びもできるようになるものの，子どもに理解しやすい説明の仕方であれば，ルールの遊びもできるが，ルールの説明が不十分であれば，今までの積み上げた知識を使ってルールを理解するということが難しい時もある．

4歳児の社会性の発達の特性からインクルーシブ保育場面において，周りの大人の関わり方を見て真似をしたりしながら，支援を必要とする子どもに関わろうとする姿も見られるようになる．3歳児クラスの時には見られなかった「(障害のある子どもは)他の子どもとは何かが違う」と感じ取ることもある．また，1人1人の違いに気づくことができる年齢であるため，その子の特徴を理解しようとする場面も見られるが，うまく関わることができなかったりして，関わりを途中であきらめることもある．

しかし，子どもたちが保育者の援助や支援の方法を見て，自分のものとして積み上げているという認識を保育者自身が持つことによって，子ども自身の次への行動へとつなげられるのである．

4　5歳児の社会性の発達とインクルーシブ保育場面での子どもたちの様子

5歳児の社会性の発達としては，ルールのある遊びをするだけではなく，そのグループに応じたルールを自分たちで考えたりしながら，話し合った上でルールを変更するということもしだいにできるようになる．

1人1人のクラスの子どもの特性を察知しながら，支援を必要とする子がどのようなことが苦手で，どのように伝えるとその子どもに伝わるのか，どのように手を差し伸べたらよいのかを，それまでの年齢で保育者などが関わってきた様子をしっかりと見て積み上げてきている．その関わりについては，最初は保育者などが行っていた援助の仕方を真似するようなしぐさであるが，しだいに自ら考えた，やり方で手を差し伸べようとする姿が見られる．し

だいに子ども自身が他の子どもとの違いに気づき，必要なサポートを自ら考えてさりげなく関わったり，どのような声をかけるといいのかという「さりげないサポート」を子ども目線で教えて関わる場面も多くみられるようになる．ただ，それは全員の子どもができるようになるかというとそうではなく，クラスの中でもお世話の好きなタイプの子どもが，適切なサポートをさりげなく行うことが多い．ただ，このような子どもの行動は保育者のそれまでの関わりなくしては成り立たない．

　これらは幼児期の終わりまでに育ってほしい姿のうち，「協同性」（友達と関わる中で，互いの思いや考えなどを共有し，共通の目的の実現に向けて，考えたり，工夫したり，協力したりし，充実感を持ってやり遂げるようになる）に繋がっていくと考えられるだろう．

　大人が介入しなくても，子ども同士が助け合っていくのが望ましいとはいえ，大人が障害のある子どものサポートを当番のように決めてしまうのはよくないことである．あくまでも子どもたちの自主的な関わりを尊重していくように言葉をかけたり見守ったりできるようにしなければならない．

第3節　障害のある子どもの発達を促す集団作り

　障害のない子どもたちが，障害のある子にさりげないサポートができるようになるためには，子どもたちの持つ力に加えて，保育者の働きかけが重要な役割を果たす．子どもにとっては園の中あるいはクラス集団の中でのできごとであっても，その世界はしだいに広がり，クラス規模にとどまらない世界を築いていく．子どもたちがともに育ち合える集団にしていくためには，保育者は障害のある子どもだけに指導的関わりをするのではなく，子どもの持つ特性を理解しながら，助け合える集団作りを心掛けていくことが大切である．

　人とのコミュニケーションをうまく築けない子どもがいる場合には，保育者が子どもを援助するだけではなく，同じ環境にいるクラスの子どもたち同士が1人1人を排除せずお互いを尊重し，理解していけるように保育者が援助していかなければならないのである．

　子どもたち1人1人がお互いを理解しサポートできる集団作りをするためには，差別の芽を育てさせないようにしなければならない．保育者の役割としては，1人1人を大切にする保育，子どもの良さを認めていく保育，子どもに「先生は怖い」という恐怖を植え付けさせない保育，障害のある子どもなど特定の子ばかりが叱られる環境にならない保育，クラスのみんなのことが大好きと思えるクラス運営をしていくことが重要で，クラスの子どもたち1人1人が先生に愛されていると実感し，子ども自身が情緒を落ち着けて毎日を過ごすことができるように心がけていきたいものである．

　このようにして，保育者によるインクルーシブ保育場面における集団作りによって，1人1人を尊重できる子どもとして育つことができ，その子どもたちが大人になった時に，支援を必要とする人に対してだけではなく，人とつながることで自らも豊かになり，それが1人1人の幸せにつながることを理解できるようになることが保育者としての責務の1つなのである．

第 4 節　子ども同士の関わりと育ちあいを支える保育者の役割

　子どもが園生活を送る上で，健康にかつ学びの多い生活を送ることができるようにするために必要な保育者の重要な役割は，行動面，身体面，健康面など，子どもの1人1人がどのように生活し，どのような遊びを好んでいるのか，発達はどのような段階にあるのか，友達関係はどのような状況なのかなど，様々な側面から発達を理解することである．
　また，保育現場にいる障害のある子どもたちは，1人1人の障害の種類も程度も違うため，保育に関する専門知識だけではなく，保育者が子どもと関わる際には，医学的な知識も求められることがある．保育者は子どもの障害の状態像や対応事例など，専門的な知識を研修で得ることはある．しかし，医者ではないので専門家と連携して子どもの育ちをサポートしていくことが望まれる．
　その上で他の子からの刺激が受けられるように，友達の輪に入ることができるような関わりを中心とするのか，保育者が声をかけたり援助したりしてサポートしたほうが良いのか，いつまで待つのか，どの程度見守るのかなど，関わり方を瞬時に判断して調整していかなければならない．保育者は子どもたちの持つ力を信じることも大切で，決して保育者自身がすべてしなければならないと抱えてしまうことがないようにしたい．
　また，子どもが抱える困難を理解することで子どもの持つ課題が把握できる．子ども自身がその解決方法を持っている場合は，その解決方法を把握し実践することから始める．
　例えば，集団生活を送っていると，様々な刺激を受け，その刺激から多くのことを得ることも多いが，その刺激によって落ち着くことができない場合もある．障害のある子どもの中には，見通しが持てずに不安に陥ったり，興奮したりすることもある．自分の欲求を抑えることが苦手な子どもがいたり，その日の気分やその場の状況によってパニックを起こしてしまう子どももいたりする．刺激に対して過剰に反応したり，行動を調整したりすることが苦手な子どもや，活動に入り込めない時などには，ピアノと壁の隙間に入り込んだり，おもちゃの棚に入り込んだりなど，落ち着くために狭い場所を好む子もいる．子どもの気持ちが落ち着くために刺激の少ない場所（クールダウンの場所）を確保しておくことも配慮の1つとして考えたい．
　高い場所に上ることを好む子がいたり，高い場所に上って手を放してしまう子どももいたりする．危険を認識している場合もあるが，危険と認識できずにこのような行為を行ってしまう場合もある．障害のある子どもも障害のない子どもも共に安全に園生活を送ることができる環境づくりを心掛けなければならない．
　子どもの目につくところや，子どもが気になる音などによって，集中力が持続しないようであれば，どのようなものを加えるとよいのかだけではなく，何を排除すればその子が集中できるのかを考えること，保育者の言葉がけ1つで集中する環境を作り出せることもある．少しの工夫ではあるものの，それに気づかないこともある．子どもが座った時，立った時な

ど姿勢によって違ってくるが，目の高さに刺激となるおもちゃがないかどうか，集中する環境を作り出すことができているかどうかも考えていかなければならない．

　障害のある子どもは「できないこと」「注意しなければならないこと」などが多くみられる．子どもが安全に過ごせる環境を考えて，さらにできないことをできるようにするためには，スモールステップで「できる」という自信につなげること，子どもの長所を伸ばすような関わりをすることが最も重要である．危険な時には注意しなければならないが，それが多いと，障害のある子ども自身，自信が持てなくなったり，他の子どもが障害のある子どもに注意をするようになったりする．

　保育者は1人1人違った個性を持つ子どもの集団に対して，個を見る目と集団を見る目が求められている．社会生活を送るようになるまで子どもは「行動の模範となる先生」「導いてくれる先生」「教えてくれる先生」など，「先生」と言われる人から様々なことを学ぶことも多い．しかし社会の中で生きていくようになるにつれて，規範となる行動は自らの内面に持つことが求められ，保育者は子どもたちが就学までに倫理観を持って行動できるような芽を育てていくことが求められている．

　幼児期の終わりまでに育ってほしい姿のうち，「道徳性・規範意識の芽生え」が1つとして挙がっているが，保育者は子どもの保育をする際，規範となる行動が自らの内面に育っていくことができるような芽を育てていかなければならない．

　保育者も環境の一部であるという認識を持ち，子どもの発達に大きな影響を及ぼすものとして認識を持つことによって，保育者は障害名あっての関わりではなく，その子どもは何を苦手とし，どのような援助を必要としているのか，1人1人の発達過程や障害の状態を把握すること，子どもにとって適切な環境づくりとは何か，他の子どもとの生活や遊び，人間関係の心地良さを経験できるように工夫することなど，担う役割が大きいことがわかるだろう．子どもとともに保育者として成長していくことが大切なのである．

引用・参考文献
安藤忠・川原佐公編著［2008］『特別支援保育に向けて』建帛社．
小川圭子・矢野正編著［2017］『障がい児の理解と支援』嵯峨野書院．
酒井幸子・田中康雄監修［2016］『発達が気になる子の個別の指導計画』学研プラス．
「障害者の権利に関する条約」外務省HP（http://www.mofa.go.jp/mofaj/fp/hr_ha/page22_000899.html）．

第6章

職員間の協働

第1節　職員間の協働の重要性

　保育所保育指針において,「施設長,保育士など,全職員による適切な役割分担と協力体制を整えること」(第1章3(3)) と示されるように,保育所内で共通の目標や価値を共有し,子どもを理解し,保育を展開する上で職員間の協働は不可欠である.

　そして,「職員が日々の保育実践を通じて,必要な知識及び技術の修得,維持及び向上を図るとともに,保育の課題等への共通理解や協働性を高め,保育所全体としての保育の質の向上を図っていくためには,日常的に職員同士が主体的に学び合う姿勢と環境が重要であり,職場内での研修の充実が図られなければならない」(第5章3(1)) と示されるように,職員間の協働を進めるために,職場内での研修の重要性が明示されている.

　障害のある子どもの保育においては,支援の一貫性や家族との連携,他機関との連携がより求められるため,職員間の協働が重要である.

第2節　保育者の協働性を高めるための保育カンファレンス

　職員間のよりよい協働のために,保育カンファレンスを実施することは有効である. 保育カンファレンスとは,「同僚同士の話しあいを通じた省察的活動」[黒澤・服部 2016：55] である. その方法は様々であり,実際の保育を観察した上でのカンファレンス [平山 1995], 保育者によるエピソード記録を用いたカンファレンス [福崎ほか 2011], インシデント・プロセス法によるカンファレンス [原 2014], ビデオを用いたカンファレンス [岸井 2013] や写真を用いたカンファレンス [岡 2013] がある.

　とはいえ,いかなる方法を用いようとも,「よりよい保育実践をめざして,それぞれが主体的に自らの保育課題や研修の必要性を自覚し,終わった後に仲間に支えられながら自信を持つことができたり『わかった』,『成長した』などの喜びが味わえることが大切」[岸井 2016：53] である.

　さらに,生産的な話し合いとするために以下のような要件が求められる [森上 2015]

　　① 1つの正解を求めようとせず,多様な意見が出されることによって,多角的な視点

が獲得され，自分の枠が広がる．
② 建前でなく本音で話す．共感が大事と理解していても，共感できない自分があることをさらけだす必要がある．
③ 先輩が後輩を導くのでなく，それぞれがその課題を自分の問題として考える姿勢を持つ．
④ 相手の批判や優劣を競おうとしない．同僚の意見が間違っていると感じた場合でも，それをよい方向に向けて建設的に生かす方向を大事にする．

第3節　保育カンファレンスの実際

1　概要

A保育園では障害のある子どもの保育に関して，6月，10月の年に2回，保育カンファレンスを実施している．カンファレンスに際しては，まず，対象児童の担任保育士が所定の「検討用紙」を記入する．それを職員全員に配布し，職員はそれに目を通す．そして，設定された日の午前中に当該クラスの保育を観察し，その後，午後に1時間30分程度の保育カンファレンスを実施する，という流れで実施している．

カンファレンスでは，各クラスの障害のある子どものケースを出し合い，それに対して参加した保育士が意見を述べる，支援の方法を出し合う形で実施している．

2　対象

5歳児クラスを担当するB保育士（保育経験5年，担任）とC保育士（保育経験2年，加配保育士）は，20名の子どもの担任をしている．その中に，今年度入所した，中度の知的障害の診断のあるDちゃん（発達年齢は2歳代）がいる．4月当初より，B保育士もC保育士も障害のある子どもを担当するのは初めてであり，不安を感じていた．

3　1回目（6月）の保育カンファレンス

表6-1の「検討用紙」を記載した上で，事前に職員に配布した．保育観察後，検討用紙と観察の様子をもとに保育カンファレンスを実施した．

B保育士とC保育士がDちゃんの対応で悩んでいたのは，Dちゃんが保育中に保育室を飛び出したり，他児を叩いたりすることに対してどのように対応してよいか分からないことであった．カンファレンスにおいて，職員は「どのような状況でDちゃんが保育室から飛び出したり，他児を叩いたりするのか」を詳しく聞き，さらに「なぜそのような行動をとるのか」も話し合った．その結果，以下のような意見が挙げられた．

① 保育室から飛び出すのは，自分が好きな活動を除く，クラス全員で活動する時である．Dちゃんは，みんなで行う活動の内容を理解しているのか，難しいのではない

表 6-1 検討用紙

記録日	20○○年 5 月□日	記録者	○○組 B, C
検討したい子ども		Dちゃん	

(1) 検討したいこと
① 保育室から飛び出す，友達を叩くなどへの対応
② 友だちと適切に関わったり，一緒に遊んだりするための対応

(2) 保育を行う上での困難
① 保育がはじまると，保育室から出ていき，階段をのぼる，園庭に行こうとする．その都度，保育士が追いかけるが，うれしそうに走りまわる．
② 保育室では，人形，パズル，ブロックなどで，1 人で遊んでいる．一通り遊び終えると，他児が何かを作っているブロックを壊すなど，他児にちょっかいを出す．他児が「やめて」など言うと，噛む，叩くなど攻撃する．保育士が間に入り仲裁すると，「もうしない」と言うが，すぐに他児にちょっかいを出す．

(3) 他児との関係
① クラス全員で話を聞いている時に，急に立って歌ったり，踊ったりして他児が笑っているのを見て，うれしそうに笑っている．
② 他児にちょっかいを出す以外に，自分から一緒に遊ぶなどの関わりは見られない．
③ D ちゃんを遊びに誘う M ちゃん，N ちゃんがいるが，D ちゃんは最初だけその場にいてすぐに 1 人遊びをする．

(4) 子どものよくする遊び，興味・関心，得意なこと
① ふれあい遊び，保育士とのスキンシップが好きで保育士に求めてくる．
② リズム遊びや歌の時に，自分の知っている動物や得意なことは自分から前に出て踊ったり，歌ったりする．
③ 体を使う遊びが好きで，初めてのことでも参加する．

(5) クラスですでに実施している工夫や配慮
① 全体での活動に参加していない場合でも，保育室内にいる時は見守り，タイミングを見計らって声をかけ，活動に誘っている．自分で活動に戻った時は大いに認めるようにしている．
② 園庭では D ちゃんの好きな体を使った遊びを一緒にしている．

か．
② 保育室から飛び出した時に，D ちゃんを C 保育士が追いかけるのは彼女にとっては遊びになっているのではないか．
③ 他児を叩くのは，ひとしきり遊んだ後，することがない時に多く起きている．遊びを探しながらの行動ではないか，あるいは彼女なりの他児への関わりになっているのではないか．

さらに，具体的な対応を考える際の前提となるような意見も出された．

① 困った行動をする理由があり，そうせざるをない背景がある．そのため，「困ったことをする D ちゃん」という捉え方でなく，「困っている D ちゃんをどう支えるか」という捉え方で保育をした方がよいのではないか．
② 困った行動のみを減らそうとすると悪循環に陥ることが多いので，同時にそれに代わる望ましい行動を増やす援助をする．

カンファレンスを踏まえ，**表 6-2** のような短期的な目標を設定し，D ちゃんに対応することにした．ここでの目標は，3～4 カ月を目安にした短期的なものである．目標内容を考える目安は，**表 6-1** の (1) 検討したいことや，(2) 保育を行う上での困難である．

表6-2 短期目標と支援計画

目標	①午前中のクラス活動をする時には，保育室で落ち着いて活動する． ②友達と関わる時には「よして」など適切な方法で関わる．
支援の手立て	①保育室を飛び出した時は，A主任，C保育士が中心に対応する．Dちゃんにとって遊びにならないように追いかけるのではなく，安全に配慮しながらつかず離れずの距離で関わる．また，他クラスの保育士とも連携し安全を確保できるようにする． ②保育室に戻ってきたら，「おかえり，待っていたよ」などDちゃんが戻ってきたことを認める言葉かけをする． ③これまで同様に，全体での活動に参加していない場合でも，保育室内にいる時は見守り，タイミングを見計らって声をかけ，活動に誘う．自分で活動に戻った時は大いに認める． ④Dちゃんの好きなリズム遊びや歌の時は，彼女が主役となれるような場面を設定する． ⑤Dちゃんが部屋から飛び出しそうな活動の際には，彼女に理解できるような説明をする． ⑥他児とトラブルになりそうな時には，事前にとめて関わり方（「よして」と言うなど）を伝える．また，他児にはDちゃんの一緒に遊びたい気持ちを代弁し，わざとちょっかいを出しているのではないことを伝える． ⑦Dちゃんが好きな玩具を置いたり，集中して遊べたりする環境を構成する． ⑧小集団（4，5人のグループ）での活動も取り入れながら，保育士が仲立ちするようにする．

目標は「友達をたたかない」など「〜しない」という設定はせず，「子どもが〜する」という肯定的で，具体的なものを設定する．例えば，**表6-1**の（1）と（2）では，Dちゃんの「保育室から飛び出す」行動に対する目標として「Dちゃんが保育室から飛び出さないようにする」ではなく，**表6-2**のように「①午前中のクラス活動する時には，保育室で落ち着いて活動する」という肯定的な目標にする．

そして，目標に対する保育士の援助・配慮を記載している（**表6-2**の支援の手立て）．その際に，すでに適切に対応できることについては，2人を認めて取り入れる必要がある．そうすることで，B保育士とC保育士が保育を行う上での自信や主体性が育つ．また，子どもの肯定的な部分（**表6-1**）をしっかりと活かすことで，子どもを肯定的に捉える姿勢が養われる．

また，障害のある子どもの保育に際しては，個別の支援計画が立案されている場合が多いので，それとも擦り合わせたり，必要に応じて支援計画を見直したりする必要もあるだろう．これらのことを踏まえて設定した目標を実行するが，このカンファレンスの内容は他クラスの職員と共有し，保育に生かす必要がある．

4　2回目（10月）の保育カンファレンス

4カ月後の10月初旬に，「検討用紙」と**表6-3**「短期目標と支援計画の評価」を記載したうえで，事前に職員に配布した（「検討用紙」の掲載は省略）．保育観察後，「検討用紙」と「短期目標と支援計画の評価」と観察の様子をもとに保育カンファレンスを実施した．**表6-3**をもとに，短期目標の評価と今後の課題について話し合った．おおむね目標は達成できており，何がDちゃんの行動に変化をもたらしたのかを検討した．その結果，支援の手立てを徹底したことに加えて，B保育士もC保育士もDちゃんに対する見方が変化したことや彼女の理解度に合わせた援助などを挙げられていた．

今後の課題としては，「短期目標と支援計画の評価」にも記載されているように，他児と

表 6-3 短期目標と支援計画の評価

変化	① 午前中のクラス活動をする時には，保育室で落ち着いて活動する． ⇒・保育室から出ていくことはほとんどなくなり，安心して，また，集中して遊ぶ時間が 6 月に比べると多くなった． ② 友達と関わる時には「よして」など適切な方法で関わる． ⇒・グループでの活動を通して，他児が D ちゃんに声をかけることが増えた． 　・気の合う友達を見つけ一緒に遊べるようになった．その際，自分から「よして」と言って遊びに入れるようになった．
支援の反省と課題	〈よい結果につながったと考えられる要因〉 ・以下の点を意識して，短期目標の「支援の手立て」を徹底した． ① D ちゃんがどのように行動すればよいのかを分かるような言葉がけをしたり，環境を構成したりを徹底した． ② D ちゃんにとって保育園が，自分のクラスが安心できる場所，担任が安心できる人になるように意識し，彼女に関わった． ③ D ちゃんの行動を否定的に捉えるのでなく，肯定的に捉えながら関わるようにした．例えば，他児を叩くのは，他児と関わりたい（だけどその適切な方法をしらない）だけでわざとではない．だから適切な方法を伝えるようにした． 〈反省や今後の課題〉 ① 意識して分かりやすい言葉がけをしてるが，禁止する言葉がけ（「〜しません」「〜はダメ」など）のみで終わる場合もあった． ② 他の子どもたちに我慢させていることが多いと思う． ③ D ちゃんと他児の関わりが増えてきたが，自分の思い通りにならないことや他児に注意されるとひっかいたり，叩いたりすることが増えてきたので，今後の課題である．

の関係が増えてきたが，適切な関わり方ができない場面が多くみられるため，その点に関する話し合いも行われた．

なお，設定した目標は 3 〜 4 カ月のものだが，およそ 3 〜 4 週間を目安に 1 度簡単でよいので振り返りを行うといいだろう．また，必要に応じて主任保育士などが B 保育士と C 保育士に声をかけながら，保育に参加したり，保育の様子を観察したり，指導を行うことも求められる．

第 4 節　よりよい保育カンファレンスに向けて

守巧［2012］は，保育者が，行動面の気になる子どもの特徴的な姿を記録し，保育カンファレンスに活用した結果，対象児の問題行動は減少し，集団での活動が円滑な参加が可能になった事例を取り上げ，保育カンファレンスの活用が，子どもの行動変容を促すとともに，保育の専門性の向上にもつながり，保育者への総合的な支援策となり得ることを示唆している．

生産的な話し合いのための要件は前述の通りであるが，障害のある子どもに関する有効な保育カンファレンス――障害のある子どもを支援し，保育者の効力感を高める保育カンファレンス――のあり方として，以下の 3 点が重要であると示唆されている［成田ほか 2017］．

① 多様な意見やアイディアがでる保育カンファレンスであり，さらに子どもの姿から，保育実践を再考することができるような保育カンファレンスであること．
② 園全体の共通理解を促進し，保育者が共通した保育方針をもつことができる保育カンファレンスであること．

③ 子どもの興味や関心から保育方法を探り，保育実践につなげることのできる保育カンファレンスであること．

以上のようなことを踏まえて，職員間での情報共有を深め，支援の一貫性を確保することを通して，職員の協働性を高め，質の高い保育を展開することが求められる．

引用・参考文献

福崎淳子・小河原恵津子・小野寺冨美子・鈴木君栄［2011］「保育におけるエピソード記憶から読みとる保育者の気づきと学び合い――人的環境に視点をあてた園内研修の試みから――」『東京未来大学研究紀要』5．

原孝成［2014］「インシデント・プロセス法による保育カンファレンスが新任保育士の専門的発達に及ぼす効果」『鎌倉女子大学紀要』21．

平山園子［1995］「園内研修における保育者の成長――保育カンファレンスの有効性の検討――」『日本保育学会大会研究論文集』48．

岸井慶子［2013］『見えてくる子どもの世界――ビデオ記録を通して保育の魅力を探る――』ミネルヴァ書房．

岸井慶子［2016］「園内研修」日本保育学会編『保育学講座④保育者を生きる――専門性と養成――』東京大学出版会．

黒澤祐介・服部敬子［2016］『若手保育者が育つ保育カンファレンス――悩みとねがいに寄り添う園内研修――』かもがわ出版．

守巧［2012］「多動・衝動性が強いA児の事例からみた幼稚園における担任への支援体制の構築」『東京福祉大学・大学院紀要』2(2)．

森上史朗［2015］「保育カンファレンス」森上史朗・柏女霊峰編『保育用語辞典（第8版）』ミネルヴァ書房．

成田泉・関理恵・澤田美佳・水内豊和［2017］「障害のある子どもの保育カンファレンスに関する研究――保育カンファレンスと保育実践の循環に着目して――」『とやま発達福祉学年報』第8号．

岡健［2013］「園内研修が活性化するための三つのポイント」『これからの幼児教育』春号．

第Ⅳ部

家庭との連携及び支援

　第Ⅳ部では，障害児のいる家庭との連携とその家族への支援のあり方について学ぶ．第1章では，障害児へのまなざしの背景にある優勢思想についてふれる．そして，障害児の親が抱えるダブル・バインドと障害受容研究，家族の感情表出研究を解説する．さらに障害児のきょうだい支援及び家族からの自立についてふれる．第2章では，家族を支援するための社会資源と，家族へのアプローチ方法について概観する．

第1章

保護者や家族の理解

第1節　障害のある子どもの家族の理解

1　優生思想

　障害のある子どもが生まれてきてはいけないという考え方を「優生思想」という．福祉国家として有名なスウェーデンでも，1930年代以降，1970年代にいたるまで，優生学を背景とした強制的な不妊手術が実施されていた事実がある［市野川 2011：122-150］．

　日本においても，近代国家を形成する過程で意図的に否定的障害者観が形成され，1940年にナチスの断種法をそのまま導入し，障害者を否定する法律である「国民優生法」が成立した．戦後もその思想は引き継がれ［要田 2010：380-394］，1948年に成立した優生保護法の目的には「優生上の見地から不良な子孫の出生を防止する」と書かれていた．この法律は，50年近く経った1996年に母子保護法へ改正され前述の文言が削除された．しかし，出生前診断の技術が進歩し，バース・コントロールが可能な社会において，優生思想は新たな局面を迎えている．

　優生思想が蔓延する中で，生まれてきてはいけない存在を産んだことに対して自責感を抱いたり，周囲から責められたりした経験をもつ母親も少なくない［松岡 2002：46-54］．

　障害のある子どもを持つ要田洋江は「障害児が生まれた時の親たちのショックは，親自らが持っていた『健全者の論理』において成立する常識から来るものであり，とまどいは，親が世間から差別される対象であると同時に，差別する主題でもあるという両義的存在であることに由来する」と述べている．さらに，図1-1に示すように差別される側にいたくないという葛藤から身元隠しや距離化が起るが，やがて親たちは現実の中で自らのうちにある常識を超えていくと述べている［要田 2010：380-394］．

2　ダブル・バインド

　社会にはいまだに優生思想の考え方が根強く，「障害のある子どもを育てるのはしんどい」「とてもじゃないけど育てられない」という言葉の一方で，「親を選んで生まれてきた」「親の愛があればどんなことでも乗り越えられる」「乗り越えられないのは愛情がないせいだ」など相反する言葉が投げかけられる．これをダブル・バインドといい，親を追い詰め苦しめる．

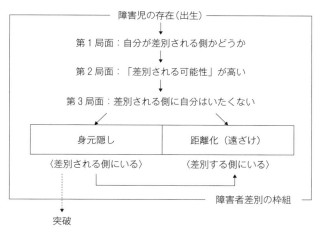

図1-1　障害児をとりまく人々の差別のメカニズム
（出所）要田 [2011：383].

　藤原理佐 [2006] は，母親がつきっきりで子どものケアをすることが障害児家族の1つの典型的な姿となっており，障害児の母親は「献身的な母親」という規範の中で生きており，母親の愛情や家族のきずなという表現に覆われ，母親の抱く困難の本質は「見えなく」されてきたと指摘する．

　そのため，保育者は保護者への言葉がけがダブル・バインドにならないよう配慮することが大切だ．

3　障害受容

　従来の障害児の家族研究は，親の内面的変化に視点を当てたものであり，家族が子どもの障害をどのように受容するのかという「障害受容」に焦点が当てられていた．

　障害のある子どもの家族の障害受容は大きく分けて2つある．1つは，ゴールに向けていくつかの段階を踏む「段階説」と，もう1つはそれに対する批判として登場した「慢性的悲哀説」である．有名な段階説にドローター（Droter, D.）らの仮説がある．ドローターらは，障害のある子どもの親の面接を実施し，親が子どもの障害を受容するまでに「ショック」「否定」「悲しみと怒り」「適応」「再起」の5つの心理的プロセスを踏むと述べた [Droter 1975：710-717]．親は子どもの「異常」を知ったことに対し「ショック」を受けた後，子どもの「異常」についての情報を避け，怒りを静かに抑え「否定」する．その後，多くの母親はひどい「悲しみ」に泣くのを止められなかったり，自分自身，子ども，病院のスタッフや他の人など外部に対する「怒り」を感じたりするが，そのうち置かれている状況に「適応」し，子どもの世話ができるという自信を感じるようになる．そして，親は子どもとの関わりに反応を示し，子どもの問題に対する責任を受けとめ「再起」する．国内でも同様の研究がいくつかあり，多少の違いはあるものの，親が子どもの障害に気づき，ショックを受け，悩みながらも最終的には再起に向かうという心理的プロセスを踏むものである．

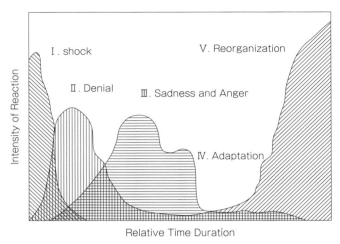

図1-2　ステージ理論
（出所）Drotar, D., Baskiewicz, A., Irvin, N., Kennell, J., & Klaus, M. [1975].

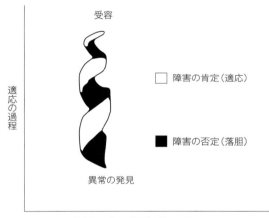

図1-3　螺旋形モデル
（出所）中田[1995].

　一方で，オーシャンスキー（Olshansky, S.）は，知的障害の子どもの親は自然な反応として慢性的に悲哀を受けると述べ，最終的に「再起」というゴールを目指す段階説とは逆の立場をとっている．中田洋二郎[1995]は，この慢性的悲哀説を発展させ「螺旋形モデル」を提唱した．螺旋形モデルは，子どもの障害に対する自然な反応として慢性的悲哀を受けるとし，障害の否定（落胆）と障害の肯定（適応）が連続し，ゴールとして最終段階があるのではなく，全てが適応の過程を捉えている（図1-2）．

　障害受容に影響を与える要因については，子どもの障害の程度ではなく障害種別であり，受容過程はダウン症に比べて自閉スペクトラム症の母親の方が長いことや，受容にはスティグマが関係するといった研究もある．

　このような障害受容研究やプロセスを知ることは，親の気持ちを理解し，寄り添う点ではとても役に立つ．親が子どもの障害を認識する時期となる保育現場では，保育者が保護者の感情を受け止める場面も出てくる．保護者の「ショック」や「否定」の感情に寄り添い，時には「怒り」の感情を保育者にぶつけることもある．保育者は，保護者が「否定」や「怒り」のプロセスを踏み，時間をかけ「適応」「再起」に変わるという見通しを持ち，せかさず保護者の障害受容を待つことも必要だ．そして，障害受容研究の多くが保護者の回想による主観的な経験を重視しており，他者が「受容できている」「受容できていない」と決めつけ判

断するものではない.

　療育の現場では,「受容できていない」親をよくない親と見なし,「障害受容」を目標に支援することがある. その根底には, 家族が子どもの障害を「受容」できないままでいれば, その家族の機能が低下し, 子どもの育ちに影響を与えるという考えがあるからだ［米倉 2013：77-84］. しかし, ICFで説明した通り（第Ⅰ部第1章参照）, 障害とは環境との相互作用によって生じるものであり, 差別や偏見からもたらされる障害は受容するものではない. 保育者が「障害受容できていない」と感じる時は,「献身的な母親」といった理想像を押し付けたり,「否定」や「怒り」を表す親や保育者の願う支援に沿わない親を「受容できていない親」と決めつけたりしていないか考える必要があるだろう.

第2節　家族の感情表出研究

　家族の障害受容は, そのプロセスについての研究であり, 受容が子どもにどのような影響を及ぼすのか明らかにしていない. 家族の態度が子どもに与える影響について客観的に評価し, 根拠を与えるものとして家族の感情表出（Expressed Emotion, EE）研究がある. EE研究はもともと統合失調症患者の家族研究から始まり, 現在では様々な病気や障害のある子どもの研究に応用され発展している［米倉 2004：4-14］.

　EEは家族に対象となる子どもについてその症状や行動などを聞く面接から得られた内容を分析して評価する. 評価項目には,「批判的コメント（Critical Comment, CC）」,「敵意（Hostility）」,「情緒的巻き込まれ過ぎ（Emotional Over Involvement, EOI）」,「暖かみ（Warmth）」,「肯定的言辞（Positive Remark, PR）」の5つある. CCは行動や性格に対して,「怒った」,「腹が立った」,「我慢できない」の内容などから評価される.「敵意」は批判の全般化や子どもと離れたいと考えているような場合である.「EOI」は, 家族の子どもに対する心配しすぎで, 自分自身の社会生活を犠牲にするような「自己犠牲」と「献身的行動」や,「極端な過保護行動」などである.「暖かみ」は, 子どもの行動や問題を話すときの思いやり, 気遣いや共感などで,「肯定言辞」は, 子どもの行動や性格を賞賛し, 是認し, 認めるような陳述である. 一般的には, 批判的コメントが6個以上, 敵意が1点以上, EOIが3点以上であればその家族は高EEとされる［Leff 1985］（表1-1）.

　障害のある子どもの家族のEE研究では, ADHD, 自閉スペクトラム症や知的障害など多岐にわたって応用されており, ADHDと高EEとの関連は明らかであり, 特に「批判」が子どもの行動に影響するといった知見が国際的にも明らかになっている［米倉 2017：137-145］.

　EEは, 実践現場でも家族の状況を捉える上でとても役に立つ考え方である. 家族との会話の中で, 批判的コメントや肯定的な言辞, 言動から自己犠牲が強くEOIが高くなっているなど家族のアセスメントになる.

表 1-1　EE の評価基準

カテゴリー	方　法	根　拠
批判的コメント critical comment (CC)	頻度測定	コメントの批判的内容と声の調子
敵意　hostility	全般評価 （0から3点）	批判の全般化，拒否
情緒的巻き込まれすぎ emotional overinvolvement (EOI)	全般評価 （0から5点）	報告された行動（大げさな情緒反応，自己犠牲と献身的行動，極端な過保護行動） 面接中の行動（態度表明，情緒表出，ドラマ化）
温かみ　warmth	全般評価 （0から5点）	声の調子，自発性，思いやり，気遣い，共感，当人への関心
肯定的言辞　positive remark (PR)	頻度測定	コメントの肯定的内容

第3節　障害のあるきょうだい

　最近では，障害のある「きょうだい」支援についても注目されるようになってきている．
　中田［2009］は，きょうだいの問題として，①親の関心の偏り，②家事の負担と不満，③きょうだいへの負の感情の抑圧，④きょうだいの性別と出生順位を挙げている．
　河村真千子［2001］は，親ときょうだいには意識のずれがあると指摘する．親は子どもに障害があることがわかった時点から制度に接し，子どもの成長の節目や出来事とともに毎日を生きるのに対し，きょうだいは，障害児・者とともに成長し，同じ親のもとで育つ同等の立場であることに加え，年齢が近いことから「何ができて，何ができないのか」「どんなことは我慢することなのか」といった行動や気持ちについて，自分を比較すると述べている［河村 2011：90-129］．
　吉川かおり［2008］が行ったきょうだいたちへの調査では，「他の家族とうちは違う」と感じているきょうだいが半数以上おり，家族の仲が良かったなど肯定的な意見がある一方で，一緒に遊ぶ，旅行に行く等の生活体験が得られない，障害児中心に生活が回っていた，家族がお互いに接する時間がなかったなどの否定的な意見が挙げられていた．また，同調査では，きょうだいたちが出会う困難は，実際に障害児者のケアに携わる際にはどうしたらいいのか，友人・近隣関係の中で障害をどのように説明しどのようにふるまえばよいのか，社会から誤解や偏見を受けた時にそれをどう捉え対処したらいいのかなど，社会・生活能力の面で多くの支援が必要となる場合があるが，一方で，様々な困難に出会いながらも「障害児者のいる家族で育って良かった」「得難い経験をした」「自分の人生に満足している」というきょうだいたちもいることを明らかにしている．
　以前，同じ立場のきょうだいにインタビューした学生は「私だけが思っていたことではなかったという『安心感』を得た．同じように悩み葛藤するきょうだいが存在するということを知ることは，気持ちが晴れること」と表現した．このように，きょうだいたちが同じ立場のきょうだいと出逢ったり，話を聞いたり，知る機会を作ることが重要である．きょうだい

へ直接支援するフォーマルな社会資源は，現在のところ存在しない．セルフヘルプグループなどのきょうだい会が少しずつ広まってはいるが，成人期を対象としたものが多い．また，障害のある子どもが参加し活動できる場は以前に比べ増えてきているが，障害のないきょうだいは参加できないため，預け先に困る保護者の声も聴く．筆者が長年にわたって実施してきた親子教室では，障害のある子どものきょうだいも参加者の1人として一緒に楽しめるプログラムの提供を目指している．そのような場所で，同じ立場のきょうだい，いろいろな障害のある子ども，家族以外にケアする存在を知ることが大切だと考えている．

第4節　家族からの自立

　障害のある子どもの家族は，いわゆる子離れができないことが問題視される．子離れできない理由には，現在の障害者の地域生活が家族依存の上に成り立っていることや，長年背負ってきた介助役割を他者に引き渡すことに抵抗を感じることがある．家族が一身にケアを担うことは，その密着した関係性から，障害者に対して抑圧的に働くといった危険性が潜むことになる．そのため，土屋は家族から介助を分離する，すなわち「自立」することで，力関係や依存状態をできるだけ回避することが重要であると述べた［土屋 2002］．

　自身も脳性麻痺者であり，1970年代の障害者運動の指導者であった横塚は，障害者が社会の差別に抗議しようとするとき，親の愛情をとおして内面化された「否定的障害者観」と親に「保護されて」育てられた"自立性の低さ"が足かせになると指摘し，親の"偏愛"をはねのけ，親から独立しなければならないと述べている［要田 2011］．

　脳性麻痺の小児科医の熊谷晋一郎は，自立とは施設や家族だけに依存していた状態から，施設・家族にも依存する，他にも地域にも依存する，多くの制度に依存できるように依存先を増やすことであり，IndependentではなくMulti Dependentではないかと述べている［熊谷 2013：26-30］．

　このように，家族から自立し，家族とよりよい関係を築くためにも，子どもの頃から家族への依存を減らし，家族以外の関係性を結ぶことが大切である．そのためには，家族が社会資源を活用できるように情報提供などの支援を行う必要がある．

引用・参考文献

Drotar, D., Baskiewicz, A., Irvin, N., Kennell, J., & Klaus, M.［1975］"The adaptation of par-ents to the birth of an' infant with a con-genital malformation: A hypothetical model" Pe-diatrics, 56(5).
藤原理佐［2006］『重度障害児家族生活　ケアする母親とジェンダー』明石書店．
市野川容孝［2011］「福祉国家の優生学——スウェーデンの強制不妊手術と日本——」岩田正美監修・杉野昭博編著『リーディングス日本の社会福祉　障害と福祉』日本図書センター．
河村真千子［2011］「きょうだい——文化と障害——」松井彰彦・川島聡・長瀬修『障害を問い直す』東洋経済新報社．
熊谷晋一郎［2013］「Multi Dependent」リハビリテーション．

Leff J, Vaughn C [1985] "Expressed Emotion in Families." *London, Guilford Press*（三野善央・牛島定信訳『分裂病と家族の感情表出』金剛出版，1991年）.

松岡治子・竹内一夫・竹内政夫［2002］「障害児をもつ母親のソーシャルサポートと抑うつとの関連について」『日本女性心身医学会雑誌』7（1）.

中田洋二郎［1995］「親の障害の認識と受容に関する考察——受容の段階説と慢性的悲哀——」『早稲田心理学年報』27.

中田洋二郎［2009］『発達障害と家族支援　家族にとっての障害とは何か』学習研究社.

土屋葉［2002］『障害者家族を生きる』勁草書房.

要田洋江［2011］「障害児と家族をめぐる差別と共生の視角——「家族の愛」の再検討——」岩田正巳監集・山縣文治編集『リーディングス日本の社会福祉8　子ども家庭福祉』日本図書センター.

米倉裕希子［2017］「障害のある子どもの家族の感情表出研究の進展——最近の動向——」『関西福祉大学発達教育学部研究紀要』3.

米倉裕希子・三野善央［2004］「障害をもつ子どもの家族の感情表出研究」『児童青年精神医学とその近接領域』45.

米倉裕希子・作田はるみ・尾ノ井美由紀［2013］「障害のある子どもの家族の感情表出とQOKに関する研究——幼児期と学齢期の家族の比較——」『関西福祉大学社会福祉学部研究紀要』16（2）.

吉川かおり［2008］『発達障害のある子どものきょうだいたち大人へのステップと支援』生活書院.

第2章

保護者や家族に対する支援

家族支援の枠組みとして，リプンスキー（Lipsky, D.K）は，①情報提供，②家族／介護者の訓練，③カウンセリング，④家族の息抜き，⑤移送サービス，⑥特別援助サービス，⑦経済的援助，⑧住宅援助サービス，⑨レクリエーション，⑩危機介入サービス，の10項目を挙げている［安藤 1995］．

我が国におけるフォーマルな家族支援は，母子保健，児童福祉，障害者福祉においてそれぞれの法律に基づき提供されている．母子保健では障害児に限定されるわけではないが，妊産婦，低出生児や新生児の訪問指導や1歳6カ月や3歳児に行う法定検診等で，発達相談が行われる．また，児童福祉においても，一般的な子育て支援における保護者支援と障害児を対象とした福祉サービスの中でも，障害のある子どもだけでなく保護者支援が位置づけられている．障害福祉は直接的に保護者を支援することはあまりなく，障害児者本人に対する支援を行うことで間接的に保護者を支援することになる（図2-1）．

第1節　家族を支える社会資源

将来の不安や家族の負担を軽減するためには，社会資源について知ることが大切である．障害児への福祉サービスは，障害者総合支援法の一部及び児童福祉法の中で位置づけられて

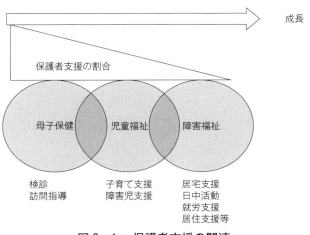

図2-1　保護者支援の関連

（出所）筆者作成．

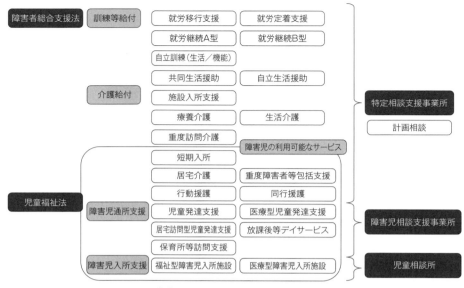

図2-2　障害児を対象とした福祉サービスの概要

（出所）筆者作成．

いる（図2-2）．特に重要な児童福祉法における障害児通所支援について説明する．

1　児童福祉施設の中の障害児に関する施設

児童発達支援は，児童福祉施設として位置付けられている児童発達支援センターと児童発達支援事業の2つに大別され，児童発達支援センターは地域支援の拠点になる．

児童発達支援センターは知的障害や発達障害，治療の必要のない身体障害のある子どもを対象にした「福祉型」と，医療法に基づく診療所でもあり，治療が必要な子どもを対象とした「医療型」がある．

障害児入所支援には，福祉型障害児入所施設と医療型障害児入所施設がある．医療型では医療ケアが必要な児童に対して医療も提供される．障害児入所施設を利用する場合，児童相談所が専門的な判断を行うため，障害児支援利用計画は必要ない．

2　障害児福祉サービス

児童福祉法に基づくサービスには，障害児通所支援と障害児入所支援がある．障害児通所支援には児童発達支援，医療型児童発達支援，居宅訪問型児童発達支援，放課後等デイサービス，保育所等訪問支援の5種類がある．

児童発達支援は，児童発達支援センター等に通所利用する未就学児の障害児に対する支援を行う身近な療育の場であり，個別あるいは小集団できめ細やかな保育の中で身辺自立や社会性を身につけたり，作業療法士や理学療法士などと連携し，遊びを通してリハビリを行ったりする．保育所や幼稚園等に通う前のステップとして利用することも多いが，保育所や幼稚園などと並行して利用することも可能である．居宅訪問型は外出が困難な場合，居宅を訪

問して発達支援がうけられる．

多くの保護者にとって，児童発達支援は，専門職等との出逢い，子どものケアの方法の習得，悩みの相談，様々な社会資源などの情報収集，同じ立場の保護者とつながりなど，その後の生活基盤を築く重要な場となる．

放課後等デイサービスは就学中の障害児に対して放課後や夏休み等の長期休暇中において生活能力向上のための訓練などの提供と居場所を目的としている．事業所が学校から事業所までの送迎を行っているところも多い．活動内容は，個別あるいは集団で室内外での自由遊びや散歩，運動遊び，調理，学習支援，絵画や音楽療法，SSTなどコミュニケーションのプログラム等多岐に渡り，事業所によって特色がある．放課後等デイサービスは，ニーズの増加から急増しており，質の格差が指摘され，厚生労働省から2015年にガイドラインが通知された．ガイドラインでは，その役割を①子どもの最善の利益の保障，②共生社会の実現に向けた後方支援，③保護者支援としており，学齢期の障害のある子どもをもつ保護者を日常的に支える重要な役割を担うことになる．そして，子どもの放課後活動等の充実は，家族の安定した就労，充実したレスパイトにもつながる．［日本発達障害連盟 2015：98-99］．

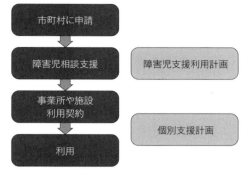

図2-3　障害児通所支援利用の流れ

（出所）筆者作成．

保育所等訪問支援は保育所等における集団生活の適応のための専門的な支援を提供し，保育所等の安定した利用を促進することを目的としている［日本発達障害連盟 2016：120-121］．2012年の児童福祉法の改正で初めて制度化されたものであり，支援の展開については地域によって大きな差があり，十分活用されているとは言えない．従来の巡回指導等は保育所や幼稚園を単位としており，保護者の希望がなくとも園の要望によって支援が受けられる一方で，園が希望しなければ支援がなく，ライフステージをまたいでの継続支援が受けにくかった．一方で，保育所等訪問支援は本人や保護者の希望による個別給付になっており，就学などの移行にも切れ目ない支援が可能である．また訪問先も，保育所や幼稚園，学校以外にも児童養護施設や乳児院など様々な場に広がっており，今後は理解の促進とともに地域の実情に合わせた活用方法の検討と展開が期待できる．

以上の障害児通所支援のサービスを利用する場合，市町村に申請し，障害児相談支援事業所が障害児支援利用計画案を作成し，支給決定を受けた後に，サービスを提供する事業者と契約し利用する（図2-3）．障害児相談支援事業所は，サービス提供事業所と調整しながら，正式な障害児支援利用計画の作成を行う．サービスは，おおむね6カ月ごとに利用状況や本人に適切かどうかなどの確認（モニタリング）が行われる．

3　障害者総合支援法で利用可能なサービス

障害児の場合，障害者総合支援法の中の居宅サービスの一部，居宅介護，同行援護，行動

援護，短期入所，重度障害者等包括支援，また地域生活支援事業の中の移動支援や日中一時支援などを利用することが可能である．居宅サービスを利用する場合は，市町村に申請し，特定相談支援事業所がサービス利用計画案を作成することになる．地域生活支援事業については，市町村ごとに内容が異なるため確認が必要であるが，その中でも日中一時支援や移動支援などの事業は柔軟性があり，余暇支援や外出支援が可能となる．このように多様な社会資源を活用することは，保護者のレスパイトだけでなく，保護者が抱え込まなくとも生活可能であると知ることであり，将来の不安が軽減することにつながると考える．

4　経済的支援

障害児通所支援の利用料は，「低所得」，「一般1」，「一般2」の3段階に分かれ利用者負担の上限額が決められている．また，医療費については，医療費の自己負担額を軽減する公費負担医療制度である「自立支援医療」があり，18歳未満の身体に障害を有する児童で，その障害を除去，軽減する手術等の治療により確実に効果が期待できる者が対象となり，所得層に応じた負担上限額が決められている．義肢，送付，車いす等身体機能を補完し代替する補装具の購入についても，所得などに配慮した利用者負担となっている．

直接的な経済的支援に様々な手当がある（図2-4）．「特別児童扶養手当」は，20歳未満で精神又は身体に障害を有する児童を家庭で看護，養育している父母等に児童の福祉の増進を図ることを目的に支給される．障害の重さや扶養親族の数によって金額が異なり，所得が一定の額以上の場合は支給されない．また，「障害児福祉手当」は，重度障害のため日常生活において常時の介護を有する状態にある在宅の20歳未満の障害のある本人に決まった額が支給され，同様に所得制限がある．その他，障害者手帳所持者の場合，条件や自治体にもよるが，住宅改修，税金の控除やNHK放送受信料の減免，交通機関や携帯電話の割引などが受けられることがある．

障害のある子どもを育てる母親は登下校の送迎や長期休暇の対応などで就労の困難性を抱えており，またひとり親家庭，特に母子家庭の割合も一般より高い傾向にあり，経済的な困難

図2-4　様々な手当

（出所）筆者作成．

性を抱えることも少なくない［窪田 2015：18-25］．

第2節　家族へのアプローチ

1　家族心理教育

　心理教育は心理社会的アプローチともいわれ，受容しにくい問題をもつ人を対象に，正しい知識や情報を心理面への十分な配慮をしながら伝え，病気や障害の結果もたらされる諸問題，諸困難に対する対処方法を習得するものである［遊佐 2008：8-22］．受容しにくい問題をもつ人には，障害のある本人や家族などが含まれ，家族を対象とする場合，家族心理教育や家族教室と呼ばれることが多い．

　心理教育は，「知識・情報」「対処技能」「心理社会的サポート」を基本にしたプログラムで構成され，以下の点を目指している［後藤 1998］．

　　① 正確な知識や情報を得ることでスティグマ感や自責感を軽減する
　　② 技能訓練や経験の分かち合いによる対処能力やコミュニケーション能力の増大
　　③ グループ体験や新しい社会的交流による社会的孤立の防止
　　④ 専門家との継続的接触による負荷の軽減，適切な危機介入
　　⑤ 協同して治療を進めることや他の家族を援助することによる自信と自尊心の回復

　心理教育の形態は，個人や単家族，あるいは集団で行われ，時間や回数など明確な構造を決めて実施する．家族心理教育以外にも「ファミリーワーク」「構造主義的家族療法」などがあるが，その効果に大きな違いはないと言われている［三野 2000：32-36］．

　学齢期の障害のある子どもの家族に家族教室への関心を聞いたところ，90％に近い保護者が関心ありと答えており，関心のある内容については「社会福祉制度」が最も多く，次いで「対応方法」や「障害についての知識」だった［米倉 2008：65-70］．

　家族に対して心理教育を実施することで，知識の向上及び不安の軽減につながり，子どもへの態度の変化が見られる．また，合わせて子どもの行動へアプローチし，コミュニケーション力を獲得することで，家族への態度の変化が見られる．親子の相互作用により，家族のケアマネジメントが向上し，豊かな地域での社会生活に繋がると考えられる（図2-5）．

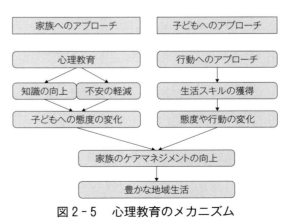

図2-5　心理教育のメカニズム

（出所）筆者作成．

2　ペアレント・トレーニング

　ペアレント・トレーニング（以下，ペアトレ）は，親への介入プログラムとして近年，

```
┌─────────────────────────┐
│ ペアレント・トレーニング応用編 │
│ （障害特化型のプログラム）   │
└─────────────────────────┘
┌──────────────────────────────────┐
│ ペアレント・トレーニング［精研・奈良方式・肥前式］│
│ （誉め方を覚える・問題行動への対処の仕方を知る）│
└──────────────────────────────────┘
┌──────────────────────────────────────┐
│     ペアレント・プログラム「行動で観る」         │
└──────────────────────────────────────┘
```

図 2-6　ペアレント・トレーニングの階層
（出所）アスペ・エルデの会［2014：2］．

着目されている．ペアトレは心理教育の1つと考えられ，行動療法理論を背景に，子どもの行動に焦点をあて具体的な対応法を学ぶものであり，親が子育ての自信，自己肯定観，自尊心を取り戻すのに有効なプログラムといわれ，家族心理教育の「対処技能」に焦点を当てたものだと考えられる．ペアトレの対象は，ADHDをはじめとする発達障害のある子どもの親が代表的だが，その他にも夜尿などの身体症状，不安神経症など情緒的問題，反抗や非行など行動の問題，児童虐待など親子関係の障害まで多岐にわたる．

　米国では，ADHDへの包括的治療の二本柱として，薬物療法に並んで重要視されており，多くの専門機関で行われ強く推奨されている．日本でも，岩坂英巳らのADHDの親を対象にした研究では行動および家族の自信の改善が明らかになっている［岩坂 2010：11-18］．

　標準的なプログラムは10回程度のセッションが基本だが実施可能なプログラムとして，2回から8回程度に短縮されることが多い．短縮版でも，親のストレスや不安の軽減，子どもの標的行動の改善などの一部の効果は期待できる．ペアトレを実施している機関には，大学や学校，病院，療育センター，教育センター，発達障害者支援センターなどで，「肥前方式親訓練プログラム」，「田川方式親訓練プログラム」，「奈良医大ADHD家族教室プログラム」，「精研方式ペアトレプログラム」などが有名である．

　具体的な内容としては「ほめ方」が最も多く，「トークンエコノミーシステム」「問題行動の対処」「環境調整」はほとんどで実施されている．近年では，保育者や教師向けのティーチャーズトレーニングや，普及を目的としたペアレントプログラムなど，多岐にわたっている（図2-6）．

3　ペアレント・メンター

　同じ悩みをもつ者同士が支え合う「ピア・カウンセリング」や「セルフヘルプグループ」などがある．中でも，ペアレント・メンターとは，発達障害の親同士が支え合うインフォーマルな支援であり，「発達障害者の子育て経験のある親であって，その経験を活かし，子どもが発達，障害の診断を受けて間もない親などに対して相談や助言を行う人」のことである．米国ノースカロライナ州におけるTEACCHの臨床サービスの中で提供されていたペアレント・メンターを参考に開発，導入され各地で展開した後，2011年から厚生労働省の発達障害者支援体制整備事業の1つとして位置づけられた．

　ペアレント・メンターの役割は，家族の話に耳を傾け，理解し，その経験を共有することで家族を支えること，地域にある社会資源についての情報提供をすることなどであり［アン・パーマーほか 2009］，専門家によるフォーマルな支援とは違った側面で助けになる可能性があ

る［原口ほか 2015］．ペアレント・メンターになるためには，各地の発達障害者支援センターや自閉症協会，親の会などで実施されている養成研修を受ける．研修後は，市町村や発達障害者支援センター，親の会等での相談活動など要請あるいは地域に応じた活動を展開している．

引用・参考文献

安藤忠［1995］「障害をもつ子どもをかかえた家族への福祉的援助の課題――ファミリー・サポート・サービス概説――」右田紀久恵編『地域福祉総合化への途』ミネルヴァ書房．

アン・パーマー・服巻智子・江口寧子［2009］『自閉症の子どもを持つ親のためのペアレントメンター・ハンドブック』ASDヴィレッジ出版．

アスペ・エルデの会［2014］『楽しい子育てのためのペアレント・プログラムマニュアル』．

後藤雅博編［1998］『家族教室のすすめ方　心理教育的アプローチによる家族援助の実際』金剛出版．

原田徹［2015］「放課後活動のこれから――放課後等デイサービスを中心に――」日本発達障害連盟編『発達障害白書2016年版』明石書店．

原口英之・井上雅彦・山口穂菜美・神尾陽子［2015］「発達障害のある子どもをもつ親に対するピアサポート――わが国におけるペアレント・メンターによる親支援活動の現状と今後の課題――」『精神保健研究』61．

岩坂英巳［2010］「ペアレントトレーニングの現状と今後の展開について」『児童青年精神医学とその近接領域』51．

三野善央［2000］「分裂病と家族の感情表出（EE）――看護者こそが援助の主体に！――」『精神科看護』27．

荻野ます美［2016］「役割を増す保育所等訪問支援」日本発達障害連盟編『発達障害白書2017年版』明石書店．

窪田知子［2015］「学校における障害児家族の生活・養育困難とその対応――特別支援学校教員へのインタビュー調査から――」『障害者問題研究』42(4)．

米倉裕希子［2008］「障害のある子どもの家族心理教育の実践に向けて――児童デイサービスにおける家族の「家族教室」に対する関心――」『近畿医療福祉大学紀要』9(1)．

遊佐安一郎［2008］「統合失調症の家族心理教育とは何か――方法と意義――」『現代のエスプリ』489．

第 V 部
関係機関との連携

　第Ⅴ部では，障害児保育を実施する保育所などが連携する関係機関や連携の方法について学ぶ．第1章では，関係機関との連携にあたって知っておくべきことを説明した上で，代表的な連携先の機関や施設内連携のあり方について解説する．第2章では，小学校との連携について，まずは障害児に関わる小学校就学の制度を解説し，そして，就学に対する保護者の思いに関する研究を概観する．これらを踏まえ，小学校との連携の上での課題と連携の方法について論じる．

第1章

地域の専門機関等との連携

　連携とは，広辞苑によると「同じ目的を持つ者が互いに連絡をとり，協力し合って物事を行うこと」であり，保育現場における連携には，例えば特別な支援を有する子どもへの配慮について，保育所内で担任と園長，副担任や加配，栄養士などが協力し合うことから，子どもが利用する外部機関が協力し合うための会議を持つなど，多様な形の連携がある．多種多様な機関及び職種と連携することで，保育者あるいは保育所のみで抱え込まず，難しい課題が解決することもある．また，保育所は保育所の中だけでなく，地域の子育て支援の役割もあるので，必然的に地域の中にある機関とつながっていかなければならない．

　連携にあたって知っておくべきことを説明し，その後に代表的な連携先の機関について取り上げる．

第1節　専門機関との連携

1　インフォームド・コンセント

　専門機関と連携するということは，複数の機関で障害のある子どもや保護者の情報を共有するということでもある．プライバシー保護に配慮し，危機的な状況等を除いて，必ず本人や保護者へ連携する必要性や内容を説明し，同意を得た上で行う．このことをインフォームド・コンセント（説明と同意）ともいう．その際，許可された必要な範囲のみの情報共有に留めておくことも大切である．

2　守秘義務とプライバシーの保護

　保育士は，正当な理由がなく，その業務に関して知り得た人の秘密を漏らしてはならないという秘密保持義務があり，保育士でなくなった後においても同様である．連携上で知り得た情報について外部に漏らしてはいけない．守秘義務違反は，倫理違反になるだけでなく，信頼関係を崩すことにつながる．

3　スーパービジョンとコンサルテーション

　スーパービジョンは，経験のある熟練者が助言・指導を行うことによって，専門性を向上させるための教育訓練の方法である一方，コンサルテーションは異なる外部の専門家による問題解決の援助や技能能力の向上を目的とした関わりである［若宮 2015：87-92］．

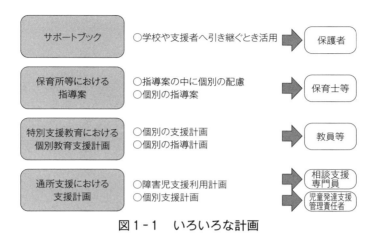

図 1-1　いろいろな計画

（出所）筆者作成．

　専門機関との連携は，より高度な専門性を有する機関によるスーパービジョンによって保育の専門性を向上させる他，他領域の多職種と連携するコンサルテーションによって，新たな解決の糸口を見出すことができる［中山ほか 2016：51-59］．

4　連携のためのパス

　ある特定の障害のある子どもや保護者に関してカンファレンス会議などで他の機関と連携するときには，それぞれの機関が作成している計画について理解しておくことが重要だ．

　サポートブックは，保護者が作成し，学校や支援者へ引き継ぐときに活用する．障害児支援利用計画は，相談支援専門員がサービスを利用するときに作成する．その計画に基づいて各事業所で作成されるのが「個別支援計画」であり，児童発達管理責任者が作成する．また，幼稚園や保育所の中では，指導案や保育計画の中に，個別の配慮が書かれている他，障害のある子ども1人1人の個別の指導案が作成されることもある．また，小学校でも個別の支援計画と指導計画が作成されている（図1-1）．

　子どもから見た時，複数の計画が存在し，計画によって目標の方向性が異なり混乱することがある．同じ子どもに複数の機関が関わっていることを理解しておく．

第2節　連携する代表的な機関

1　医療機関

　病院は，妊娠，出産から始まり1カ月検診等で，子どもの病気の気づき，診断や治療を受ける場であることから，子どもと保護者が関わる最初の専門機関になることが多い．入院や通院によって，医療的なケアやリハビリ，投薬などの治療が必要な場合はもちろんのこと，障害者手帳の取得等行政上の手続きが必要なときにも，主治医等の意見書や診断書が必要であり，主治医に確認しながら子どもの保育を計画しなければならない．医療に関わる専門職

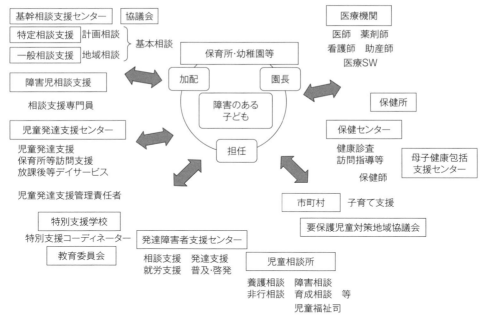

図 1-2　代表的な連携機関

（出所）筆者作成.

としては，医師をはじめ，看護師，助産師，薬剤師やリハビリを行う理学療法士，作業療法士，言語聴覚士や子どもの発達検査や保護者のカウンセリングなどを行う臨床心理士が配置されていることもある．また，最近では地域連携室を設置し，医療ソーシャルワーカーのいる病院も増えてきている．医療ソーシャルワーカーは，医師や看護師，家族からの依頼に応じて，福祉サービスの利用の案内や家族関係の修復などを行うとともに，必要によっては地域の関係機関と連絡をとり，カンファレンスを行うこともある［畠山 2016：63-68］．

2　母子保健

　母子保健は，次世代を担う子どもが心身ともに健やかに育つことができる地域社会を実現することを目的としており，保健センターなどの行政機関が中心となって，妊娠，出産，育児期の親子への支援を体系化した保健システムが構築されている［近藤 2016：18-24］．母子保健法に基づく，妊娠の届出，母子健康手帳の交付に始まり，低体重児の届出，妊産婦および乳幼児の健康診査，妊産婦の訪問指導，新生児・乳幼児の訪問指導，低出生体重児の訪問指導などが実施される．母子保健法の改正により，2017年4月から母子健康包括支援センターを市区町村に設置することが努力義務となった．特に1歳6カ月，3歳児の法定検診は，障害疑いの子どもを早期に発見し，専門機関につなぐためのスクリーニングでもある．また，検診で発達の遅れを指摘された親子などを対象に，保健センターなどがフォローアップ教室を実施する場合もある．母子保健の中心で活躍するのが保健師だが，検診には，医師・歯科医師，保健師，助産師，看護師，管理栄養士・栄養士，歯科衛生士や心理職等様々な専門職

が関わることが多く，重要な連携の場となる．

3　児童相談所

児童相談所は児童福祉の増進のために道府県に設置される児童福祉法第12条に規定された行政機関である．児童相談所での相談活動は，① 養護相談，② 障害相談，③ 非行相談，④ 育成相談，⑤ その他の相談の5つに分けられ，主な業務内容としては，市町村への支援の他，実情の把握，専門的な知識及び技術の提供，必要な調査並びに医学的，心理学的，教育学的，社会学的及び精神保健上の判定とその指導，一時保護，里親支援などがある．障害に関する業務としては，1歳6カ月や3歳児検診後に必要に応じて調査及び判定を行い，事後指導をする．そして，児童相談所は障害児入所施設への入所，療育手帳や特別児童扶養手当の判定を行うことになっている他，児童相談所が中心になって行う障害児（者）に対する事業として，在宅重症心身障害児（者）訪問指導事業や在宅障害児指導事業がある．児童相談所には児童福祉司が配置されており，児童福祉司になるには，経験や社会福祉士の有資格者など一定の基準がある．

4　発達障害者支援センター

発達障害者支援センターは，発達障害者支援法に基づいて，都道府県に設置され，① 相談支援，② 発達支援，③ 就労支援，④ 普及・啓発の4つの役割がある．就学前の発達障害児や保護者への支援である①の相談支援では，保育所や学校，職場で困っていることなど日常生活での様々な相談などに応じ，必要に応じて関係機関への紹介を行い，②の発達支援は，知的発達や生活スキルに関する発達検査などを実施し，特性に応じた療育や教育，支援の具体的な方法について支援計画の作成や助言を行う．

また，発達障害者支援センターの職員が，保育所等の子どもやその親が集まる施設・場を巡回し，施設のスタッフや親に対し，障害の早期発見・早期対応のための助言等の支援を行う「巡回支援専門員整備」による巡回相談などを行うこともある．

5　連携を目的とした協議会

障害者総合支援法において，都道府県あるいは市町村は関係機関等で構成する協議会を設置できるとした．関係する機関等には，例えば相談支援事業者，障害福祉サービス事業者，保健・医療関係者，教育・雇用関係者，当事者団体などが想定されており，地域のネットワーク構築のため，① 関係機関などが相互の連絡を図り，② 地域における支援体制の課題について情報を共有し，③ 関係機関などの連携の緊密化を図り，地域の実情に応じた体制の整備について協議する．相談支援の中核的な役割を担う基幹相談支援センターが協議会の運営の中心的な役割を担うとされており，協議会ごとに内容は大きく異なるが，課題別に専門部会を設置することが多く，児童福祉の関係機関による「子ども部会」といった専門部会が設置され，その中で，サポートブックの作成，療育システムの構築，また困難ケースの検討な

どが行われることもある．

　要保護児童対策地域協議会は，児童福祉法に基づいて基本的には身近な市町村が設置し，「要保護児童（保護者のいない児童又は保護者に監護させることが不適当であると認められる児童）」であり，虐待を受けた子どもに限らず，非行児童や障害児なども対象としており，要保護児童の早期発見や適切な保護のため，情報共有を図ることを目的としている．個別ケースの検討会議が開催されることもある．構成員の例には，児童の福祉に関連する児童福祉関係，保健医療関係，教育関係，警察・司法関係などが挙げられている．

6　障害児保育の巡回相談

　巡回相談は，外部の専門職が保育所・幼稚園を訪問し，保育の様子を観察した上で，障害のある子どもに関して，担当する教諭や保育士等に相談支援を行うものである．もともとは，1974年に障害児保育が始まった当初，専門家が現場に出向いて助言したことが始まりとされ母子保健システム構築の中で発展してきたと考えられるが，その目的や実施内容や体制は自治体ごとで異なる．巡回相談の実態としては，年に3回前後の回数で，相談員の属性は，臨床心理士や臨床発達心理士などの心理専門職や心理学研究者であり，巡回のよって子どもの理解が深まり，対応方法が理解できたといった効果が明らかになっている［鶴 2012：113-126］．

　現在の巡回相談は大きく分けて，先に挙げた発達障害者支援センターの職員による「巡回支援専門員整備」の他に，2つの体制がある．1つは「障害児療育等支援事業」の中で障害児保育を行う保育所等の職員に対して療育に関する技術指導を行うものである．事業の実施主体は都道府県だが，社会福祉法人等に委託することもでき，地域の療育施設による巡回相談が推進され拡大した［佐伯 2013：85-92］．

　また，もう1つは教育委員会が「特別支援教育を推進するための制度の在り方について（答申）」に沿って実施するもので，保育所や幼稚園，各学校を巡回して教員等に指導内容や方法，個別の指導計画及び個別の教育支援計画に関する指導や助言を行う．実際には，特別支援学校がセンター的機能の一環として保育場面での子どもの観察や担任等への保育に関する助言を行うものである．その利用は拡大しているものの，半数以上の特別支援学校が実施していないあるいは年間5回以下であり，学校間の格差がある．［井上ほか 2013：810-816］．また，学校の関係者や福祉・医療などの関係機関との連携調整及び保護者に対する学校の窓口として特別支援教育コーディネーターが置かれていることもある．

　巡回相談は保育所や幼稚園等の要請があって実施されるものなので，子どもの障害や状況，実施している機関などの特性を活かし，効果的に活用すべきである．

　一方で，障害児通所支援の1つとして実施されている保育所等訪問支援は，保護者の希望によって実施される個別給付であり，児童発達支援や放課後等デイサービスの職員が保育所や幼稚園等に赴き，対象となる児童について助言や支援，支援会議等を行うものである．

7　障害児相談支援

　障害児相談支援は，障害児通所支援のサービスを利用する際にサービス等利用計画を作成し，支給決定後にサービス提供事業所との連絡調整を行う．また，居宅サービスを使う際には，特定相談支援が同じくサービス利用計画等を作成し，連絡調整，継続利用の支援を行う他，障害児や障害児の保護者等からの相談である基本相談支援も行う．相談支援にはその他にも，施設から退所する障害者に対して，地域移行支援計画を作成し，外出への同行支援，住居確保，関係機関との調整等を行う「地域移行支援」と，単身で生活している障害者等を対象に，常時の連絡体制を確保し，緊急時に必要な支援を行う「地域定着支援」がある．地域移行は児童福祉施設からの退所も含んでいる「地域定着支援」があり，地域定着支援を行う一般相談支援事業所は，特定相談支援と同様に，障害者・障害児等からの相談を受ける基本相談支援を含んでいる．

8　様々な子育て支援の現場

　子ども子育て支援法では，新たな教育保育の場として認定こども園が加わり，地域型保育施設として，家庭的保育，小規模保育，事業所内保育，居宅訪問型保育が新たに認可事業となった．地域型保育は少人数の単位で0歳から2歳の子どもを保育する施設であり，保育内容の支援や卒園後の受け皿の役割を担う連携施設として，保育所，幼稚園，認定こども園が設定されており，連携や協力が必要になってくる．また，居宅訪問型保育は障害・疾病などで個別のケアが必要な場合に保護者の自宅で1対1の保育を行うとされており，重度で医療

表1-1　子ども・子育て支援制度における地域型保育および地域の子育て支援事業

地域型保育	内　容	事業所数（平成28年度）
家庭的保育	定員5人以下の少人数で家庭的な保育	958
小規模保育	定員6〜19名の少人数で家庭的保育に近い保育	2,429
事業所内保育	会社の従業員の子どもと地域の子どもを一緒に保育	323
居宅訪問型保育	障害・疾患等で個別ケアを保護者の自宅で1対1の保育	9
地域の子育て支援	内　容	箇　所（平成27年度）
利用者支援	地域の子育て支援に関する情報提供や相談・援助を行う	930箇所
放課後児童クラブ	保護者が昼間家庭にいない児童が放課後過ごす居場所	22,608箇所
地域子育て支援拠点	親子交流や子育て相談できる場所	6,818箇所
一時預かり	保育所等施設や地域子育て支援拠点等で子どもを預かる	9,718箇所
延長保育	幼稚園で教育時間終了後や土曜日などに預かる	18,885箇所
病児保育	病気や病後の子どもを保護者の代わりに預かる	2,226箇所
ファミリー・サポート・センター	子どもの預かりを希望する保護者と援助を行う人とが会員となり相互に助け合う活動	769市区町村
子育て短期支援	保護者の出張や冠婚葬祭，病気等の時，短期間子どもを預けるショートステイと平日の夜間等に一時的に子どもを預かるトワイライトステイがある	ショートステイ740箇所，トワイライトステイ375箇所
養育支援訪問	養育支援が特に必要な家庭を訪問し，指導や助言を行う	1,447市区町村
乳児家庭全戸訪問	生後4カ月までの乳児のいる過程を訪問する	1,730市区町村
妊婦健康診査	妊婦に対する健康診査を実施	全国で実施

（出所）筆者作成．

的ケアの必要な子どもへの支援として期待できる．しかし，現時点で（平成28年4月現在）全国で9事業所しかない．

地域の子育て支援についても再編され，① 利用者支援，② 放課後児童クラブ，③ 地域子育て支援拠点，④ 一時預かり，⑤ 延長保育，⑥ 病児保育，⑦ ファミリー・サポート・センター，⑧ 子育て短期支援（ショートステイ，トワイライトステイ），⑨ 養育支援訪問，⑩ 乳児家庭全戸訪問，⑪ 妊婦健康診査がある．地域子育て支援拠点では，利用者支援として様々な子育てに関する情報提供を行うとともに子育て支援の関係機関とネットワークを構築することになっており，地域によって活動内容はことなるが，障害のある子どもの保護者会や自主的なサークル活動に関する情報等を収集していることも多い．

第3節　保育所内での連携

1　保育士の役割分担

外部機関との連携だけでなく，保育所内においても連携は重要である．特に，保育者が悩むのは子どもの障害について保護者へ理解を促す場面である．木曽陽子は「保育士の役割には『促す役割』と『支える役割』あり，保育士と母親の対立は『促す役割』に関連して生じており，保育士が母親に間接的かつ直接的な理解の要求を行い，母親がこれらの要求を否定的で曖昧な指摘と捉えることで，拒絶が起こる」と指摘している．担任保育が『促す役割』を負わないために，保育所外の専門機関や担任保育士以外の所長や主任などと役割分担すべきであると述べている［木曽 2016］．

2　加配との連携

保育所や幼稚園において障害児保育を進める際に，加配保育者は大きな役割を担っている．全国保育協議会が2011年に実施した「保育所実態調査」では，障害児保育加配保育士を配置していると回答した施設は78.8%であり，平均2.0人が配置されている．一方で，幼稚園における障害幼児の在籍及び加配教員の配置については実態が明らかではなく，都道府県庁所

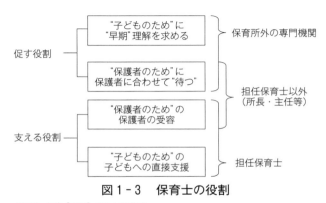

図1-3　保育士の役割

（出所）木曽［2016］をもとに作成．

在地市・区にあり，公立幼稚園のある教育委員会を対象とした調査では，76％の市で在籍が確認でき，在籍率は全体の2.2％だった．また，50％の園で，加配教員や介助員，非常勤教諭等の「人的支援」があった［金珍熙ほか 2008：255-264］．

　加配保育士は特定の子どもを担当，複数の子どもを担当することもあり，子どもとの関係形成に加え，他児との関係，さらには担任との関係を繋ぐといった役割を果たしている［田中ほか 2012：79-86］．しかし，加配保育者は，個別対応を行うとみなされ，集団から切り離されることも多く，子どもへの対応や担任保育者との連携について悩みを抱える場合も多いが，非常勤職員であるため，話し合いの時間を確保するのが難しい状況や，対応な立場ではないため意見を言いにくい状況がある［寺川 2014：10-17］．

　加配保育士を対象にした調査では，考えの相違や連携に必要な時間が確保できない，複数担当のむずかしさ，保育所全体で意見を一致させることの難しさが挙げられていた．職員連携での工夫として，① 考えの相違が産まれる場合は担任の考えを尊重する，② 子どもの見立てを共有する，③ 周りの保育士が理解できるように自分の動きを可視化する，④ 所内の動きを十分に把握するため保育所全体で連絡を密にする，⑤ 加配保育士が担任を支え負担を軽減するなどの工夫が挙げられた［田中ほか 2012：79-86］．

　保護者は直接担当している加配保育士から子どもの様子を聞きたいが，非常勤のため，直接話したり相談したりすることができず，ストレスを抱えることも多い．

引用・参考文献

畠山友香［2016］「医療機関と地域をつなぐ子育て支援　MSWの立場から」『小児看護』39(1)．
井上和久・井澤信三・井上とも子［2013］「特別支援学校のセンター的機能を活用した発達障害児等への早期支援に係る実態調査——来校による相談及び保育所・幼稚園への巡回相談の状況——」『小児保健研究』72(6)．
金珍熙・園山繁樹［2008］「公立幼稚園における障害幼児への特別支援体制に関する調査研究——教育委員会担当職員への質問紙調査——」『特殊教育学研究』45(5)．
木曽陽子［2016］『発達障害の可能性がある子どもの保護者支援　保育士のよる気付きからの支援』晃洋書房．
近藤政代［2016］「子育て支援・母子保健施策　横浜市における母子保健の現状と課題」『小児看護』39(1)．
厚生労働省「児童相談所運営指針等の改正について（平成19年1月23日雇児発第0123002号）」「児童相談所運営指針」．
厚生労働省「発達障害者施策の概要」．
厚生労働省「障害者の日常生活及び社会生活を総合的に支援するための法律第89条の3第1項に規定する協議会の設置運営に当たっての留意事項について」（平成25年3月28日障障発0328第1号）．
中山政弘・伊達あゆみ・牧正興［2016］「障害児保育におけるコンサルテーションの意義について」『福岡女学院大学紀要．人間関係学部編』17．
佐伯文昭［2013］「保育所・幼稚園における巡回相談について」『関西福祉大学社会福祉学研究紀要』16(2)．
田中浩司・高橋実・田丸尚美［2012］「地域における障がい児保育の支援システムの研究（その2）——加配保育士に着目した職員連携の実態と課題——」『福山市立女子短期大学研究教育公開センター年報』9．
寺川志奈子［2014］「障害のある子どもが仲間とともに育ち合う保育実践の検討」『障害者問題研究』42(3)．
鶴宏史［2012］「保育所・幼稚園における巡回相談に関する研究動向」『帝塚山大学現代生活学部紀要』8．
若宮邦彦［2015］「保育スーパービジョンの理論と動向」『南九州大学人間発達研究』5．
全国保育協議会［2011］『全国の保育所実態調査報告書』社会福祉法人全国社会福祉協議会．

第2章

小学校等との連携

第1節　小学校就学に関する制度

　小学校に就学することは，場所，生活の流れや周囲の人的環境など大きな変化を伴う出来事であり，小学生になる喜びや嬉しさとともに，変化に伴う不安や戸惑いを感じる子どもの姿が想像できる．それは，障害のある子どもも同様のことが考えられ，加えてそれぞれの障害から生起するその子ならではの困難さを抱えながら小学生になるといえる．

　2017（平成29）年に改訂された保育所保育指針でも，子どもの発達と学びの連続性を確保するために「幼児期の終わりまでに育ってほしい姿」を手がかりにして，保育士と小学校教諭が子どもの姿を共有することを通して，幼児期から児童期への発達の流れを理解することなど，小学校との連携の重要性に言及している．また，特別な支援の必要な子どもに関しても，保護者の意向を丁寧に受け止めながら，小学校や特別支援学校など，就学先との連携を図ることが求められるとされている［保育所保育指針 2017］．

　受け入れ先である小学校側の制度としては，2000年以降に大きな動きがある．2001（平成13）年，文部科学省より「21世紀の特殊教育の在り方について」が出され，それまで行われてきた特殊教育から，1人1人のニーズに応じた特別支援教育へと転換を図る必要性が提言された．続いて，2003（平成15）年3月には「今後の特別支援教育の在り方について（最終報告）」［文部科学省 2003］がまとめられ，特殊教育では対象とされていなかったLDやADHD，高機能自閉症などの子どもも含め，特別な支援を必要とする1人1人の子どもの教育的ニーズに応じた支援を行うことが求められるようになった．

　特別な支援の必要な子どもの就学に関しては，2007（平成19）年，学校教育法施行令の改正が行われ，保護者の意向聴取が義務づけられた．2009（平成21）年には，「特別支援教育の推進に関する調査研究協力者会議」において，「早期からの特別支援のあり方」がとりまとめられ，それまでの「原則として特別支援学校へ就学」，「特別な事情がある場合のみ認定就学により小・中学校に就学する」という規定が，「障害の状態及び教育的ニーズ，保護者の意見，専門家の意見，学校・地域の状況等を総合的に判断し，最も適切に教育的ニーズに対応できる学校を就学先として決定する」という手続きに改められた．新しい制度では，1人1人の状態に合わせた就学が推進され，子どもの生育歴を把握している保護者の意向聴取を行うなど，子どもにとって，就学先がよりよい生活・教育環境となることが目指されている．

文部科学省が2012（平成24）年に示した「共生社会の形成に向けたインクルーシブ教育システム構築のための特別支援教育の推進（報告）」の中でも，子ども1人1人の教育的ニーズに応じた支援を保障するために，本人・保護者に十分な情報を提供するなど，乳幼児期を含め早期からの教育相談や就学相談を実施することの重要性を述べている．保護者や本人は，就学に関して十分な情報を得ることで，適切な就学先について検討することが可能となる．また，保育所などにおいて，保護者を含めた関係者が子どもの教育的ニーズと必要な支援について共通理解を深めることが，保護者の障害受容や，その後の円滑な支援にもつながるとしている．そこでは，本人・保護者と市町村教育委員会，学校などが，子どもの教育的ニーズと必要な支援について合意形成を図っていくことが求められている．文部科学省は，保護者と学校との意向に相違があった場合の対応方法として，都道府県教育委員会が，市町村教育委員会へ指導・助言し，第三者的な有識者を加えた「教育支援委員会」（仮称）を活用することを示している．

　この文部省報告では，就学先決定の仕組みについても明記された．これまでのように就学基準に該当する障害のある子どもは，原則特別支援学校に就学するのではなく，障害の状態，本人の教育的ニーズ，本人・保護者の意見，専門的見地からの意見，学校や地域の状況などを踏まえた総合的な観点から就学先を決定することが適当とされている．その際，市町村教育委員会が，本人・保護者に対し十分情報提供をしつつ，本人・保護者の意見を最大限尊重し，本人・保護者と市町村教育委員会，学校等が教育的ニーズと必要な支援について合意形成を行うことを原則とし，最終的には市町村教育委員会が就学先を決定することになっている．就学先の決定においては，保護者とともに子どもの教育的ニーズの理解を深め，ともに就学先決定を行うことが求められている．

　また，就学時に決定した「学びの場（地域の小学校における通常の学級，通級による指導，特別支援学級，特別支援学校のことを指す）」は固定したものではなく，それぞれの児童生徒の発達の程度，適応の状況等を勘案し転学することが可能であることを，就学の段階から保護者を含む関係者に周知し，共通理解しておかねばならない．

第2節　就学に関する保護者の思い

　一方，保護者の意向を取り入れるようになったことにより，子どもの就学先について，保護者と市町村教育委員会や学校との意見が一致しないという新たな課題が表出することも危惧されている．伊豆蔵満世ほか［2008：107-121］は，就学指導の実態を明らかにすることを目的として，教育委員会に調査を行った．就学先検討において保護者との意見の相違があった場合，重視することとしては，22市町村のうち8市町村が「保護者の希望」を重視，11市町村が「保護者の希望」と「学校の整備状況」の両方を重視，1市町村が「学校の整備状況」を重視していると回答し，多くの市町村で「保護者の意向が重視されている」現状を報告している．また，就学先決定に関して保護者と意見の相違があった場合には，ほとんどの市町

村が「最終的には保護者の意向に添った形で決定する」という対応を行っていることを明らかにした．

大塚千枝子ほか［2003：295-310］は，就学指導委員会の就学措置判断が概ね妥当であったことが報告される一方で，特別支援学級が学びの場として適切であると判断された児童が，通常学級に適応したり，逆に通常学級が適切と判断された児童が，学級の中で困難性を強めることもあるなど，就学措置判断の難しさを明らかにしている．特別支援教育への流れの中で，就学先決定において保護者の意向を重視しようとするなど，制度としては変化が打ち出され，スムーズな就学となっている場合もあるが，中には，従来同様の決定が行われていたり，子どもの適切な就学先の選定となっていない事例も報告されている．現在の就学指導委員会については，自治体の考え方や規模により，その開催についても様々な形態が取られているために，場所によって課題となる事項が異なっているという現状がある．

保護者の意向を重視することについて，竹内麻子［2011：71-83］は，現在の就学支援が，保護者の意向を取り入れようとするあまり，保護者に対してわが子の障害に関する正しい知識を身に付けることを要求し，「障害児の親であること」を過剰に求めることにつながる危険性について言及している．是永かな子ほか［2007：1-31］が行った保護者が感じていた就学指導に対する要望や就学指導を受けた印象などに関するアンケート調査では，就学先を特別支援学校に決定した要因として「専門的な教育を受けさせたかった」，「子どもに一番合うと思った」という回答が4割を占め，高等部進学など将来を見据えて特別支援学校を選択するケースが多いことを明らかにしている．特別支援学級を選択した理由としては，「子どもに一番合うと思った」，「地域の子どもと一緒に学校に通わせたかった」という意識が合わせて4割を占めるとともに，「自宅から近かった」ことも特徴の1つとして挙げられている．通常学級を就学先に選択した理由には，「自宅から近かった」，「地域の子どもと一緒に教育を受けさせたかった」という回答が5割を占めた．少数意見としては「結果としては特別支援学級に移ったが，もっと早く決断すればよかった．親として本人の可能性を見極めたい思いもあった」，「他の子と一緒に伸びていってほしかった」などがあった．

保護者にとって，子どもの就学先選定は大きな決断であり，不安や迷いを感じることが多い．具体的には，保護者は学校側の受け入れ態勢への不安などから，小学校か特別支援学校のどちらに就学するのかということへの迷い［木村 2013：24-29］，小学校に就学した際に「お客さん扱い」やいじめられるのではないかという不安［杉田 2010：34-37］，自治体によって対応が異なるために保護者同士でも相談がしにくいことや，教育委員会に子どもの障害特性や現在の状態を理解してもらうことへの困難さがある［神谷ほか 2002：723-730］など，保護者は子どもの就学前から様々な困難に直面しているといえる．

子どもの就学後の生活について，神田直子ほか［2007：17-34］は，幼児期から学童期への移行期にある発達障害の子どもを育てる保護者612名を対象に，子育て不安や支援ニーズと，子どもの個性，家族の状況などのサポート資源の面から，子育て困難な条件について調査を行っている．その結果，9割前後の保護者が就学することで子どもが成長したと回答するな

ど，就学を発達の前進的な節目と受け止めている人が多く，就学が親にとっても質的転換期となることを報告している．前述の大塚ほか [2013] の研究でも，対象児のほとんどが就学後の学校生活に適応していたことから，多くの保護者や子どもは，就学前に抱えていた不安とは異なり，スムーズな就学移行期を過ごしていると思われる．

ところが，中には就学後にも子どもの就学に関して，困難さを抱え続けている保護者も存在している．小渕隆司ほか [2008：13-35] は，広汎性発達障害の傾向がある子どもの保護者620名を対象に，子どもの就学後どのようなことに成長を感じたり，戸惑いや不安を感じているのかを明らかにしている．保護者は，就学後の生活が就学前の予想と違っていたこととして，授業ペースの速さ，授業内容量の少なさ，特別支援学級の教員に比して交流学級の教員の障害への知識のなさなどに戸惑いを感じていた．上村逸子 [2010：9-19] は，教育相談に訪れた発達障害の子どもを育てる保護者6名の聞き取りより，就学前に保護者が保育所の職員とともに小学校に出向き，子どもの様子や入学後の配慮事項などについて説明したにもかかわらず，就学してみると小学校側には伝わっていなかったことや，就学前，子どもの特性について小学校に説明したが，就学後，小学校教員に子どもの障害に関して理解が得られていなかった事例があったという．これらの先行研究からは，保護者が就学前に想像していたものと実際の学校生活は異なっていたこと，就学してみないとこの選択がよかったどうかが不明である上に，就学後も自らの選択に迷いを感じることがある [長島ほか 2007：385-387] など，就学後にも不安を持ち続けている保護者の姿が想像できる．

第3節　小学校との連携

保育所と小学校の連携という側面からは，保育者と小学校教諭の情報共有の困難さが挙げられている．牧野誠一ほか [2010：67-95] は，保育機関と小学校との連携に焦点を当てて，ある地域の全小学校，幼稚園，保育所を対象として調査を行った．小学校側からは「話し合いを望んではいるものの，多忙で時間が取れない」，「保育園では規律のある集団生活がないので，学校に上がってから困り感を共有することが難しい」，「保育所幼稚園は施設によって障害の捉え方が異なるので引き継ぎが困難」という意見が，幼稚園からは「小学校教員が幼稚園での生活を知る必要がある」，「幼稚園教員の多忙を解決し，1クラスの人数を減らせば連携も充実する」，保育所からは，「熱心な小学校もあればそうでないところもあるなど温度差がある」，「小学校教員が直接保育所に来るべき．学校の閉鎖性の改善が必要」など，それぞれの機関によって異なる意見が表出したことを報告している．このように保育所幼稚園と小学校との間の情報共有の困難さの背景に，保育者と小学校教諭の間に存在する子ども理解の違い，保育・教育方法の違いがあると考えられる．

障害のある子どもや特別な支援の必要な子どもの就学にかかわる保育者と小学校教諭の子ども観や求める子ども像の違いについても報告がなされている．小林小夜子 [2003：32-39] は，保育所幼稚園の年長児クラス担任（228名）と小学校1年生担任教諭（127名）を対象とし

て，それぞれの不適応児の捉え方について検討を行っている．小学校教諭は一斉指導を重んじ，一斉指導に乗りにくい子どもは不適応児であると捉えられる傾向があることを指摘するとともに，「授業（保育）中に関係ないことをする」，「忘れ物が多い」，「基本的生活習慣が身についていない」という子どもの状態は，保育所や幼稚園では許容されるが，小学校では容認されにくいことを報告している．

　保育者と小学校教諭が持つ子ども理解や求める子ども像，指導観などについては，障害のある子どもに限らず，保育者と小学校教諭の子ども理解や保育・教育への意識に差異があることが指摘されている．丹羽さがのほか［2004：39-50］は，育てたい子どもの姿について，小学校教諭よりも保育者の方が，落ち着いて座っていること，自分なりの目的をもって取り組むなど，子どもの自主性や積極性に関することを重視していると述べた．中川智之ほか［2009：1-10］は，学級経営観について保育者に比べ小学校教諭の方が規範を重視した指導的な関わりを行い，保育者の方が心情を重視した受容的な関わりをしていると，両者の違いを説明している．このように，保育者と小学校教諭の間には様々な考え方の違いが存在していることが考えられる．

第4節　連携に使用するツール

　障害のある子どもの就学をスムーズに移行するために，様々な支援ツールが開発や，子ども理解についての検討が行われている．支援ツールとしては，サポートファイルなどが挙げられる．サポートファイルは，担任保育士や保護者が中心となり作成し，子どものこれまでの生育歴や保育所での様々な経験の記録を蓄積したものを一冊のファイルにまとめ，小学校への申し送りに使用されることが多い．サポートファイルの利点は，子どもの生育歴や，保育所での子どもの姿，またその特性に対してどのように対応してきたかという幼児期に蓄積された工夫が，就学先に伝達できることである．

　ところが，小学校には業務の多忙さや小学校教諭自身の見方で子どもを理解したいという理由から，サポートファイルにほとんど目を通していない場合も少なからずある．このことからも，サポートファイルなど支援ツールの使用だけでは，保小連携が十分でないことが明らかである．作成したものをただ持参するだけでなく，保育者と小学校教諭が互いに時間を調整し，短時間でも顔を合わせて対象児のことを話し合える時間の確保が望まれる．保育者や保護者の送り手側も，いろいろなことを小学校に伝えたいと思うあまり，サポートファイルの内容が盛りだくさんになってしまうことがある．サポートファイル作成時には，内容を精査し，必要な情報を効果的にまとめられるようにしたい．

引用・参考文献

伊豆蔵満世・越野和之［2008］「特別支援教育への移行期における就学指導の動向——奈良県各市町村の実態調査から——」『奈良教育大学紀要　人文・社会科学』57（1）．

神谷育司・犬飼和久・庄司順一・堀内勁・吉永陽一郎・松石豊次郎・山下裕史郎・副田敦裕・川上　義・奈良隆寛・上谷良行・宮尾益知・山口規容子・前川喜平［2002］「ハイリスク児学童期の発達支援に関する質問紙調査の一考察――就学問題を中心に――」『小児保健研究』61（5）.

神田直子・山本理絵［2007］「幼児期から学童期への移行期における親の子育て状況と不安，支援ニーズ――「第4回愛知の子ども縦断調査」結果第1報――」『愛知県立大学文学部論集（児童教育学科編）』56.

木村恵［2013］「小学校における肢体不自由のある子どもへの支援――両親と学校，教育委員会の話し合いの積み重ねを通して――」『肢体不自由教育』208.

小林小夜子［2003］「幼稚園・保育所・小学校における不適応児のとらえ方に対する指導者間比較」『保育学研究』41（2）.

是永かな子・織田衣絵［2007］「保護者のニーズを反映させた就学指導委員会の在り方――高知市心身障害児等就学指導委員会を中心に――」『高知大学学術研究報告』56.

厚生労働省［2017］保育所保育指針.

厚生労働省［2008］保育所保育指針解説書.

牧野誠一・伊藤則博［2010］「特別な対応が必要な子どもに対する機関連携をめぐる諸問題――就学前幼児療育機関と学校教育の連携のあり方（その1）問題の所在および保育機関と小学校の関係を中心に――」『札幌学院大学人文学会紀要』87.

「21世紀の特殊教育の在り方について」文部科学省HP（http://www.mext.go.jp/b_menu/shingi/chousa/shotou/006/gaiyou/010101.htm）.

「今後の特別支援教育の在り方について（最終報告）」文部科学省HP（http://www.mext.go.jp/b_menu/shingi/chousa/shotou/018/toushin/030301.htm.）.

「特別支援教育の更なる充実に向けて（審議の中間とりまとめ）～早期からの教育支援の在り方について～（平成21年2月21日）特別支援教育の推進に関する調査研究対象者会議―抜粋―」文部科学省HP（http://www.mext.go.jp/b_menu/shingi/chukyo/chukyo3/044/siryo/__icsFiles/afieldfile/2010/08/18/1296501_03.pdf）.

「保護者等への対応」文部科学省HP（http://www.mext.go.jp/a_menu/shotou/uneishien/detail/1297226.htm（2015/10/15））.

「共生社会の形成に向けたインクルーシブ教育システム構築のための特別支援教育の推進『就学相談・就学先決定の在り方について』」文部科学省HP（http://www.mext.go.jp/b_menu/shingi/chukyo/chukyo3/siryo/attach/1325886.htm）.

長島達郎・衛藤義勝［2007］「超低出生体重児で出生した子どもをもつある母親の小学校就学に対する思い」『学校保健研究』49.

中川智之・西山修・高橋敏之［2009］「幼保小の円滑な接続を支援する学級経営観尺度の開発」『乳幼児教育学研究』18.

小渕隆司・山本理絵・神田直子［2008］「広汎性発達障害傾向を持つ子どもの小学校移行期における学校・生活状況と支援ニーズ――『第4回愛知の子ども縦断調査』より――」『愛知県立大学文学部論集（児童教育学科報）』57.

大塚千枝子・青山眞二［2013］「A市教育委員会における就学判断に関する一考察――就学指導から就学後1年間の追跡調査を通して――」『北海道教育大学紀要．教育科学編』64（1）.

杉山英一［2010］「お子さんにとっての"最善"は何ですか？　特別支援学級を選択した保護者の思い」『教育ジャーナル』9.

竹内麻子［2011］「障害児の就学先決定手続きにおける親参加・親支援の課題」『早稲田大学大学院文学研究科紀要．第1分冊』57.

丹羽さがの・酒井朗・藤江康彦［2004］「幼稚園，保育所，小学校教諭と保護者の意識調査：よりよい幼保小連携に向けて」『お茶の水女子大学子ども発達教育研究センター紀要』2.

上村逸子［2010］「保護者が望む教育相談について――発達障害児の場合を中心に――」『大阪教育大学障害児教育研究紀要』33.

第 VI 部
障害児保育及び子育て支援の基盤となる援助理論・技法

　第VI部では，障害児保育と子育て支援に有用な援助理論を学ぶ．第1章から第3章にかけては子どもへの援助のためのインリアルアプローチ，応用行動分析，感覚統合についての理論，基礎的な技術・技法を解説した上で，事例を通して具体的な理解を図る．第4章では，子育て支援の援助理論として，ソーシャルワークを取り上げ，事例を通してその理論や基礎的な技術・技法について解説する．

第1章

インリアル・アプローチ

第1節　インリアル・アプローチの概要

1　インリアル・アプローチとは

　インリアル・アプローチは，1974年にアメリカコロラド大学のリタ・ワイズ（Weiss, R.）とエリザベス・ヒューブレン（Heublein, E.）によって，就学前の言葉の遅れのある子どもへのコミュニケーション・アプローチとして始まった．この方法は言葉の遅れのある子どもに対してのみならず，様々な障害のある子どもや言葉の獲得期にある乳児に対しても有効である．さらに，「子どもとうまく遊べない」「子どもにどんな言葉をかけていいかわからない」という悩みを持つ保育者のトレーニング法としても効果がある．

　インリアル（INREAL）は，INter REActive Learning and Communication の頭文字をとったもので，"inter reactive"とあるように，子ども—大人間の相互作用を重視する．ここに，インリアル・アプローチの考え方の基礎がある．また，"Communication"とあるように，単に語彙を増やすためにカードなどで言葉を教えこむのではなく，大人と子どものコミュニケーションを通して子どもの言葉の発達を支援する．

2　インリアル・アプローチの特徴

　インリアル・アプローチの特徴の1つは，子どもを尊重したアプローチであり，子どもの力を信じることを出発点とすることである．障害のある子どもや言葉の遅れがある子どもであっても，子どもは成長・発達する力を持ち，大人が適切に関わることで子どもの持つ力を最大限に引き出すことができる．そのために大人の関わり方を見直すということを重視する．

　特徴の2つ目は，子どもに主導権を与えることである．この主導権とは，子どもが自分自身でコミュニケーションややりとり，遊びを開始する力である．子どもは主導権を持って大人と関われるようになることで，コミュニケーションに自信を持つことができる．そのために，大人は子どもに指示するのではなく反応的に関わる．

　特徴の3つ目は，伝達意図に注目することである．子どもの言葉にばかりとらわれると，子どもが本当に伝えようとしていることを見逃すことがある．例えば，同じように「わんわん」という言葉を発しても，状況や文脈によって子どもの伝えたい内容（伝達意図）は異なる．図1-1のように，公園で散歩する犬を指さして「わんわん」と言っているのであれば

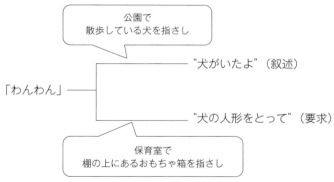

図1-1 状況によって異なる伝達意図

「犬がいたよ」という叙述の意図があり，保育室の棚の上にあるおもちゃ箱を指さして「わんわん」と言っているのであれば，「犬の人形をとって」という要求の意図がある．つまり，その言葉が発せられた状況（文脈）によって，その子どもが伝えようとしている意図は異なる．また，子どもは言葉だけではなく，非言語（表情，視線，身振り，ジェスチャーなど）も使用しながら自分の思いを伝えようとすることがある．大人がそのような非言語のサインに気づかなければ，子どもの伝達意図を読み間違える．子どもが「何と言ったか」だけでなく，その場の状況や非言語行動にも着目して，子どもが「何を伝えようとしているか」という伝達意図を理解しようとすることが重要である．

第2節　インリアル・アプローチの技術・技法

1　関わりの基本姿勢

インリアル・アプローチでは，大人が子どもと関わる際の大人の基本姿勢をSOUL（ソウル）としている．SOULとは，Silence, Observation, Understanding, Listeningの頭文字をとったものである（表1-1）．大人は子どもに関わる際に，多くのことを教えようと一方的に話してしまうことが多い．しかし，インリアル・アプローチでは，子どもを尊重し，子どもに主導権を与え，子どもの伝達意図を理解することを重視する．そのために，まずは大人がSOULの姿勢を意識して子どもと関わることが重要である．大人が静かに子どもの様子を見守り，理解するために観察することで，これまで気づかなかった子どもの力や興味・

表1-1　インリアルの基本姿勢：SOUL

Silence（静かに見守ること）	子どもが場面に慣れ，自分から行動が始められるまで静かに見守る．
Observation（よく観察すること）	子どもが，何を考え，何をしているのかよく観察する．子どものコミュニケーション能力・情緒・社会性・認知・運動などについて能力や状態を観察する．
Understanding（深く理解すること）	観察し，感じたことから，子どものコミュニケーションの問題について理解し，何が援助できるか考える．
Listening（心から耳を傾けること）	子どものことばやそれ以外のサインに十分に耳を傾ける．

（出所）竹田・里見［1994：13］．

関心など多くのことに気づくだろう．そして，子どもがやりとりを開始した時に，反応的に関わることでコミュニケーションを始める．

2　言語心理学的技法

SOULの基本姿勢によって，大人が子どもに反応的に関われるようになれば，次は子どもに言葉がけをする．インリアル・アプローチでは，**表1-2**にあるような言語心理学的技法を用いて言葉をかける．言語心理学的技法は，育児語（ベビートーク）研究から生まれたもので，遊びの中では指示，命令，質問をできるだけ少なくし，子どもの言語発達を促すような言葉がけをするものである．

例えば，モニタリングは「子どもの音声や言葉をそのまままねる」技法である．子どもが「あーあー」と単純な発声をした時に，大人が同じように「あーあー」と真似て返す．ほかにも，子どもが「くるま」と言った時に「くるま」と言葉をそのまま返すこともモニタリングになる．このように子どもの発声や発語をまねて返すことで，子どもは自分の発する声の効果に気づき，子どもが自分自身でコミュニケーションを開始し，主導権を持ってやりとりを開始することにつながる．また，大人が子どもの言葉をそのまま真似ることで，子どもへの共感や理解を示すこともできる．

他の言語心理学的技法にもそれぞれに意味がある．子どもの力に合わせて，それぞれの技法を意識して使用することで，子どもの言葉の発達を支援することができる．具体的な例は3節の事例で示す．

3　ビデオ分析

インリアル・アプローチでは，実際の子どもと大人の関わりをビデオに録画し，それを見返して分析することを重視する．大人がSOULや言語心理学的技法を意識して関わったつもりでも，実際にビデオを見て振り返るとできていないことが多い．子どもの力を正しく評価するだけでなく，大人の関わりの課題を明らかにするためにもビデオで客観的に見直すことが大切である．

表1-2　言語心理学的技法

ミラリング	子どもの行動をそのまままねる．
モニタリング	子どもの音声やことばをそのまままねる．
パラレル・トーク	子どもの行動や気持ちを言語化する．
セルフ・トーク	大人自身の行動や気持ちを言語化する．
リフレクティング	子どもの言い誤りを正しく言い直して聞かせる．
エキスパンション	子どものことばを意図的，文法的に拡げて返す．
モデリング	子どもに新しいことばのモデルを示す．

※この他に，ト書き発言，限定質問，提案がある

（出所）竹田・里見［1994：15］．

表1-3 大人のフィードバック項目

① 基本姿勢（大人は子どもに反応的にかかわっていますか）
・子どものリズムに合わせていますか．
・子どもの開始を待っていますか．
・子どものすることをよく見ていますか．
・子どものことばに耳を傾けていますか．
・子どもの意図や気持ちをよく理解していますか．

② 子どもとの遊び（大人は子どもと遊びを共有し，楽しんでいますか）
・子どもと同じ遊びをしていますか．
・子どもとの遊びを楽しんでいますか．
・子どもが考えられるように，待っていますか．
・子どもの遊びが発展できるようなモデルを示していますか．

③ ことばかけ（子どものレベルにあったことばかけをしていますか）
・指示的（命令，禁止）なことばかけが多過ぎませんか．
・子どもが答えにくい質問をしていませんか．
・ことばが多過ぎませんか．
・早口で聞き取りにくいということはありませんか．
・子どもにわかりやすい内容ですか．
・子どもを認めることばかけをしていますか．
・子どものことばを拡充（意味や文法）して返していますか．

④ ことばの周辺（楽しそうな雰囲気を提供していますか）
・表情豊かに，楽しそうにかかわっていますか
・ジェスチャーや指さしなどを使って，ことばの理解を助けていますか
・声は大きすぎませんか（威圧感を与えていませんか）
・声は小さすぎませんか（伝わりにくいというようなことはありませんか）

（出所）里見［2005：14］．

　分析の手順は以下の通りである．まず，子どもとの関わりをビデオに撮る．ビデオを録画する際は，大人と子どもの両者が1つの画面におさまり，両者の表情や視線，ジェスチャーなども映るように工夫する．次に，録画したビデオを見返しながら，マクロ分析とミクロ分析を行う．1人で分析するのは難しいため，インリアルトレーナーと一緒に行うことが理想的である．マクロ分析では，録画した場面全体を見て，子どもと大人それぞれについて気づいたことを書き出していく．初任者の場合は**表1-3**の項目を参考に，大人の関わりが適切かどうかを確認するとよいだろう．大人の基本姿勢が確立できれば，子どもについてコミュニケーション能力を中心に評価する．ミクロ分析では，ビデオの一部分を取り出し，トランスクリプト（継時的記録）を作成することで，実際のコミュニケーションを詳細に見ていく．両者の発話や行動を1つずつ書き起こし，両者の間でやりとりが生まれているかどうか，子どもの伝達意図に対して大人が正しく応じられているかどうか，より適切な反応はないかなどを考える．

　このようなビデオ分析を基に，次に子どもに関わる際の目標を決める．初任者の場合は，**表1-3**の項目でできていなかった点を中心に目標を設定し，それを意識して実践，また分析というサイクルを積み重ねることで関わり方を改善できる．

第3節　保育場面での応用

本節では，インリアル・アプローチを実践している保育園の事例を2つ紹介する．

1　言葉の遅れがある子どもの支援と新任保育者のトレーニング

本事例は，言葉の遅れがある子どもに対してインリアル・アプローチを行ったものである．これは子どもの支援のみならず，保育者のトレーニングとしての側面もあり，インリアル・アプローチの実践と分析を繰り返す中で，保育者が子どもへの関わり方や言葉がけを意識するように変化した．

1）事例の概要

対象となったA君（男児）は，保育園の2歳児クラスに在籍していた（4月時点で2歳6カ月）．A君は，運動発達上に顕著な遅れはなく，人に対してもよく反応するが，初語は1歳7カ月であり，言葉の発達がゆっくりだった．2歳児クラスの子どもたちは自分の思いを言葉で伝えることが増えてきたが，A君はまだ単語をぽつぽつ話す程度であった．例えば，ままごと遊びでも，他の子どもたちは「ハンバーグ焼いたよ，先生どうぞ」など文表現で発話して遊びを展開している．それに対して，A君は包丁で野菜を切るだけで，「これ何？」と野菜の名前を尋ねても答えられないことがあり，語彙や発話回数の少なさ，遊びの乏しさが気になった．そのため，A君の言葉と遊びの発達を促すことをねらいとして，インリアル・アプローチを行った．

実践を行ったB保育士は，着任1年目で2歳児の担任となった．B保育士は外遊びなど体を使った遊びは得意だったが，ままごと遊びなどのごっこ遊びになると，どのように言葉をかけたらいいのか戸惑うことがあった．そこで，B保育士自身の子どもに関わる力を高めるためにもインリアルの実践を行うこととなった．

B保育士はお昼寝の時間などを利用して，月1回20分程度A君と個別に関わる時間を持つことにした．毎回ビデオ撮影し，先輩保育士の助言を受けながら10カ月間実践を行った．

2）マクロ分析：子どもと保育士の変化

マクロ分析によって見えてきたA君とB保育士の変化を表1-4に示している．

1回目の実践では，包丁でミニチュアの食べ物を切るというままごと遊びをした．B保育士は机を挟んでA君と向かい合って座り，ミラリング（子どもと同じことをする）を意識して，A君と同じようにままごと包丁で食べ物を切っている．一見すると楽しい雰囲気であったが，ビデオ分析によって課題が見つかった．A君は，B保育士の質問に「うん」と答えることが多く，自分からの発話は「みかん」などの一語文が中心だった．また，遊びも食べ物を切ることの繰り返しで，B保育士とのやりとりが続きにくかった．一方，B保育士は，A君にままごと遊びを教えたいという思いもあり，「こうやって切ろう」などの指示的な言葉かけが多くなっていた．また，「切れたね」などの主語のない一語文が多く，B保育士が何に

表1-4 マクロ分析によるA君とB保育士の変化

	A君	B保育士
1回目（A君2歳6カ月）	・保育士と遊ぶことを楽しみ，よく見て真似しようとする ・ままごとの食べ物を切ったり，くっつけたりすることを楽しむが，それ以上続かない ・「うん」という応答が多く，発話は「一緒」「みかん」などの一語文が中心で，内容が伝わりにくい ・日常的な野菜の名前を知らない（ニンジンなど） ・思い出せないことばが多い	・「こうやって切ろう」，「次はお皿にのせて」などの指示的なことばかけが多い ・「切れたね」「とれた」のような主語のない一語文が多い ・A君の伝達意図がわからず，思わず質問している ・言語心理学的技法のミラリングを使っている
10カ月後（A君3歳4カ月）	・保育士におもちゃを渡すなど，主導権が自分にあることをわかっている ・食べ物を切って，料理して，食べる姿が見られ，遊びが長く続く ・「誰が，何を，どうする」などの文表現が増えて，内容が伝わりやすい（例「先生のいちごはこれ」） ・名詞も話すようになるが，時に言い間違える（例：スプーンを持って「フォーク」と言ってしまう）	・指示的なことばがなく，インリアルの基本姿勢であるSOULを守り，子どもが開始するのを待っている ・言語心理学的技法のモニタリングや，リフレクティング，エキスパンションを使用している ・A君の伝達意図を理解して，ことばかけをしている

対して言葉をかけているかがわかりにくかった．さらに，B保育士はA君の伝達意図がわからないことから，「大根切るの？」などの質問を頻繁にしていた．そこで，B保育士はまず大人のフィードバック項目（表1-3）を先輩保育士と一緒に確認し，インリアル・アプローチの基本姿勢であるSOULを守って関わることを意識した．次に，A君の言葉の発達を促すために，エキスパンション（子どもの言葉を意図的，文法的に拡げて返す）やリフレクティング（子どもの言い誤りを正しく言い直して聞かせる）を使って，さらに実践に取り組んでいった．

その結果，10カ月後には以下のように変化した．10カ月後の実践でも，1回目と同じままごと遊びだったが，フライパンでホットケーキを焼き，それをお皿にのせてフォークやスプーンで食べるなど，遊び自体が発展し，2人のやりとりも長く続くようになった．A君は，自分からB保育士に果物を渡すなど主導権を持って遊べるようになり，「A君スプーンにする」のように「誰が何をする」などを含めた文表現が増え，内容が伝わりやすくなった．B保育士は，指示的な言葉かけがなくなり，子どもをよく見て，子どもがやろうとしていることに反応的に言葉かけができるようになった．また，言語心理学的技法のモニタリングやエキスパンションの使用も増え，子どもの言葉を承認したり，意味的に拡充したりすることが意識的にできていた．

3）ミクロ分析：B保育士の基本姿勢の変化

ミクロ分析のトランスクリプトからB保育士の関わり方の変化を具体的に見てみよう．

表1-5は，初回のA君とB保育士のやりとりである．A君が包丁でみかんがうまく切れない姿を見て，B保育士は正しいやり方を教えようとするあまり，「こうやって切ろう」などの指示が多くなっている．また，A君がみかんを手で割ろうとすると「そうじゃない

表1-5　初回のA君とB保育士のやりとりの一場面（指示的な関わり）

A君（2歳6カ月）		B保育士	
1.「みかん」と言い，切ろうとする	→	1.「みかん」と言う	モニタリング
2. みかんが切れず「あれ」と言う	←	2.「こうやって切ろう」と言ってA君の包丁を持つ	（指示）
3.「できない」と言う	←	3.「こうするんだよ」と切り方の見本を見せる	（指示）
4.「うん」と言う	←	4.「やってみて」と言う	（指示）
5. みかんを手で割ろうとする	→	5.「そうじゃないよ」と言って，みかんを取ろうとする	（否定）

表1-6　10カ月後のA君とB保育士のやりとりの一場面（反応的な関わり）

A君（3歳4カ月）		B保育士	
1. ホットケーキを食べる	→	1. ホットケーキを食べる	ミラリング
2. B保育士を見る	←	2.「先生もおいしい」と言う	セルフトーク
3.「次は，次いちご」と言う	→	3.「次はいちご」と言う	モニタリング
4. いちごをとる	←	4. いちごをとる	ミラリング
5.「先生のいちごはこれ」と言って渡す	→	5.「ありがとう」と言って受け取る	応答

表1-7　10カ月後のA君とB保育士のやりとりの一場面（言語心理学的技法の使用）

A君（3歳4カ月）		B保育士	
1.「ちっちゃい」と言っていちごを見せる	→	1.「いちご，ちっちゃいね」と言う	エキスパンション
2.「A君もちっちゃい」と言う	←	2.「ちっちゃいの一緒だね」と言う	エキスパンション
3.「一緒や」と言う	→	3.「いただきますで食べようか」と言う	提案
4.「待って，これ」とへたを指す	←	4.「これ取らないとね，へたを取って」と言う	エキスパンション

よ」とやり方を否定している．これではA君はさらに自信をなくして遊ぶことをやめてしまう可能性がある．インリアルでは子どもの自信や意欲を損なわないようにするためにも，大人の指示や命令をできる限り減らすように心がける．

　表1-6は10カ月後のやりとりである．A君がホットケーキを食べるのに対して，B保育士は同じようにミラリングで一緒に食べるなど，A君の言動1つ1つに反応的にかかわっている．A君は自分が発した言葉や行動をB保育士が受け取ってくれることが嬉しく，B保育士の様子を確認したり，「次は，次いちご」「先生のいちごはこれ」と自分から遊びを開始したりしている．このように大人が反応的になることで，子どもが主導権を持って，意欲的に関われるようになる．

　4）ミクロ分析：言語心理学的技法の使用による支援的関わり

　表1-7は，表1-6の続きの場面である．B保育士が言語心理学的技法を意識して使用したことで，A君がB保育士の言葉を取り入れて使用している．表1-7の1番にあるように，A君が「ちっちゃい」と一語文で言ったことに対して，B保育士は「いちご，ちっちゃいね」と二語文で返している（エキスパンション）．さらに，2番でB保育士が「ちっちゃいの一緒だね」と返すと，3番目でA君は「一緒や」とB保育士の言葉を取り入れて使っている．このように，子どものレベルにあった適切な言葉がけを行うことが子どもの言葉の発達を支えることにつながる．

5）本事例におけるインリアル・アプローチの成果

この事例では，B保育士がインリアルの基本姿勢を守り，反応的にA君に関わったことで，A君は自信を持ってコミュニケーションができるようになった．また，B保育士が言語心理学的技法を意識して使ったことで，A君の発話が増え，文での表現もできるようになってきた．このように，言葉の遅れがある子どもにインリアル・アプローチを用いて関わることで，言葉の発達やコミュニケーションへの意欲を支えることができる．

さらに，この実践によって日常の保育でもB保育士の子どもの見方や関わり方が変化した．B保育士はこれまでは子どもの遊びを見守るだけだったが，子どもが発話した時や何かを始めた時に，どのように子どもと遊ぶか，どのように言葉をかけるかを考えて関わるようになった．特に，言葉かけについては，その子が取り入れやすい言葉を考えながら，意識的に行えるようになっており，インリアル・アプローチは保育士の支援力を高めていくことにもつながるといえる．

2　自閉スペクトラム症児の集団参加への支援

本事例は，自閉スペクトラム症児の集団への参加を支援したものである．インリアル・アプローチは1対1の個別場面で実践することが多いが，障害のある子どもが集団に参加する際の援助としても有効なアプローチである．

1）2歳児の頃のC君

対象児C君は，2歳児クラスに入園してきた自閉スペクトラム症の疑いのある子どもである．入園時のC君は，言葉の遅れはなく，家ではよく話すというが，保育園で言葉や声を発することがなかった．そのため，この頃からC君を対象としてインリアル・アプローチの実践に取り組み，D保育士はC君と1対1でままごと遊びをしていた．C君は，D保育士が「お皿ちょうだい」というとお皿を渡し，「『いただきます』をしよう」と言うとそれに応じて手を合わせるが，自分から何か言葉を発することはなかった．

この場面をビデオ分析する中で，D保育士はC君が「先生は話す役，子どもの自分は聞き役」と思っていることに気づいた．自閉スペクトラム症の特徴の1つに，言葉を字義通りに捉えるというものがある．C君は，D保育士が子どもたちの前で話をする際に「先生が話しているときはしゃべらないでね」と指示したことを字義通りに捉え，ままごと遊びでも保育士の指示に従ったり，保育士の言うことを聞いたりするものと思っていたようだ．そこで，D保育士が「今はC君が話してね」と遊び場面ではC君も話してよいことを伝えると，そこから徐々に話し始め，他の保育士とも会話できるようになった．

2）4歳児の頃のC君

4歳児クラスになると，C君は園生活に適応しているように見えた．一般的に自閉スペクトラム症児の場合，言葉や知的発達に遅れがなくとも，保育園ではトラブルが起きやすい．例えば，友達の気持ちを理解できずに嫌がることを言ってケンカになることや，勝ち負けに異常にこだわりゲームで負けたことでパニックを起こすこともある．しかし，C君はそのよ

うな行動を起こすことは少なかった．

ただ，クラスでの友達との遊びや会話になると，発話数は少なくなり，友達とのやりとりや言葉での交渉をしない様子があった．例えば，①ままごとのコーナーで遊んでいる子どもたちの中に入りたいが，どのような前提で遊んでいるのか，どのようなタイミングで誰に何をどう話しかけていいかわからず，ただ近くに立って様子をみている，②先に持って遊んでいたおもちゃを他の子どもに無言で取りあげられるが，何も言えずにそのまま座っている，③給食の時間，同じテーブルの友達同士が話をしていても，その会話には入ろうとせず，黙々と食べている，④知っている言葉に反応して何か話すが，声が小さく誰に話しかけているのかもわからないため，気づいてもらえない，といった姿である．

このような様子から，他の子どもたちにとってC君は「話さない子」「ただそこにいる子」と認識されているように感じた．C君自身も集団の中にいることに疲れを感じることがあるようで，時々誰もいないテラスに座り，園庭をぼーっと眺めている様子があった．D保育士はクラスの担任として，C君と集団，そしてC君と友達を繋ぐための手助けをしていく必要があると感じた．

3）小集団でのインリアル・アプローチとその変化

D保育士はC君と友達をつなぐためにインリアルの実践を行った．具体的には，他の子どもたちが外遊びなどで保育室にいない時間を利用して，C君とクラスのリーダー的存在のX君とYちゃんの3人で遊ぶ時間を設定し，ビデオ撮りを行った．この実践は，4歳児から5歳児まで継続して2年間行った．

小集団での遊びの際には，最初はルールが簡単で勝ち負けのないカードゲーム（虹色の蛇）を行った．自閉スペクトラム症の特徴として，想像性の必要なごっこ遊びやルールが明確でない遊びはわかりにくく，勝ち負けのある遊びでは負けることへの拒否感を強く持つことがある．そのため，自由な遊びではなく，ルールがわかりやすく勝ち負けのないものを選んだ．また，一緒に遊ぶX君とYちゃんには，C君にも考えや思いがあるため，C君の話にも耳を傾けるように伝えた．

表1-8にあるように，1回目の小集団遊びでは，C君もルールを理解しているのに，自分でカードを組み合わせず，友達にカードを渡していた．友達はC君を手伝う対象と思っており，C君のカードを取り上げて組み合わせてしまい，C君がするのを待っていなかった．そこで，改めてX君とYちゃんにはC君も自分でできるため待つように伝え，再び一緒に遊んだ．2回目には，2人ともC君が自分でするのを待ち，それぞれが順番にカードをつなげて遊ぶことができた．クラスのリーダー的存在である2人が，C君にも思いがあり，会話できることを認識したことで，関わり方が自然に変わり，それが周囲の友達にも影響していった．結果，クラスの中でもC君の存在が意識されるようになっていった．

5歳児になると，トランプを使ったババ抜きなど，ルールがより複雑で勝ち負けのある遊びでも遊べるようになった．C君の発話回数も増え，友達が笑っている場面で一緒に笑って楽しみを共有し，友達の「どれにしようかな……」ととるカードに悩んでいる姿を見て「迷っ

表1-8 マクロ分析:小集団でのB君と友達の変化

	C君の様子	X君,Yちゃんの様子
4歳児	・雰囲気を楽しんでいる ・ルールは知っているが,自分でカードを組み合わせず,他児に渡す役になる ・友達の会話に入れるが,発話回数は少ない ・蛇が完成すると一緒に笑う	・3人で一緒に遊んでいることを理解している ・「次はC君の番」と伝える ・C君を手伝う対象と思っており,C君がとったカードを取り上げて繋げてしまい,C君がするのを待たない
5歳児	・一緒に遊ぶことや勝ち負けを楽しんでいる ・ルールを知っている ・「一緒」の思いを楽しんでいる ・発話回数が増え,相手の話も聞いている ・相手のことも考えられるようになってきた ・「迷う」「思う」「難しい」など心的動詞を使うようになり,心情を説明できるようになった	・対戦を楽しんでいる ・3人にそれぞれ思いがあることが分かっている ・それぞれの意見を聞こうとしている ・相手のことを思った発言ができる

ている」と言うなど,他者の気持ちを理解した発話が見られるようになった.

4)保育場面における保育士の援助とその結果

小集団でのインリアル・アプローチと並行して,保育場面でもC君への援助を行った.D保育士は,C君の伝えたいことをモデリング(子どもに新しい言葉のモデルを示す)したり,友達とのやりとりを仲介したり,保育場面の状況や周囲の友達の心情説明をト書き発言で行うなどを意識した.例えば,友達同士がおもちゃの取り合いでもめている場面で,C君はどうしていいかわからずただ見ていることが多かった.D保育士は,もめている子どものお互いの意見を聞き,もめごとの原因を言葉で整理し,その時の気持ちも含め時系列でC君に伝えた.その結果,C君はなぜもめごとが起こるのかを理解しはじめ,他者の気持ちを意識するようになった.

また,C君は集団場面でD保育士の話を聞く際,1つの話や指示だと「～せねばならない」と理解しがちで融通がきかないことがあった.そこで,今からすることにはどんな目的があり,どんな意味があるのか,それについて保育士はどう思っているのかを交えて話をするようにした.結果,C君は物事を機械的に処理するだけではなく,ねらいや目標を持って取り組むことができるようになった.

5)本事例におけるインリアル・アプローチの成果

以上のように,小集団でのインリアル・アプローチと,保育場面でのC君への援助を行ったことで,C君は個別場面で培った力を集団場面でも発揮できるようになった.C君は集団場面になると,状況理解が難しく,友達に話しかけるタイミングがわからないことから,相手に伝えることができていなかった.

しかし,本事例のように,自閉スペクトラム症の特性に合った環境設定を行い,保育士がインリアル・アプローチを用いてC君と他の子どもの仲介をすることで,友達と一緒に遊ぶ経験をすることができた.C君は小集団の場面で友達を誘うことや,友達にお願いすることができるようになったことで,普段の自由遊びにおいても友達と一緒に遊べるようになった.こうした経験は,自閉スペクトラム症児が抱きがちな対人的不安を取り除くことにつな

がる．この事例のように，大人と子どもの1対1の場面だけではなく，複数の子どもの関係を仲介する場面でもインリアル・アプローチは活用できる．

引用・参考文献

里見恵子［2005］「A インリアル・アプローチの実践のために 第Ⅰ章インリアル・アプローチとは」竹田契一監修，里見恵子・河内清美・石井喜代香編『実践インリアル・アプローチ事例集――豊かなコミュニケーションのために――』日本文化科学社.

竹田契一・里見恵子［1994］「インリアル・アプローチとは」竹田契一・里見恵子編『子どもとの豊かなコミュニケーションを築くインリアル・アプローチ』日本文化科学社.

第2章

応用行動分析

第1節　応用行動分析とは

1　行動分析学とは

行動分析学とは，アメリカの心理学者のスキナー（Skinner, B. F.）が創始した心理学の一体系である．行動分析学は，基礎科学としての実験的行動分析と応用科学としての応用行動分析の2つの側面を持っている．応用行動分析では，基礎研究（実験的行動分析）で明らかになった行動の原理に基づいて現実社会における様々な問題を解決する．

応用行動分析の特徴は，問題解決の際に，具体的な行動とその前後の環境に注目することである．問題を具体的な行動として捉え，その前後の環境（周りの人の対応を含む）を変えることによって，対象となる行動を改善するのである．

2　具体的な行動に注目する

応用行動分析における行動には，園庭を走る，友達と話をするなどの他者から観察できるものだけでなく，考える，感じるなどの他者からは観察することが難しいものも含まれる．一般的な意味での行動よりも，多くのものを行動と考える一方で，行動とはみなされないものもある．応用行動分析では，行動か否かを判断するために死人テストと呼ばれる基準を用いる．これは，「死人でもできることは行動ではない」というもので，具体的には，非行動（話さない，叩かないなど），受け身（話しかけられる，注意されるなど）が行動でないものとなる．非行動は，否定形（〜しない）で表されるが，肯定形であっても「静かにしている」「じっとしている」などの「行動していない」ことを表したものは行動ではない．行動とは，死人にはできないこと，言い換えると生きている人にしかできないことを指すのである．

死人テストをパスしない（行動でない）場合は，行動に変換する．非行動は，否定形（〜しない）を肯定形（〜する：話す，叩くなど）に反転させることで行動となる．肯定形で「行動していない」ことを表したものの場合も反転させることで行動となる（例，「静かにしている」→「大声で話す」，「食器で机を叩く」など）．受け身は，そのことに関連する具体的な行動を考える．友達を叩くことが頻繁に注意されている場合は，「注意される」ではなく「友達を叩く」行動を取り上げる．

応用行動分析では，具体的な行動に注目し，その行動を記述する．具体的な行動を記述で

きているか否かは，別の人がその記述を読んだ時に，複数の行動が浮かんでくるか否かで判断することができる．行動の記述から，複数の行動が浮かんでくる場合には，まだ具体的な行動ではない．例えば，「遊びのルールを守る」という記述を読むと，「友達が使っているものを使う時は『貸して』と言う」，「滑り台を使う時は，順番に並ぶ」など複数の行動が浮かんでくる．複数の行動が浮かんでくる場合には，その中の1つに焦点を当てることで具体的な行動を記述することができる．

応用行動分析では，具体的な行動を増やしたい（増えてほしい）行動，減らしたい（減ってほしい）行動，今のままでいい行動の3つに分類する．増やしたい行動は，友達に「貸して」と言う，絵を書くなどの場面に合った適切な行動（望ましい行動）のことである．増やしたい行動は，子どもの苦手な行動（できていないから，もっとがんばってほしい）と得意な行動（得意だから，もっと伸ばしてあげたい）のどちらも含まれる．減らしたい行動は，友達を叩く，泣き叫ぶなどの不適切な行動（困った行動）のことである．また，大きな声で話をするというのは，みんなの前で発表する時は増やしたい行動であるが，先生の話を静かに聞く時には減らしたい行動となるなど，同じ行動でも場面によって分類が変わる．今のままでいい行動は，増やしたい行動，減らしたい行動以外の行動のことである．

行動を3つに分類すると支援が必要な状態と，それに対する支援について整理することができる．まず，支援が必要な状態とは，現在の環境の中で，増やしたい行動が増えない，または減らしたい行動が減らない場合である．増やしたい行動が増えない場合には，その行動を増やすための関わり，工夫が必要となり，減らしたい行動が減らない場合には，その行動を減らすための関わり，工夫が必要となる．つまり，支援では，対象となる子どもの行動を増やしたり，減らしたりするための関わりや工夫が重要であり，その効果は子どもの行動の増減によって確認することができる．

3　行動の前後の環境に注目する

行動を増やしたり，減らしたりするための支援を考える際に，応用行動分析では，行動とその前後の環境に注目する．これを行動のABC（ABC分析）と呼ぶ．行動のABCは，行動の前（先行事象，先行刺激：Antecedent），行動（Behavior），行動の後（後続事象，結果：Consequence）の英語の頭文字をとったもので，このABCの枠組みで効果的な支援を考える．

支援は，問題となる状況のABCを分析し，子どもの行動に影響を与えている（可能性のある）行動の前（A）や行動の後（C）の環境を変化させることによって実施する．AやCの環境には，掲示物や席の位置などの物理的なものだけでなく，保育者の対応などの人的なものも含まれる．AやCの環境を変えることによって支援を実施し，支援による子どもの行動の変化を確認しながら[1]，有効な支援を検討する．支援により行動に望ましい変化が見られたら，その支援が適切であったといえる．一方で，行動に望ましい変化が見られない場合は，支援が適切なものでないため，再度，AやCの環境を変えて，その子に合った有効な支援を探る．このようなプロセスを通して，1人1人の子どもに合ったオーダーメイドな支援を

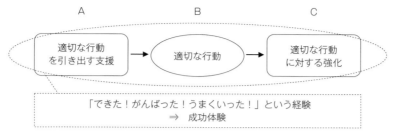

図 2-1　成功体験につながる支援の ABC

（出所）筆者作成.

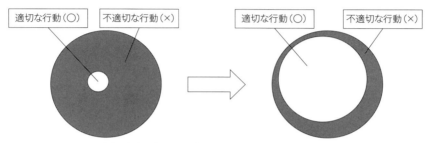

図 2-2　適切な行動（○）が増えると不適切な行動（×）は減る

（出所）筆者作成.

見つけ出すのである．

　行動の ABC に注目して支援を考える際に重要なのが，行動の原理である．その代表的なものが，強化と弱化である．強化は行動の直後にその人にとって「いいこと」が起こる（「いやなこと」がなくなる）と将来その行動が増えるというものであり，弱化は行動の直後にその人にとって「いやなこと」が起こる（「いいこと」がなくなる）と将来その行動が減るというものである．強化も弱化も後続事象（C）が行動に大きく影響することを示している．

　行動の ABC に基づいて支援を考える際には，不適切な行動（×）を減らすことよりも，適切な行動（○）を増やすことに焦点を当てることが重要である．友達を叩くなどの不適切な行動をどのように減らすか，止めさせるかと考えるよりも，その行動に代わるより適切な行動を増やすために何ができるかを考えるのである．不適切な行動が頻繁に起こる場面で，適切な行動を引き出すための A の支援と，適切な行動を強化するための C の支援（ほめる，認めるなど）を実施する．このような支援は，子どもの「できた！がんばった！うまくいった！」という成功体験につながるものである（図2-1）．成功体験につながる支援の ABC によって適切な行動が増えれば，不適切な行動は自然と減っていくのである（図2-2）．

　適切な行動を増やすための支援は，困った行動が起こる前に予防的に実施することでより効果的なものとなる．困った行動が起こってからその行動を減らすために注意などの事後的な対応を行うのではなく，困った行動が起こる前に積極的に適切な行動を引き出す予防的な支援を実施することが重要である．この予防的な支援を実現するために応用行動分析では，行動の ABC に注目するのである．

第2節　行動の原理

行動のABCに基づいて支援を考えるためには，行動の原理について理解することが重要である．行動の原理は，後続事象（C）に関するものと先行事象（A）に関するものがある．

1　後続事象（C）

後続事象（C）に関する行動の原理は，強化や弱化などの行動の後の環境変化が将来の行動の増減に影響を与えるというものである．このような行動と環境変化との関係のことを行動随伴性と呼ぶ．行動随伴性には，行動の後に環境が変化するもの（強化，弱化）と，行動の後に環境が変化しないもの（消去，復帰）がある．

1）強化／弱化：行動の後に環境が変化する（出現・消失）

図2-3に行動の後に環境が変化する4つの行動随伴性の例を示した．好子出現の強化（正の強化）は，行動の直後に好子（強化子，強化刺激）が出現したり，増加したりするとその行動が将来起こりやすくなるという行動随伴性である．図の例では，子どものお手伝いするという行動に対して，保育者がほめたことで，子どもの「お手伝いする」行動が増えている．保育者の「ほめ言葉」は，行動の後に出現して行動を増やしているので，その子どもにとっての好子である．

好子には，他者から提供される付加的なものと行動とセットになった自然なものがある．保育現場でよく見られる付加的な好子は，ほめ言葉や感謝の言葉，ジェスチャー（親指を立てるなど），スキンシップ（頭をなでるなど），好きなもの・活動（シール，遊びなど）などがある．行動とセットになった自然な好子は，片づける行動の後に出現する「きれいな部屋」や着替える行動の後に出現する「服を着替えた状態」などである．自然な好子には，行動したことによる達成感や面白さなどの内的な感情の変化（「着替えることができた達成感」など）も含まれるが，支援を考える上ではその感情変化につながる具体的な環境変化（「服を着替えた状態」など）を特定することが重要である．

好子の例を挙げたが，何が好子となるかは，人によって違うし，同じ人であってもその日の体調などで変わることもある．例えば，多くの園児にとって好子となるスキンシップも感覚に過敏性のある子どもにとっては好子にならない場合もある．支援者が好子出現によって強化しているつもり（ほめるなど）でも，その後に行動が増えない場合には強化したことにはならないし，その時出現しているもの（「ほめ言葉」など）も好子ではない．支援者がどのような意図で行っているかではなく，子どもの行動にどのように影響したかが重要なのである．これは他の行動随伴性の場合も同様である．

図2-3の例では，先行事象（A）として，行動の前の状態が記載されている．これは，直前条件と呼ばれるもので，後続事象（C）における環境変化を示すために記載するものである．ここでは，行動の後に好子が出現している（「好子あり」）という環境変化を強調するた

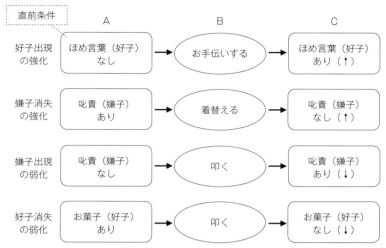

図2-3　強化と弱化の行動随伴性の例．Cの四角内の矢印は行動の増減を表している（↑：増加／↓：減少）
（出所）筆者作成．

めに，行動の前には好子がなかったこと（「好子なし」）を記載している．直前条件は後続事象における環境変化を示すためのものなので省略されることもある．

　嫌子消失の強化（負の強化）は，行動の直後に嫌子（罰子，嫌悪刺激）が消失したり，減少したりするとその行動が将来起こりやすくなるという行動随伴性である．図2-3の例では，保育者からの叱責によって行動（着替える）が増えている．保育者の「叱責」は，行動の後に消失して行動を増やしているので，その子にとっての嫌子である．なお，この後，叱られる前に（叱られないように）着替える行動が起こった場合も，嫌子消失の強化になる．この場合は，直前条件に「やがて」という記述（「やがて叱責あり」）が加わる．すでにある嫌子から逃れるための行動（逃避行動）も，行動しないとやがて生じる嫌子を避けるための行動（回避行動）もどちらも嫌子消失の強化によって維持される．

　弱化の行動随伴性は，行動の減少に関する行動随伴性である．弱化も，強化と同様に好子と嫌子が行動に影響するが，出現と消失のパターンが異なっている．嫌子出現の弱化（正の弱化，正の罰）は行動の直後に嫌子が出現したり，増加したりするとその行動が将来起こりにくくなるという行動随伴性である．図2-3の例では，弟を叩く行動が，母親の叱責によって減少している．母親の「叱責」は，行動の後に出現して行動を減らしているので，その子にとっての嫌子である．好子消失の弱化（負の弱化，負の罰）は，行動の直後に好子が消失したり，減少したりするとその行動が将来起こりにくくなるという行動随伴性である．図2-3の例では，弟を叩いたことで，母親にお菓子を取り上げられ，その後，叩く行動が減少している．お菓子は，行動の後に消失して行動を減らしているので，その子にとっての好子である．

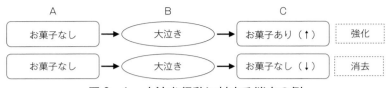

図2-4　大泣き行動に対する消去の例

(出所) 筆者作成.

2) 行動随伴性：行動の後に環境が変化しない

強化と弱化は環境変化による行動の増減を表した行動随伴性であるが，消去と復帰は，環境が変化しないことによって行動が増減する行動随伴性である．消去は，<u>これまで強化されていた行動に対して強化の随伴性を中止すると強化の随伴性を導入する以前の状態までその行動が減少する</u>という行動随伴性である．図2-4は，スーパーに行くたびに大泣きしてお菓子を買ってもらっていた子どもの大泣き行動に対する消去の例である．大泣き行動は，お菓子という好子出現によって強化されていたが，大泣きしてもお菓子を買わないという対応を徹底することによって大泣き行動が減少している．消去の場合，行動の後に環境が変化しないので，直前条件と後続事象がまったく同じものとなる．

困った行動（減らしたい行動）に対する消去を実施する場合には，消去バーストについて理解しておく必要がある．消去バーストとは，<u>消去手続き（強化の中止）を開始した直後に，行動の頻度と強度が一時的に高まる</u>ことである．図の例では，大泣きに対してお菓子を買わないようにする（消去手続き）と一時的には泣き声がより大きくなる，床に寝転がって泣くなどの行動（消去バースト）が見られるかもしれない．もしこの時にお菓子を買ってしまうと，バーストした状態の行動を強化することになる（問題の悪化）．そのため，消去をする場合には，消去バーストが起こっても消去手続きを続ける（強化しない）必要がある．

困った行動を減らす場合には消去と合わせて，困った行動に代わる適切な行動を強化することが重要である．例えば，お手伝いができたらシールをあげて，それが5枚たまったらお菓子を買うという対応が考えられる．困った行動を減らすだけでなく，困った行動の代わりにお菓子を手に入れるための行動を教えることで，困った行動の消去がよりスムーズに進む．ある行動（お手伝いなど）を強化し，それ以外の行動（大泣きなど）を消去することを分化強化と呼ぶ．困った行動を減らす場合には，この分化強化が重要なのである．

復帰とは，<u>これまで弱化されていた行動に対して弱化の随伴性を中止すると弱化の随伴性を導入する以前の状態までその行動が増加する</u>という行動随伴性である．消去は環境が変化しないことによって行動が減少する行動随伴性であったが，復帰は環境が変化しないことによって行動が増加する行動随伴性である．行動の増加は，嫌子出現の弱化または好子消失の弱化の中止によって生じる．

2　先行事象（A）

行動に影響を与える先行事象（A）の代表的なものは，弁別刺激と確立操作である．弁別

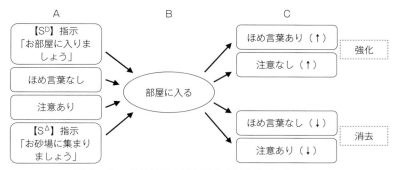

図 2-5　弁別刺激が行動に影響するプロセス
（出所）筆者作成.

刺激は行動のきっかけとなる環境変化であり，確立操作はその人の状態を変える環境変化である．

1）弁別刺激

弁別刺激（discriminative stimulus：S^D）は，行動のきっかけや手がかりとなる環境変化である．環境の中にあるあらゆる刺激が弁別刺激となる可能性があるが，ある刺激が行動に影響を与える弁別刺激となるには，強化や弱化などの経験が必要となる．図 2-5 では，弁別刺激（「お部屋に入りましょう」の指示）が，特定の行動（部屋に入る）に影響するプロセスを示した．弁別刺激がある時には特定の行動が強化され，弁別刺激がない（または別の刺激がある）時（$S^Δ$）にはその行動が消去される（強化されない）という経験によって，弁別刺激がある時にその行動が起こりやすくなるのである．図では，「お部屋に入りましょう」の指示（S^D）が出た時には，部屋に入る行動に対して，好子出現の強化（部屋に入ったことをほめる）や嫌子消失の強化（行動を促す注意をやめる）を実施し，「お部屋に入りましょう」の指示がない時や他の指示（「お砂場に集まりましょう」など）が出た時（$S^Δ$）には，消去を実施している．この経験によって，「お部屋に入りましょう」の指示によって，部屋に入る行動が起こりやすくなったのである．なお，指示で動けるように支援を進める場合には，指示（「お部屋に入りましょう」）が出た時に特定の行動（部屋に入る）を強化することと合わせて，その他の行動（「砂場で遊ぶ」など）を消去すること（分化強化）も重要である．これは指示以外の刺激を弁別刺激とする場合も同様である．

強化による弁別刺激は行動を起こりやすくする一方で，弱化による弁別刺激は行動を起こりにくくする．「お部屋に入りましょう」の指示（S^D）が出た時に，砂場で遊ぶ行動が注意によって弱化され，指示がない時（$S^Δ$）には弱化されない（復帰）経験を繰り返すと，「お部屋に入りましょう」の指示は，砂場で遊ぶ行動を起こりにくくさせる弁別刺激となる．

保育所での生活では，様々な弁別刺激をきっかけに，その場に応じた行動をすることが求められる．弁別刺激には，保育者の指示に加えて，時間や状況など多様なものがある．これらの弁別刺激の下で適切に行動できるようになるためには，弁別刺激（A）の下で行動（B）し，そのことが強化される（C）という行動の ABC が重要である．

2）確立操作

確立操作（establishing operation）は，特定の好子や嫌子の効力を変え，同時にその好子や嫌子に基づく行動の頻度を一時的に変える環境変化である．好子や嫌子の行動に対する効力を変える操作は，一般的には好子や嫌子の価値を変える操作と考えることができる．例えば，お茶を手に入れるための行動（席に座って「先生，お茶ください」と言うなど）が，お茶という好子の出現によって強化される場合について考えてみよう．この時，一定期間お茶や飲み物を飲んでいない時（遮断化）の方が，大量にお茶を飲んだ（飽和化）後よりも，お茶という好子が行動を強化する力は強くなる．これは，一定期間お茶を飲んでいないという環境操作によってお茶の価値が高まった状態である．お茶の価値が高まると，お茶の強化力が高まるだけでなく，お茶を手に入れるために行う行動も起こりやすくなる（行動の頻度が一時的に変わる）．お茶の価値は，上記の遮断化や飽和化の他にも，運動することや辛い物を食べることなどの環境変化（確立操作）によっても高まる．

確立操作は，好子や嫌子の価値という動機づけ（「～したい（したくない）」，「～ほしい（ほしくない）」など）に関連するものであるが，ここでは，どのような動機づけが起こるのかよりも，その動機づけをもたらす環境変化はどのようなものなのかに注目する．支援によって適切な行動を増やすためには，どのような好子を用いるかに加えて，その好子の効力（価値）を高めるための確立操作を考えることも重要である．確立操作は支援者が用意した付加的な好子（例，ジュース）に対するもの（例，ジュースの遮断化）だけでなく，行動とセットになった自然な好子に対するものもある．例えば，着替える行動を引き出すために，行動の自然な好子である「着替えた状態」の価値を高めるような声掛け（「着替えるのって難しいよ，できるかな？」など）を行うことも確立操作を用いた支援である．

確立操作は，子どもの興味，関心を引き出す環境について考える際にも役立つ．興味，関心を引き出す環境について考える際にはまず，子どもが興味，関心（触りたい，動かしたいなど）を持った場合に行う行動（粘土を触る，楽器を触るなど）と，その行動の自然な好子（粘土の感覚，粘土で作ったものなど）を考える．この自然な好子の価値を高める確立操作（活動の導入方法，準備物など）を検討することで，興味・関心を引き出すためのより適切な環境について考えることができる．

第3節　行動のABCに基づく支援：事例X

X君は，3歳児クラスの男児である．特定の診断は受けていないが，部屋（保育室）からの飛び出しや，注意に対する大泣き等の行動が頻繁に見られた．また，指示で動けないことや，着替えや食事の準備・片づけなどができなくなることも多かった．3歳児クラスの2名の担任保育士（YとZ）は，どのように支援すればよいか悩んでいた．

行動のABCに基づいて支援を考える場合には，支援の必要な行動のABCの観察を行う［田中ほか 2011］．支援の必要な行動を具体的に考え，その中の1つを標的行動として取り上

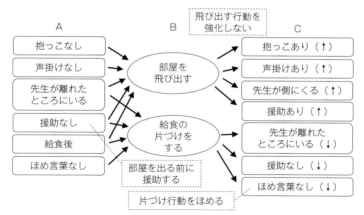

図2-6　支援前の行動のABC. 点線の四角は支援のアイディア
(出所) 筆者作成.

げ，観察を行い，そこから支援を考える．担任保育士は，X君の行動問題の中でも特に気になる「部屋からの飛び出し」を取り上げることにした．標的行動が決まったら，その行動が頻繁に起こる場面のABCを観察する．頻繁に起こる行動のABCはパターン化していることが多いので，観察からそのABCのパターンを発見する．観察の結果，X君は給食後に部屋を飛び出す行動が多いことがわかった．飛び出す行動に対する対応は，Z先生が追いかけて，X君を抱っこし，「出て行ってはいけないよ」などと声掛けをしながら，部屋まで連れて帰ることがほとんどであった．部屋に戻った後は，Z先生がX君の側について援助を行い，これに対してX君は給食の片づけや着替えを行うことができていた．以前，飛び出したX君に対して，Z先生が厳しく注意した際，X君が大声で泣き叫んだことがあり，その後は飛び出すことに対して厳しく注意しないようにしていた．2名の担任は，飛び出した際の対応について，今のままでよいのか，それとももっと厳しく注意した方がよいのかを悩んでいた．

　ABCのパターンが見えてきたら，行動随伴性を考えながら，図（随伴性ダイアグラム）を作成し，支援を考える（図2-6）．特定の行動が頻繁に起こる場合には，その行動の後に生じている環境変化（保育士の対応など）が強化となっている可能性を考える．ABCのパターンから，飛び出す行動は，行動の後の部屋の外（抱っこ，声掛けなど）や部屋（片付けなどへの援助など）での保育士の関わりによって強化されていることが予想された．

　減らしたい行動を強化している環境変化を発見したら，次に減らしたい行動に代わるより適切な行動と，その行動を増やすためのAとCを考える．X君の飛び出す行動に代わるより適切な行動は，部屋の中で活動することである．給食後の部屋での活動は，給食の片づけ，パジャマに着替えるなどであった．適切な行動を考えたら，まずは今の段階でできている行動を探し，その行動を強化する対応を行っているか否かを確認する．もし強化する対応を行っていなければ，まずは今できている行動を強化する（ほめるなど）ところから支援を開始する．X君は，給食の片づけに取り組むこともあったが，その間，担任は他児の援助などを行って

いてX君に対応することはなかった．そのため，最初の支援としてX君が給食の片づけをしていたら，そのことを強化する対応を行うことになった．

　支援では，困った行動が起こってからの事後的な対応よりも，困った行動が起こる前の予防的な対応が重要である．X君は，Z先生が援助を行えば，給食の片づけや着替えを行うことができていた．援助は飛び出す行動の後に行なわれていたため，飛び出す行動が起こる前に実施することになった．もちろん先生の援助によって，X君が給食の片づけや着替えという適切な行動を行えば，それを積極的に強化する対応も合わせて行った．

　行動を教える場合には，教える行動を細かく分けることで，有効な支援が見つけやすくなることがある．複雑な行動をその要素となっている行動にわけることを課題分析と呼ぶ．給食の片づけの課題分析を行うと，皿を給食台の上に置く，箸を箸箱に入れる，コップを水道で洗う，箸箱とコップを給食袋に入れる，給食袋を持ってロッカーのところまで行くなどの行動があることが分かった．課題分析を行ったら，各行動の達成状況（できているか否か）や必要な援助をチェックする．チェックの結果，X君の場合は，援助なしでできる行動，声掛けだけでできる行動，身体的ガイダンスが必要な行動があることが分かった．X君にとって必要な援助を実施しながら，各行動のチェックを継続し，X君の達成状況を見ながら援助を徐々に減らしていった．これによって，X君は，給食の片づけにおいて援助なしでできる行動が徐々に増えていった．

　課題分析によって細かく分けた行動を教える方法には，総課題提示法，順行連鎖化，逆行連鎖化の3種類の方法がある．総課題提示法は，全ての行動を援助つきであっても最初から最後まで行う方法である．これに対して，残りの2つの方法では，最初は行動の一部だけ行い（残りは支援者が行うなど），その後，行う行動を少しずつ増やしていく．順行連鎖化は，行動リストの前の行動から少しずつ増やす方法で，逆行連鎖化は行動リストの後ろの行動から少しずつ増やす方法である．着替えでいえば，順行連鎖化の場合は最初の練習では，服を持つ（最初の行動）ところだけを行うのに対して，逆行連鎖化の場合は，最後のボタンを留める（最後の行動）ところだけを行う．どちらもその後の練習で，子どもが行う行動を増やしていくが，逆行連鎖化は，最後の行動（最後のボタンを留める）を必ず子どもに行わせることができるため，練習の初期の段階から全ての行動を行った際に得られる自然な好子（パジャマを着ることができた状態など）に接触できるという利点がある．X君の着替えに対しては，逆行連鎖化の方法を用いて援助を行った．着替えの場面で，X君には必ず最後のボタンを留めさせ，「1人でできたね」などの声掛けを行いながら，徐々にX君が行う行動を増やしていった．このような支援によって，X君は自分でできる行動については，援助なしで自発的に行うようになっていった．

　適切な行動を増やすための支援を考えたら，次に困った行動に対する対応を考える．X君の飛び出し行動を強化しない（消去）ようにするため，担任はX君が飛び出しても追いかけないことにした．また，X君の安全を確保するために，飛び出した時は，他クラスの保育士や園長先生などにX君の様子を確認してもらうことにした．また，他クラスの保育士や園

長先生などが，X君の飛び出す行動に過剰に反応しない（消去）ように対応を統一した．

　これらの支援によって，X君は給食後，部屋で適切な行動を行うことができるようになり，部屋を飛び出す行動はほとんど見られなくなった．部屋を飛び出した時も，しばらくすると1人で部屋に戻って来るようになった．飛び出したX君が部屋に戻ってきた時，担任の先生は，飛び出した行動（×）を注意するのではなく，部屋に戻ってきた行動（○）をほめるなどの対応を行い，X君の適切な行動を積極的に強化している．

注
1）支援による子どもの行動の変化を確認するために，支援の実施前（ベースライン）と実施後の行動の観察及び記録を行う．詳細については，Alberto & Troutman［1999］を参照．
2）正式には嫌子出現阻止の強化．阻止の随伴性（直前条件が「やがて」の随伴性）は，他の強化，弱化にも同様に存在する．詳細については，杉山ほか［1998］を参照．

引用・参考文献

Alberto, P. A., & Troutman, A. C.［1999］. *Applied behavior analysis for teachers* (5th ed.). Prentice-Hall（佐久間徹・谷晋二・大野裕史訳『はじめての応用行動分析』二瓶社，2004年）．
小野浩一［2005］『行動の基礎――豊かな人間理解のために――』培風館．
杉山尚子・島宗理・佐藤方哉・リチャードW. マロット・マリアW. マロット［1998］『行動分析学入門』産業図書．
田中善大・神戸市発達障害ネットワーク推進室［2011］『発達支援のためのチャレンジブック』神戸市発達障害ネットワーク推進室．

第3章

感 覚 統 合

第1節　感覚統合理論の概要

　感覚統合理論は，アメリカの作業療法士であるエアーズ（Ayers, A. J.）によって作業療法の理論の1つとして構築され，1970年代から80年代にかけて作業療法の科学的実践に最も影響を与えた．エアーズは，感覚統合理論を学習障害児の研究の中から発展させてきたが，子どもの遊びや学習能力の発達を従来の神経心理学的モデルではなく脳神経科学モデルで説明している点が特徴といえる［Miller et al. 1988：邦訳 107-158］．日本では，学習障害児のみならず，自閉スペクトラム症，注意欠如・多動症，知的障害等に対し実施されている．また，医療のみならず，保育，教育にも取り入れられているのも特徴といえる．

　その後の研究により，感覚統合障害は，「感覚調整障害」と「（発達的な）行為機能障害」に区別されている［Bundy 2002：3-10］．感覚調整障害にみられる症状は，視覚，聴覚，触覚，前庭覚等の感覚に偏りがあり，敏感すぎると，その感覚刺激を負荷に感じ回避する行動がみられ，逆に，鈍感すぎると，感覚の識別がうまくいかず正しく認識できなかったり，鈍感さゆえに，その刺激を求めて行動に出てしまうことが多い．行為機能障害は，自分の体をはっきりと認識できず，運動の不器用さ，手先の不器用さがみられることが多い．いずれの状態も，子どもの困り感に直結する症状といえる（図3-1）．子どもを多面的に理解する上でも，感覚統合の視点は重要であると考えられる．

　それでは，感覚統合障害があると具体的にどのような困り感が生じるのであろうか．ここでは，感覚の偏りがある「感覚調整障害」を例にとって紹介する．自閉症の当事者L氏の報告では，自身の感覚過敏の症状，具体的には，視覚過敏，聴覚過敏，触覚過敏，味覚過敏，嗅覚過敏により，生活のしづらさを訴えており，反面，気づきにくい感覚として，トイレの感覚，空腹感，のどの渇き，真の疲労感を挙げており，気づきにくいがゆえに，後からその感覚が押し寄せ，倒れるまでになると報告している．そして，生活していくうえで，感覚の特性は変化しなくても，周りに人々の理解があると，困り感も軽減すると述べていた［自閉症当事者L 2013：8-11］．自閉スペクトラム症当事者の藤家弘子は，「雨は痛いじゃないですか．当たると，傘をさしていても，はみ出た部分に雨が当たると1つの毛穴に針が何本も刺さるように痛くありませんか」「シャワーも痛いです．だからお風呂はできるだけかぶり湯にします」［藤家 2004：24-25］と述べる．同様に，ニキ・リンコは，触覚過敏に対し，「私は

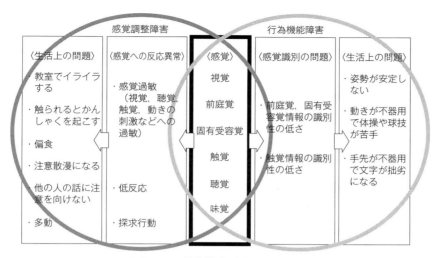

図 3-1　感覚統合障害のあらわれ
（出所）関森［2016：243］.

雨は痛くないですよ．でも扇風機の風が痛いです」［ニキ 2004：28］と述べている．感覚の偏りがあることで，生活に大きな支障が生じていることがわかる．

感覚の偏りに対する評価法として，Sensory Profile[3]が世界的に使われており，日本でも標準化され，日本版感覚プロファイルとして発行されている．他にも，日本では，太田篤志らが開発した感覚発達チェックリスト改訂版（以下 JSI-R）[4]が用いられる．JSI-R を用いた研究は多く，保育所等における評価としても使われている．評価用紙がインターネット上に公開されており活用しやすい面も JSI-R が使われている理由といえる．

実際に，感覚統合療法を用いて支援を行う際は，子ども 1 人 1 人の遊びの中での反応に対し，自らの力で課題を成し遂げるように支援する．決して，マニュアル通りに実施すればよいものではない．しかし，感覚統合の視点を加味することで，子どもの新たな見方が促進され，これまでとは違った支援が可能になるといえる．

第 2 節　感覚統合理論において障害児保育に応用できる技術・技法

児童発達支援事業において保育士と協働で行った，感覚統合の視点を取り入れた水遊びを紹介する［森本 2017：38-41］．

1　設定

水遊びは，グランド横の土手と芝が敷いてある敷地（図 3-2）を利用して行う．水遊びの種目は，ビニールプールでの水遊び（図 3-3），シャワーでの水遊び，シェービングフォーム（男性のひげそり用の泡）を利用した泡遊び，土手にブルーシートを敷いてつくった泡滑り台である．水遊び玩具として，水鉄砲やままごとセット，シェービングフォームに色つけが

図3-2　全体の様子

（出所）筆者撮影．

図3-3　ビニールプールと泡遊び道具

（出所）筆者撮影．

表3-1　活動内容とねらい

<u>ビニールプールでの水遊び</u>：主に遊びの中で触覚（温度覚も含む）を体験する．子どもたちが慣れている水に親しんで遊ぶ．手や体に付いたシェービングフォームをビニールプールの中で洗い流すことで，次第に，水が濁ってくる．また芝の上を歩き回るため，足に芝が付くことも多い．そのままビニールプールに入ると，芝も水の中に入る．清らかな水以外の状態で，水遊びを体験する．

<u>シャワーでの水遊び</u>：主に遊びの中で触覚（温度覚も含む）を体験する．頭上から水を浴びるようにして遊ぶ．全身に水を浴びる体験をする．

<u>シェービングフォームの泡遊び</u>：主に遊びの中で触覚を体験する．泥遊びに似た，べたつく感触を遊びとして体験する．直接手で触れる以外に，ままごとのスプーンなどを使って遊ぶ（泡が手につかないようにして遊ぶ）．また，泡に色水を吹きかけることで，色の変化を楽しみながら遊ぶ．

<u>泡滑り台遊び</u>：主に遊びの中で前庭覚，固有受容覚と触覚を体験する．泡で滑りやすくした斜面を滑り降りる．また，滑り降りるだけでなく，斜面を登って上がってくるときは，一工夫が必要である．通常，歩行するのと違う体の使い方の練習になる．

<u>その他</u>：水鉄砲や霧吹きで水を出す際の手の操作力を経験する．水風船投げは，手の操作力に加え，投げるときに感じる固有受容覚を体験する．

できるように色水を入れた霧吹きなどを用意した．

2　活動の様子

　基本的には，子どもの自発性を優先し水遊びを実施した．スタッフは，子どもが遊びに気づいていない場合は遊びに誘った．また，遊びを避けている場合も，子どもがチャレンジできる範囲で遊びに誘った．ビニールプールの水は，水道水をそのまま使用した．「冷たい」と言いながらも，水の中に浸かって遊ぶ子どもが大半であった．スタッフが，冷たいと感じた場合は，若干，温水を入れ，調節することもある．

　シャワー遊びでは，雨が降るような感じで，シャワーの水を子どもの頭上から降らせた．自らシャワーにかかりに来る子どももいれば，反対に逃げる子どももいた．

　泡遊びでは，子どもが自由に泡の感触を楽しめるようにした．泡をテーブルの上に広げ，お絵かき風に遊ぶ子どももいた（図3-4）．シェービングフォームに霧吹きで色水を吹きかけ，淡い色が付くのを楽しむ子どももいた（図3-5）．泡が苦手な子どもに対しては，直接手に泡が付かないように，スコップで泡をすくったり，ままごとセットなどを使って遊んだりした．子どもが泡遊びで使ったシェービングフォームをビニールプールの水で洗い流すう

図3-4　泡でのお絵かき
(出所) 筆者撮影.

図3-5　泡に霧吹きで色付け
(出所) 筆者撮影.

図3-6　濁った水での水遊び
(出所) 筆者撮影.

図3-7　泡滑り台を1人で滑る
(出所) 筆者撮影.

ちに，水が濁っていくのも遊びの1つとして見守った（**図3-6**）．

泡滑り台では，お尻を着けて，座って滑るだけでなく，うつぶせで全身泡まみれになりながら，勢いよく滑る子どももいた．反対に，滑りたいが泡が体に付くのを嫌い遊べない子どももいた．その場合，まず，スタッフと一緒に滑ることで滑り台の楽しさを体験させ，次いで，1人で滑らせるように誘導した（**図3-7**）．泡は苦手だが，滑るのが面白くなり泡滑り台遊びを自ら遊べるようになった子どもがいた反面，どうしても，泡が体に付くのが嫌で挑戦できなかった子どももいた．

3　保育士の所見

集団での保育において，安全面，衛生面を考慮することは不可欠であるが，十分に配慮したうえで，子どもの感覚の特徴に合わせて，遊び方を工夫することで，普段以上に子どもの笑顔を引き出すことができ，自主的に積極的に遊ぶ子どもの姿を目にすることができた．

実際に，感覚統合の考え方を取り入れた水遊びに対する保育士の感想をまとめると，普段の保育では使わない材料や遊び方に，初めは，驚きや疑問が生じていた．しかし，子どもが楽しみながら，喜んで遊ぶ姿を目にして，活動内容を容認するようになり，更に，子どもが，自分自身で積極的に遊ぶ姿を見て，遊びとして展開，そして，発展させていこうとする心の

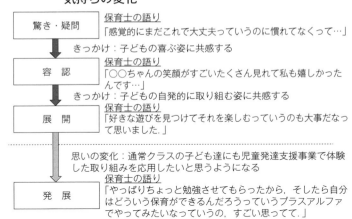

図3-8 感覚統合の考えを用いた水遊びに関する保育士の気持ちの変化

変化が伺えた（図3-8）．

第3節　保育場面での応用

　S保育士が担任をしている年中組のクラスには，加配がついている子どもが2名いる．クラスでの保育をどのように実践していくのかをS保育士の保育実践をもとに考えてみる（S保育士は，以前，児童発達支援事業で勤務した経験があり，また，作業療法士とも協業の体験がある保育士である）．日頃活動として取り組んでいる運動遊び「ひっぱる」を紹介してもらった．図3-9は，段ボールに紐をつけて，子どもたちが引っ張り易くして遊んでいる様子である．

　S保育士は，この活動のねらいを以下のように話した．

　　①姿勢保持が難しい子どもや，転びやすい子ども，手先が不器用な子どもに対して，引っ張る遊びを通して，しっかりとした体幹を作ることをめざす．
　　②両手でタオルを引っ張りながら，お友達を落とさないように運ぶ．

そして，この活動でS保育士は，手に感じる重さを両手でしっかり感じ取ることを大切にしていた．
　この「ひっぱる」運動遊びを，感覚統合の視点を踏まえて考えてみる．「ひっぱる」運動遊びは，子どもにとって楽しい遊びであるのだが，力加減を調整しながら体を動かす必要があり，工夫が必要な遊びといえる．感覚統合の視点で見ると，前庭覚や固有受容覚が鈍くて動き回りたくて仕方がない子どもにとっては，体にしっかり力を感じながら動くことができる遊びであるといえる．子どもは，部屋の中を走り回るより，この遊びを通して，普段の倍以上，前庭覚や固有受容覚を感じ取ることができる．部屋の中を走り回ると，注意を受けることあるが，活動に目的を持たせることで，ほめられる対象として子どもの行動を見ること

ができるようになる．更に，友達の様子を確認しな
がら，強く引いたり，弱く引いたりと，自分の行動
を調整できることが可能になることで，固有受容覚
が鈍い子どもに起こりがちな力加減ができないとい
う困り感に対しても，支援ができると考えられる．

　逆に，前庭覚に過敏さがあり，激しい動きが求め
られる遊びを避けるような子どもに対しては，引っ
張られる役ではなく，引っ張る役に徹するような遊
び方をする．または，引っ張られ役になった場合
でも，引っ張り役の子どもにゆっくりと引っ張るよ

図3-9　運動遊び「ひっぱる」の様子
（出所）S保育士より提供．

うに協力してもらい，楽しみながら遊ぶことが体験できるようになると考えられる．
　日常の保育の中で，子ども1人1人の特徴に合わせて遊び方を工夫することは大切である．
その際に，感覚統合の考えを加味することで，子どもの満足と成功体験，そして，達成感を
体感させることができる．

注
1）作業療法士は，理学療法士，言語聴覚士と並ぶリハビリテーションに携わる専門職である．医療分野に加え，
　 福祉，教育分野にかかわる数も増えてきている．障害がある子どもの療育や発達相談，支援にも携わる．
2）「発達障害者支援法」第2条によると，発達障害とは，広汎性発達障害（自閉症，アスペルガー症候群等），
　 学習障害，注意欠陥・多動性障害等の通常低年齢で出現する脳機能の障害と定義されている．精神障害との
　 診断と統計マニュアル第5版（DSM-V）では，自閉スペクトラム症，注意欠如・多動症と改定された．
3）Sensory Profile は，感覚統合障害の中の感覚調整障害を判別するためにW. Duunが開発した検査．日本で
　 も再標準化され，2015年から，日本版感覚プロファイルとして出版が開始された．
4）感覚発達チェックリスト改訂版（JSI-R：Japanese Sensory Inventory Revised）は，太田篤志らが開発した
　 日本独自の感覚面の偏りを調べるための質問形式の評価表である．前庭覚，触覚，固有受容覚，聴覚，視覚，
　 嗅覚，味覚，その他の行動特性により評価する．評価用紙，サマリーはホームページ（http://www.atsushi.info
　 /jsi/）からダウンロードできる．

引用・参考文献

Bundy, A. C., Lane, S. J., & Murray, E. A., [2002] *Sensory Integration Theory and Practice second edition*. F.
　 A. Davis Company（土田玲子・小西紀一監訳『感覚統合とその実践（第2版）』協同医書出版社，2006年）．
自閉症当事者L［2013］「私の感覚――当事者からのメッセージ――」『チャイルドヘルス』16 (10)．
Miller, B. J., Sieg, K. W., Ludwig, F. K. et al. [1988] "A. Jean Ayers," *Six Perspective on Theory for The*
　 Practice of Occupational Therapy, Aspen Publishers, Inc.（「第5章　A・ジーン・エアーズ　感覚統合理論」
　 岩崎テル子監訳『作業療法士のための6つの理論』協同医書出版，1995年）．
森本誠司［2017］「発達障害領域における地域作業療法の実践について」『作業療法研究くまもと』5 (1)．
ニキ・リンコ・藤家弘子［2004］「第I部　気まぐれな身体感覚」『自閉っ子，こういう風にできています！』花
　 風社．
関森英伸［2016］「発達障害児の療育・作業療法から学んだ行動特性の捉え方と，望ましい対応」『精神看護』19
　 (3)．

第4章

ソーシャルワーク

第1節　ソーシャルワークの理論の概要

　ソーシャルワークのグローバルな定義は，国際ソーシャルワーク学校連盟／国際ソーシャルワーカー連盟（2014年7月総会採択）によって，「ソーシャルワーク（以下SW）は，社会変革と社会開発，社会的結束，および人々のエンパワーメントと解放を促進する，実践に基づいた専門職であり学問である．社会正義，人権，集団的責任，および多様性尊重の諸原理は，SWの中核をなす．SWの理論，社会科学，人文学，および地域・民族固有の知を基盤として，SWはウェルビーイング（well-being）を高めるよう，人々や様々な構造に働きかける」と定義されている．well-beingとは人としての尊厳が守られ，自己決定が促進されるという積極的な意味を含む言葉である．

　SWとは，人と環境への相互作用により課題や困難の解決を試みる際に，必要な社会福祉の援助技術を理論的に整理したものである．またSWの対象は，全ての人であるが，特に生活課題（病気や障害，経済的問題，就労等）を抱えている人や抱えそうな人である．SWの働きかけには3つのレベルがあり，①ミクロレベルでは個人，家族，小集団を対象とする　②メゾレベルでは自治体，保育所，施設，学校，職場，近隣を含む組織や地域社会を対象とする　③マクロレベルでは社会全体の変革をめざし政策や制度を対象とするものがある．

　SWの先駆的実践の1つを挙げると，糸賀一雄の有名な言葉にある「この子らを世の光に」がある．この言葉は重複障害児たちが，人間の尊厳を社会に気づかせることを意味した．糸賀の思想と実践を通して，障害の有無に関わらず，人間は1人1人にその人が歩んできた人生と人格があり，全ての人には価値があることを社会の人々に気づかせた．これは重複障害児に対する社会の目を変革させただけでなく，広く私達人間に対する見方をも変革させることとなった．糸賀はさらに障害の程度によらず，全ての子どもは教育を受ける権利があり，社会にはそれを実現する責任があるという考え方も説いた．このようにSWは，障害から発生する生活課題をミクロレベルの個人の課題としてだけ捉えるのではなく，メゾ・マクロレベルを踏まえた個人と環境との相互作用や，個人の尊重を重視して考えることにその特徴がある．

　次に，障害児保育におけるSWでは，前記を踏まえ子どもの権利に関する条約を前提に，子どもの最善の利益を優先した共生社会を実現するという考え方が重要になる．共生社会の

実現とは，全ての人々が個人の多様さを受け入れ認め支え合う社会のことをいう．障害児とその家族が日常生活の中で安全で安心し，障害の特性を活かして生きていくことができる地域社会を築くことが，共生社会の実現には不可欠である．

障害児保育における SW であるが，ミクロレベルでの対象は障害児ときょうだい，親，家族である．障害のある子どもの育ちにくさや，親が子どもに感じる育てにくさが，それぞれの生きづらさになり生活課題を抱えることになる．具体的には，将来の見通しのなさや不安，障害の理解，障害の受容，障害の特性に合わせた関わり方や遊びなどの養育方法，親子間関係，きょうだい支援，孤立などがある．また，日本では母親が中心になり子育てを担っており，母親の状態は子どもの QOL に大きく影響することがわかっている．つまり，障害児を育てる母親は，障害の特性から派生する課題と，子育ての中心（責任）を担っている親としての悩みや課題，さらに前述している一般的な生活課題などが重複していることも珍しくない．このことからも母親への配慮や支援は，障害児保育における SW にとって重要な課題である．障害児と親の生活課題は，一見個人や家族関係に要因があると思われがちであるが，実は社会構造のひずみから生じていることも多く，子どもや家族の努力だけでは決して解決しないことを理解する必要性がある．

第2節　障害児保育で活用できるソーシャルワーク技術と技法

1　保育者に求められる基本的な援助の原則（バイステックの7つの原則）

望ましい援助関係を形成するために重要な，バイステック（Biestek, F.）のケースワークにおける7つの原則を，簡略した説明をすると次のようになる［Biestek 1957：邦訳 33-210］．

①「個別化の原則」は，子どもと親が抱える課題は，たとえ他の人の課題と似ていても，1人1人の歩んできた人生，生活状態，考え方やニーズなども異なることから，同じ課題と考えずに，その人固有のものであることを保育者が認めることである．

②「意図的な感情表現の原則」は，子どもと親自身が自由にありのままに感情を表現することを大切にする．特に否定的感情を表現する際には，大きな不安と苦痛を伴うことがあるため，保育者は自らの感情表現を工夫し，信頼関係を形成することが大切である．

③「統制された情緒的関与の原則」は，保育者が子どもと親から投げかけられた感情を敏感に受けとめ，表現された感情の底に潜んでいる意味を理解しながら，適切に反応することをいう．子どもと親の感情にのみ込まれないように，自分の感情や価値観を自覚し，自分の価値観を押し付けることなく適切に関わることが大切である．

④「受容の原則」は，保育者が子どもと親を1人の人間として関心をもち，無条件にその価値を認めて尊重し受けとめることである．子どもと親の言葉や行動，態度を保育者の価値観で判断せず，まずはあるがままを受け容れて課題を理解しようとする

姿勢のことをいう．保育者が受容することにより，子どもと親は自分自身に対する否定的な感情を解消させ，自ら自身を受容できるようになる．

⑤「非審判的態度の原則」は，保育者が子どもと親の行動や態度に対して，批判や評価したり，また保育者自身の価値観を押し付けたり，非難することをしてはならない．人は自らを否定する人との間に信用や信頼関係を形成することは難しい．

⑥「子どもと家族の自己決定の原則」は，子どもと親自身が自分の置かれている状況の中で，進むべき方向を自分の意志と力によって決定し行動できるように，保育者が支援することである．課題に対する解決の主体は子どもと親であるので，保育者は命令や指示をしないで，子どもと親を支持し尊重し，一緒に最善のことを考えることが重要である．

⑦「秘密保持の原則」は，保育者は子どもと親が打ち明ける問題の情報を他の誰にも漏らさない．保育者として当然の義務であり，信頼関係を保持するために重要である．

2　子どもと親のこころに寄り添うための基本的な援助の姿勢

① 共感

　援助関係の前提とするもので，相手の立場に立って気持ちを理解し同じ感情を共有することである．自分と相手は別の人間ということを認識しながら，保育者として子どもと親の感情世界を深く感じて理解し，それを言葉で相手に伝えることが重要である．また相手が気付かなかった感情を言語化することで，気持ちが整理されることもある．

② 傾聴

　相手の言葉や態度に耳と心を傾け，相手の感情を理解し共感する聴き方をいう．時々のうなずきと相槌をうちながら聴く．相手が話を進めるきっかけを作り，相手の言葉を妨げないことを心がけ，決して急かしたりせず，自分の意見を前面に出さないように聴くことが大切である．また話やすい環境を整え時間を作ることが必要である．保育者は傾聴の技法を活用して，子どもと親の話を聴くことが信頼関係の構築につながる．

③ ストレングス・アプローチ

　ストレングスに焦点をあて，「できること」を活用しようとする支援方法の１つである．ストレングスとは人が持つ豊かな能力，意思，知識，希望，自然治癒力などに着目し，課題解決につなげることができる強みのことをいう．子どもや親が「できた」ことを積み重ねることは達成感や自信につながる．課題や欠陥に焦点を当てるのではなく，うまくいかなかった場合でも，保育者はできたところをプラス思考で評価し，挫折感を減らすようにすることが大切である．

④ エンパワメント・アプローチ

　自らの課題を解決できる様に援助を展開する方法の１つである．生活課題は個人だけに起因するものではないが，課題を抱えている期間に人は差別や偏見などの社会的な圧力を受け続け，また自らの知識不足や必要な社会資源がわからないことによって自己解決できなくな

ることがある．この状態が内在化すると不信感や自己嫌悪，自信喪失，あきらめ，絶望といった行動が形成される．このような無力な状態にある人も内在的な力を有しているという視点をもつことが必要である．保育者は子どもと親の有する潜在的な力を引き出し，強化することによって，課題解決を図れるように支援する．さらに子どもと親が自分に影響を及ぼす事柄を，自分でコントロールできる力をつけることをめざして保育する．

3 子どもと保護者との信頼関係を築くためのコミュニケーションの方法

盲ろう者の福島智［2011］は，コミュニケーションは双方向的なものであること，そして人間には空気や水と同じように，コミュニケーションは生きる上で不可欠なものであると述べている．障害児保育においてコミュニケーションは，双方向の信頼関係を構築するための方法であり，またコミュニケーション行為を通して，情報を得てアセスメントし，子どもや親のニーズを把握し生活課題を知り，関係性を通して個別化する点において重要な意味を持つ．

言語的コミュニケーションとは，言語（音声言語と文字言語，手話，点字など）による伝達手段である．言語は人間に与えられた高次な機能の1つで，人間は言語によって思考を深め，目の前にある事象や過去の事柄，抽象的な事柄，未来の予測などを考えることができる．一方，相手への思いやり，好意や敬意，礼儀などがないと相手を傷つけるのも言葉であり，使い方を誤れば相手との関係を崩すこともある．

非言語的コミュニケーションとは，言語以外の伝達手段である．福島［2011］はバードウィステル（Birdwhistell, R. L.）の引用を用いて，二者間の対話では，言語によって伝えられるメッセージは全体の35％にすぎず，残りの65％は非言語の手段（話しぶり，動作，ジェスチャー，相手との間のとり方など）によって伝えられると述べているほど，非言語コミュニケーションは人に影響を与えている．

また，ヴァーカス（Vargas, M. F.）は，以下の非言語的要素9つをあげている［Vargas 1986：邦訳 16］．①性別，年齢，体格，顔貌などコミュニケーション発信者の遺伝要素に関わる身体的特徴の中でなんらかのメッセージを表すもの，②人の姿勢や動きで表現される動作や態度，③アイコンタクトの交差と目つき，④周辺言語（話しことばに付随する声のトーン・抑揚・早さ等）の音声上の性状や表情の特徴，⑤沈黙，⑥相手の身体に接触することやまたはその代替行為による表現，⑦コミュニケーションのために人間が利用する空間や距離，⑧時間，⑨色彩である．これ以外には香りや衣服などの個人の好みなどもはいる．非言語的コミュニケーションは無意識に表出することが多く，保育者は自分のコミュニケーションの特徴やメッセージの表出の仕方について振り返り修正することが大切である．

保育者は日々の保育を通し，子どもや親，その家族の関係に向き合っている．SWで活用される援助の原則や技法を，保育に取り入れることで保育の質の向上を図ることができる．また，保育者は直接関わっているからこそ，子どもと親の小さな異変を早期に発見できる身近な存在であり，予防的SWの担い手として重要な役割があると考えられる．

4　子どもの育ちを保護者とともに育むための相談援助

　保育者は親と対等な関係性（パートナーシップ）で「ともに子どもの育ちを育む」ことが大切である．保育者は親からの相談に対し，必要な助言を行い，親と一緒に課題解決に取り組む姿勢が必要である．親は「どう思う」「アドバイスを聞きたい」といってくるが，まずは親の話を傾聴し，親が自ら話すことによって得られる満足感を高めるようにする．相談援助では，教育的支援（保護者に情報を提供し，新たなスキルを提供し指導，さらに行動見本の提示などを行うこと）と混同しないことが重要である．

　親との信頼関係が構築されているという前提においての，保育の場で行う相談援助の特徴は，①相談しやすい環境にある．例えば，身近で必要な時にすぐ相談でき，子どもと一緒に相談できる．また安心した慣れた環境でリラックスして相談できるなどがある．②複数の保育者に相談できる．これは親が相談内容にあわせ相談者（保育者）を選ぶことができ，また複数の保育者の意見や援助を受けやすいことがある．③具体的な相談・助言を得ることができる．これは子どもや親，家族関係を踏まえ現実に即した相談を継続的にできることや，保育場面では個人情報を初めから話さなくてもわかってもらえる現状がすでにあること等である．このように，保育者が専門知識を持って相談援助を行うことは，何ものにも代えがたい意義がある．相談場所は，個室（面談室）以外の保育室や廊下，園庭が多く，特に送迎の時間などを用いて，比較的短時間で行われることが多い．保育者はこれらの場面をただ単に子どもの様子を話す時間として捉えるのではなく，生活場面での相談援助であると意識化することが大切である．相談援助では，子どもと親へエンパワーメントやストレングスなどに焦点を継続的に当て，意図的にSW技法を活用することが，子どもと親の自己決定や自立支援，主体的に課題を解決にする姿勢を養うことにつながる．

　次に，生活課題が緊迫している時や時間をかけて親の話を聴く場合は，静かで室外に声がもれない個室（面談室）を利用する．個室を利用する相談援助には，対面法と直角法がある．直角法は親と斜め45度になる角度で座る方法で，視線を合わせることを避けられ，リラックスし話しやすくする効果がある．対面法は視線を向けることのできる花瓶などをテーブルの上に置き緊張を和らげる．また保育者が座る位置を示し，親が座る位置を決めることも話やすい環境を整え面接の効果を上げる．保育者はSWの原則を理解し，日々研鑽し習得することが相談援助力の向上につながる．

5　地域社会で生活していくための多機関連携となかま作り

　子どもの幼少期は地域にある必要な専門機関や専門職，サービス，各種団体と地域住民とのネットワークを構築し，地域社会に生活の基盤を築く重要な時期である．保育者は子どもや親に適切な社会資源を結びつけるなど，各専門機関との連絡調整を行う．連携機関は行政・福祉・医療・教育機関をはじめピア・サポートグループ，地域での子ども活動などがある．また，社会で孤立しないように子どもや親同士のなかま作りを促し，インフォーマルネットワーク作りを支援する．

第3節　障害児保育におけるソーシャルワークの応用

1　事例概要

T君（4歳）は，発達性協調運動障害の診断を受けており，感覚過敏，偏食，こだわり行動などがあるが，保育所が好きで，いつも元気に登園してくる．

> 保育所での，ある日の保育中の出来事である．保育者は子どもに着席するように言葉をかけた．T君も友達が座った後にゆっくりと着席した．保育者が絵本を読み，その後描画活動の説明をした．T君専用のクレヨンを机に置き，T君も友達と一緒に描画を始めた．その直後にT君は急に立ち上がり，パニックを起こし園庭に飛び出した．

次にT君の母親の様子であるが，最近表情は暗く，笑顔がない．日常通っている保育所の担当保育者は異変に気がついた．同僚や所長に相談し，園の職員全体でT親子を見守った．信頼関係が形成されている所長は母親の様子を見て面談室で話を聴く．T君は7カ月前に診断を受け，2カ月前から，療育センターに週に1度通所している．

2　ソーシャルワークの視点を取り入れたT君への保育
——観察・アセスメント・保育計画——

保育者がT君の行動を見て「描画をしたくない（興味がない）」，「外で遊びたい」等と結論つけるとそこからは何も発展しない．「なぜ急に立ち上がって飛び出したのか」を子どもの目線になって考える必要がある．そのために発達障害の特性をふまえ，立ち上がる前のT君を観察しアセスメントし，急に立ち上がった理由を客観的に考察することが必要である．また課題を焦点化させ，複数の保育者や多職種専門職で共有し，多角的な観察とアセスメントがよりよい保育につながる．

観察とアセスメントから，T君は絵本の読み聞かせの際，着席しており座位保持ができていると保育者は思っていたが，実は左手を椅子に置き身体を支え椅子での坐位を保持していた．そのために，描画をしようとクレヨンに右手を伸ばすと，体幹の支持ができず姿勢が崩れ，その結果お尻が滑り椅子から落ちてしまった．本人も自分の特性に気がついておらず，滑った拍子にびっくりして立ちあがり，パニックになって園庭に走って行ったと考えられた．保育士たちはT君は日頃から立位が多く，疲れた時はごろごろと臥位になり，自分から椅子に座ることがあまりなかったことに気が付いた．医師に相談すると，T君は障害の特性から筋力が弱く，体幹の支持が安定していないために，筋肉の緊張を強めたり緩めたりする座位姿勢自体が激しい運動と同じ状態で，立っている方が楽なのかもしれないとのことであった．保育者たちは立位より坐位が楽な姿勢と思い込んでしまっていたことを反省し，身体機能上，着席することに難しさを抱える子どももいることを学んだ．

T君の保育計画の目標は，「短時間でよいので座位姿勢を保持し，友達と一緒に遊びを楽

しめる環境を整える」こととした．具体的方法は以下5点とした．

① 座位姿勢を補助できる椅子やクッションなどの支えを使う．
② 母親から自宅や療育センターでの様子を聴く．
③ センターの保育者と協働連携し，T君にとって良い姿勢保持や環境整備の工夫，保育の内容などの情報交換をする．また視察や映像などで相互の保育の様子を学ぶ．
④ 保育の中で友達と一緒に楽しんで遊ぶ．具体的には意図的に身体を動かすことだけでなく，静止するスキルを身につけられる遊びやリズム遊びを取り入れ，身体の使い方を覚える保育内容を組む．さらに遊びを通して筋力を増加させることも考える．
⑤ 発達障害の特性に合わせた関わりは，話し言葉が苦手であるが視覚優位なので，絵カードや写真など視覚からの情報を取り入れ，わかりやすい指示を出すなど配慮する．

　保育者にとって「困った子」は，実は「困っている子ども」であることを忘れてはならない．合理的配慮のもと，障害の特性の理解がすすみ，みんなと同じようにできることへの工夫や方法，サービスも増えつつある．障害の特性(気になる行動や言動，感情コントロール困難等)にからくる行動は，周りの人の適切な関わりの中で様々な経験を積み，成功体験を重ねることで変化，修正，成長することができる．体験の積み重ねの過程で，子ども自身が工夫する能力を獲得できるように保育者は保育を組みたてることが重要である．そのことが共生社会の一員として地域で生活をしていくことにもつながる．

3　ソーシャルワークを取り入れた母親への支援
―基本的な援助の原則・姿勢・方法を活用した相談援助―

　面接の内容から，母親は障害を受容できず自分を攻めており，また育てにくさからT君の将来を悲観している．所長は母親へのねぎらいの気持ちを伝え，1人で頑張らなくていいこと，一緒にT君の育ちを育み良さを見つけていくことを伝えた．また園の保育者が何気ない日常の会話を意図的に行い，母親が話をしたい時や必要な時には，いつでも関われるように見守った．また，障害の受け止め方や受容については様々で個人の考えを尊重し，慎重に支援することが重要になる．子どもの障害の特性からおこるパニックなどの行動は，親の養育力の問題ではないことが多いが，それを説明すると安心する親もいる一方で，子ども自身の問題として苦痛が増す親もいることを忘れてはならない．親の気持ちを尊重し，むやみに全てを聞き出そうとせず，必要時は専門職と連携をとることが大切である．

　さらに，家庭での育てにくさであるが，親は子どもの障害の特性の理解や，実際に子どもが起こす行動がわからないことや予測できないことから，将来見通しがたたず，漠然とした不安感が大きくなることが多い．親への支援の基本は，気持ちを傾聴し，受容，共感する．そして，親の気持ちやつらさに寄り添い，特に母親が1人で抱え込まないようにすること，そして親としての自尊感情を高めることが重要な支援である．必要に合わせ心理的ケアを勧めることも大切である．親の状態を見極めて，子どもの特性や具体的な子育て方法(関わり，

行動，態度，遊び，しつけなど適切な関わり方）を一緒に考え，実践する．そして社会資源（サービスやネットワーク）などの支援システムを活用できるように支援する．このように保育者は，子どもの保育を通して親子が地域で生活できる環境を整え，また地域住民にも障害児と親のおかれている状況や支援のあり方等を発信し地域全体で子育てをサポートする地域作りも考えていくことが，今後ますます重要になる．

引用・参考文献

Biestek, F. P. [1957] *The Casework Relationship*, Loyala University Press（尾崎新・福田俊子・原田和幸訳）『ケースワークの原則――援助関係を形成する技法――（新訳改訂版）』誠信書房，2006年）．

福島智［2011］『盲ろう者として生きて――指文字によるコミュニケーションの復活と再生――』明石書店．

一瀬早百合［2011］早期療育におけるソーシャルワーク――グループワークを中心に――」『社会福祉』52．

伊藤良高・永野典詞・中谷彪編［2012］『保育ソーシャルワークフロンティア』晃洋書房．

柏木惠子［2008］『こどもが育つ条件――家族心理学から考える――』岩波書店（岩波新書）．

宮下桂子［2017］「発達障害の子どもと家族のソーシャルワーク」『ソーシャルワーク研究』43（1）．

鶴宏史［2009］『保育所におけるソーシャルワーク実践研究』大阪府立大学博士学位論文．

鶴宏史・中谷奈津子・関川芳孝［2016］「保育所における生活課題を抱える保護者への支援――保育ソーシャルワーク研究の文献レビューを通して――」『武庫川女子大学大学院教育学研究論集』11．

Vargas, M. F. [1986] *Louder Than Words : An Introduction to Nonverbal Communication*, Iowa State Press.（石丸正訳『非言語（ノンバーバル）コミュニケーション』新潮社，1987年）．

山縣文治［2017］「子ども家庭の抱える課題とソーシャルワーク」『ソーシャルワーク研究』43（1）．

第VII部
障害児保育の歴史と現状・課題

　第VII部では，障害児保育の歴史，障害児保育に関連する制度などの現状と課題について学ぶ．第1章では，明治時代の学齢期の障害児教育から現在の特別支援教育までの歴史を，教育や保育に関する制度や実践に関わった人物を含めて概観する．第2章と第3章では，障害児に関わる医療，保健，福祉，教育の現状と課題について，これらに関わるデータや制度・政策の動向を踏まえて解説する．

第1章

障害児保育の歴史的変遷

障害児への保育の歴史的変遷は，学齢期の障害児への教育が先行し，その後，障害幼児への保育へと広がっていった．

第1節　障害児への教育のはじまり

日本の障害児教育の歴史で最も古いのは盲聾児への教育である．知的障害児，肢体不自由児への学校教育は就学義務の猶予・免除のため中々進まず，民間の福祉施設内で教育が進んだ．

1　学校制度と障害児への就学義務の猶予・免除

1872（明治5）年の「学制」により，初等教育から高等教育に至る教育計画が実施される中で小学校の開設が進められ，1879（明治12）年の「教育令」制定で義務教育が始まった．「学制」の中で特殊教育について「廃人学校アルヘシ」と規定されており，理想として必要性を述べられていたが実際の設置には至っていなかった［文部省 1978］．さらに，1886（明治19）年に第一次「小学校令」の中で就学猶予規程が設けられ，猶予の理由に疾病や貧困などが挙げられ，1890（明治23）年の第二次「小学校令」の中で就学免除規定が示され「白痴」（重度知的障害）が対象とされた．1900（明治33）年の第三次小学校令によって就学義務猶予・免除制度が確立された．猶予対象に「病弱又は発育不全」と貧困児童を免除対象に「瘋癲白痴又は不具廃疾」が挙げられ［文部省 1978］，貧困層の家庭や病弱の子ども，知的障害や肢体不自由のある子どもは教育の対象とされていなかった．

2　盲聾児への教育の始まり

> **古河太四郎**
> 家塾白景堂の四男として生まれ，12歳で白景道の師匠となる．その後，小学校教師に就任するが村の溜池開発工事の許可書偽造の罪で2年間の徒刑の身となる．徒刑中，監窓の下に遊びに来ていた聾児が他の子どもたちからいじめられ泣いているのを見て，聾児を他人からの軽蔑から免れさせたいと思い，出獄後には盲聾児の教育に貢献しよう決心したと言われている．古河は聾児の自然的身振りを元に手勢（手話や指文字）を考案するなど，盲・聾児の指導法や教材においても発明工夫を凝らした［岡本 1997］．

江戸時代の末期には各地の寺子屋において，かなりの数の盲聾児が教育を受けていたといわれているが本格的に盲聾児への教育が始まったのは明治に入ってからである．1878（明治11）年，古河太四郎によって盲聾児のための「盲啞院（盲唖院）」が京都に設立された．同じ頃，東京でも訓盲所

を設立しようと外国人宣教師や知識人が中心となり1880（明治13）年，楽善会訓盲院（後の東京盲聾唖学校）が開設された．盲唖院はその後，京都府立盲唖院となるが，必要経費は全面的に府から支弁されなかったため経営的に厳しく多額の寄付金を必要とし，しばしば閉院の危機に瀕した．ようやく1923（大正12）年「盲学校及び聾唖学校令」が公布され各都道府県に設置義務が課せられた［文部省 1978］．1925（大正14）年には，視覚障害と聴覚障害に分かれ「京都市立盲学校」，「京都市立聾唖学校」として独立した．

3　知的障害児への教育のはじまり

　日本の知的障害児教育の起源は，1890（明治23）年，長野県の松本尋常小学校「落第生学級」であるといわれ，1896（明治29）年には長野尋常小学校に「晩熟成学級」が設置されている．背景には小学校令，義務教育化によって児童数が増加したことで，学業不振や非行等が問題とされる「劣等児」や「落第児」と称された児童が存在したためである［文部省 1978］．松本尋常小学校は能力別学級編成を行ったが4年後に廃止され，長野尋常小学校は4年の教科を5年で卒業できる仕組みを設け，25年間ほど存続した．明治30年代に入ると欧米の障害児保護・教育情報が国内で紹介されることが増え，特殊教育への関心も高まり，全国各地に知的障害児への特別な学級が設置されるようになった．しかし，多くは長続きしなかった．

　1905（明治38）年，鈴木治太郎は大阪府師範学校附属小学校にて教育治療室を設け，学習から取り残される児童について原因の探求と特別指導を行った．1917（明治40）年大阪市の視学となって学業成績が振るわない児童や知能測定の研究に尽力した．その教育効果を大阪府と文部省に報告し特別学級の必要性を提唱したことにより，ようやく1940（昭和15）年に知的障害児の最初の独立校として大阪市思斉学校が創設された．

　知的障害児への教育は学校ではなかなか定着せず，見兼ねた篤志家たちが慈善事業として施設を設立し保護や教育を始めた．1891（明治24）年，石井亮一によって知的障害児を対象にした日本で最初の施設，滝乃川学園が（当初，孤女学院）設立された．明治末期から大正にかけては，脇田良一の白河学園，岩崎佐一の桃花塾，川田貞治郎の日本真育園，藤倉学園などの施設が設立された．

4　肢体不自由児への教育のはじまり

　肢体不自由児への教育が遅れた理由は，村田茂［1977：7］によると，①医療が未発達のため肢体不自由児の生存者が少なかったこと，②盲・聾児に比べると根強い偏見があったこと，③整形外科が充分開拓されてなかったこと，④教育方法が盲・聾児に比べると独自なものであったことがあげられている．特に，肢体不自由児

石井亮一
立教女学院の教師だった石井は，濃尾地方大震災によって家や親を失った少女たちが誘拐され醜業者の手に渡り，人の道から外れているという噂を聞き，少女たちを救済するために孤女学院を設立した．しかし，少女たちの中に知的障害児がいたため，その子どもたちには特殊な教育が必要だと考え，後に知的障害児を施設に迎え入れ，滝乃川学園と改称した．女児養護の方は保母養成部とし両事業を行なった．後に，入所児童の火遊びから火事となり施設の一部や貴重な研究資料が焼失したと言われている［藤島・大井・清水ほか 1988：58］．

> 高木憲次
> 肢体不自由児者の療育事業の開拓者といわれる．1918（大正7）年に肢体不自由児・者が治療を受けながら教育も受けられる，いわゆる「夢の学園教養所」説を唱えた．後にドイツ留学後，「クリュペルハイムに就いて」と題する論文を発表し肢体不自由児・者への療育施設の必要性と在り方を訴えた．肢体不自由という名称は1929（昭和4）年頃，高木によって提唱された．それまでの「カタチンバ，片輪，不具，欠陥，廃疾，奇形」など嫌悪感や蔑視的意味を含んだ呼称名に代えたといわれる［藤島・大井・清水ほか 1988：126］．

への偏見は好奇の目の対象だけでなく，前世の因縁が原因であるという迷信が根強く存在し，江戸時代においても真先に間引きをされたり，興行師に買われて見世物にされたりすることもあったといわれている［村田 1997：3］．

日本の肢体不自由児教育の発展は，その初期から1960年頃まで高木憲次の尽力が大きかった．高木は，肢体不自由が理由で入院治療するために教育を受けられない児童に治療と教育の両機能を備えた「教養所」が必要と考えた．それを最初に実現したのは，体操教師であった柏倉松蔵である．1921（大正10）年，日本で初めての肢体不自由児の学校というべき柏学園が開設された．柏学園では午前中は学科を教え，午後からマッサージ及び体操・運動訓練を行っていた［藤島・大井・清水ほか 1988：98］．

最初の肢体不自由児の公立の学校は1932（昭和7）年，東京市立光明学校である．光明学校は病院の機能を備えていなかったが高木が校長の人選や教育のあり方などを指導助言した．1942（昭和17）年整肢療護園を開設し，高木は自ら園長となったが第二次世界大戦の空襲で施設の大半を焼失した．戦後は児童福祉法の起草に参加し，整肢療護園を同法で定める肢体不自由児施設として再建した．［藤島・大井・清水ほか 1998：126-127］．

5 障害幼児の保育の始まり

障害幼児を明確に対象とした保育は大正期に入ってからであるが，神戸の婦人宣教師によって設立されたキリスト教の善隣幼稚園では，1911（明治44）年から午前・午後の2部制保育を行っており，午前は一般の子どもで，午後からは貧しい子どもたちのために無料で保育が行われていた．「午後の園児には目の病気を持っている子が多かったが，園では常に施設・設備の消毒が行なわれ，医者の治療が継続的に行なわれた．こうして子ども達はみちがえるほど変化し，保育者の行き届いた日常の生活指導が親にも子にもよい影響を与えた」［小林 1986：97］いう記述がある．視覚障害児に相当するかどうかは不明だが，支援を必要とする幼児が受け入れられていたと考えられる［吉川 2015：157］．

1）盲・聾幼児への保育の始まり

1916（大正5）年に京都市立盲唖院の聾唖部に幼稚科が設置された．当初は小学部から行われる口話教育（発音指導）への移行を目的とし，幼児への発音指導が行われていた［文部省 1978］．その後，幼稚科は1923（大正12）年「盲学校及聾学校令」により制度化された．1926（大正15）年には聾児のための日本で最初の幼稚園，京都聾口話幼稚園が京都盲唖保護院内に設置された（1928年京都聾口話学園と改称，1931年京都府立聾唖学校の第二教室となる）．東京では，楽善会盲訓所を祖とする東京聾唖学校で1928（昭和3）年に4歳から6歳までの聾児を対象にした予科（予備の課程）が設立された［吉川 2015：157］．

盲児に対しては，1924（大正13）年，横濱盲訓院に幼児を対象にした初等予科が設置され，1927（昭和2）年には，東京盲学校に予科が設置されている．

2） 知的障害幼児への保育の始まり

城戸幡太郎は1936（昭和11）年に保育問題研究会を発足させ，行動問題児を対象とする「困ッタ子供ノ問題」の部会を設け，三木安正がこの部会の中心となった．1938（昭和13）年，恩賜財団母子育成会によって愛育研究所が創設され，知的障害幼児を対象にした初めての保育施設「異常児保育室」が設置された．三木が教養部第二（異常児）研究室の主任を任され，特別保育室を設置し保育実践を行なった．特別保育室では集合指導（集団保育）や個別指導が行われた．開設当初，三木は自ら保育を担当し，助手らとともに観察・記録を行なった．後には小溝キツが保育の観察・記録を残している．小溝は終戦後，特別保育室を発展させた私立愛育養護学校（1955年開校）で教頭，校長を務めている［河合 2012］．

第2節　戦時下の特殊教育

1941（昭和16）年，国民学校令が公布され，戦時下の国民錬成教育に向けて義務教育が8年に延長され，教科・科目の編成が進められた．特殊教育においても，盲学校，聾唖学校は国民学校の過程と同等以上と認められ，保護者の義務履行は国民学校に就学するものと同じとみなされた．国民学校令施行規則第53条の規定に「身体虚弱，精神薄弱其ノ他心身ニ異常アル児童ニシテ特別養護ノ必要アリト認ムルモノノ為ニ学級又ハ学校ヲ編制スルコトヲ得」と示され，学級，学校編成は文部省令第55号により，これらの学級や学校は養護学級，養護学校として称されることになり，更に身体虚弱，精神薄弱，弱視，難聴，吃音，肢体不自由等の別に編成することなどの基準が定められた［文部省 1978：52-53］．

戦時下も身体虚弱児を中心に養護学級の編成は進み，養護学校は大阪市思斉学校，東京市立光明学校は国民学校となった．しかし，昭和18年後半頃から戦局の逼迫により，戦時教育非常対策が次々に出された．学童疎開と農耕作業，校舎の軍用，空襲による校舎焼失，食糧悪化による児童の栄養失調，罹患，死亡，教職員の応召，学級閉鎖，授業停止となり，20年に入ると教育はほとんど閉塞状態に陥った［文部省 1978：53-54］．

第3節　終戦後から1970年中頃の障害児への教育と保育

1　養護学校の義務化

戦後，1946（昭和21）年11月，日本国憲法が制定され義務教育の根拠がおかれた．翌年1947（昭和22）年には，教育基本法，学校教育法が制定され障害児を含むすべての子どもが教育を受ける権利が認められた．学校教育の中に養護学校が規定され幼稚部を置くことも示され，心身障害児の義務教育の機会の保障が原則的に確立された．盲学校・聾学校は1948（昭和23）年には学年進行による義務化が行われ，戦前「予科」と呼ばれていた幼児対象が「幼稚部」

と名称を変えた．しかし，養護学校においては実際の設置や就学は延期された．学校教育法にて就学義務猶予・就学免除が規定されていたため，戦前と同様に知的障害児や肢体不自由児は教育の対象とされなかった［文部省 1978：188］．

しかし，1960年代後半から1970年代にかけて障害児の教育権保障運動が全国的に広がり，それは発達保障の認識を伴うものであった．1967年に障害者問題研究会が発足し，障害者の生活と権利を守る全国連絡協議会も結成，要求運動は養護学校義務制実現に大きな影響を与えた．ようやく1973年（昭和48）に養護学校の義務制の実施予定の政令が出された．養護学校の義務制とは，養護学校の設置の義務と保護者が該当する児童を養護学校に就学させる2つの義務のことをいい［星野 1997：109］，養護学校の義務化が実施されたのは6年後の1979年のことである．

4 障害児の入所施設・通園施設の法制化

1946（昭和21）年に糸賀一雄，池田太郎，田村一二によって近江学園が創設された．戦後の浮浪児の中に知的障害児が多くいたこたから保護・入所の目的で創設された［細淵 1989］．翌年，1947（昭和22）年児童福祉法の制定により精神薄弱児施設の設置が法制化されて精神薄弱児施設が各地に開設されていった．また，長らく，就学義務猶予・就学免除の規定により学校教育の対象とされなかった在宅の知的障害児の行き場として，1957年（昭和32）児童福祉法の改正で，精神薄弱児通園施設が設置された．通所の要件には「入所対象児は6歳以上」という年齢制限と「学校教育法に基づく就学猶予又は免除を受けた者」とされ，低年齢の知的障害児はまだ対象にはならなかった．

肢体不自由児については，1963年肢体不自由児施設に通園施設が併設され，その後，1969年には単独で肢体不自由児通園施設が設置された．

重症心身障害児については，昭和20年代に小林提樹が日赤病院の一棟で，重症心身障害児の療育を開始した後，昭和30年代に，秋津療育園，島田療育園，びわこ学園が民間の施設として創設され入所療育がスタートした．びわこ学園の創設者である糸賀一雄は「この子らを世の光に」のスローガンのもとに障害児施設の法制化に尽力した．1967（昭和42）年児童福祉法の改正で，重症心身障害児施設が児童福祉施設として設置された．国は当時，重症心身障害児施設の年次計画に重症児の全員入所を決定した．国は，重症児福祉について全員入所という考えが根底にあり，逐年的に整備が進み入所施設が増加した［末光 1997：46-47］．

3 早期療育のはじまり

1949（昭和24）年6月に，戦争により閉鎖されていた愛育研究所特別保育室が再開された．専用の建物を建設し障害幼児も増加した．知的障害児が増えるにつれ卒園児の教育の場をどうするかという問題が生じ，1955（昭和30）年6月，私立愛育養護学校を設立し小学校と幼稚部が設置された［柴崎 1997a：73］．1960年代後半から1970年代にかけて障害児の教育権保障運動が全国的に広がり「学齢段階にとどまらず乳幼児期から一貫性をもって保障されるべ

きものと発達保障の認識を伴うものであった」［荒木・宮嶋ほか 1888，保育情報：3］．

　1969（昭和44）年には，全国民間保育団体合同研究集会（のちに全国保育団体合同研究会と改称）が毎年開催されるようになった．「権利としての保育（または教育）」［荒木・宮嶋ほか 1888，保育情報：4］という考え方が国民の中に浸透していった．厚生省は1974（昭和49）年精神薄弱児通園施設に関する通知を改正し，「入所対象児は６歳以上」という年齢制限と，「学齢児童については学校教育法に基づく就学猶予又は免除を受けた者に限る」という要件を外した．この通知によって幼児の早期療育のあり方へと変わっていった．

4　乳幼児検診の広がりと障害児への保育施設の設立

　1948（昭和23）年より公的乳幼児健診が実施されるが，その先駆けとなったのが滋賀県の大津市である．大津市は近江学園の影響を受け，1947（昭和22）年に市内の保健所で乳幼児一斉検診を行い，1958（昭和33）年には大津市衛生課が中心となり大学，保健所，医師会，助産婦会と近江学園の研究部も参加して，チームで満１歳児への検診を開始した［加藤 1997：201］．1961（昭和36）年には３歳児健診が制度化され，1965（昭和40）年に母子保健法が公布され保健所での健診制度が充実し，乳幼児健診と３歳児健診が法的根拠をもつようになった．人々の乳幼児期への関心が高まった時期であり，全国で心身障害児が発見されるようになった．しかし，当時は養護学校の幼稚部や心身障害児通園施設も未整備だったため，早期に障害が発見されても相談や指導を受けることができず，障害幼児の問題が顕在化してきた．また，障害があると入所を希望しても受け入れる幼稚園や保育所は少なかった．［柴崎 2004：82］そのような中，1962（昭和37）年北九州市に発達遅滞幼児のみを受け入れる幼稚園「いずみの園」が誕生した．1966（昭和41）年に東京杉並教会幼稚園で障害児を受け入れていたという報告もある．1968（昭和43）年，大阪の高槻市教育研究所内に就学前の障害幼児のために「うの花学級」が開設され，1973（昭和48）年には高槻市立うの花養護幼稚園と改称された．満３歳から５歳まで60名の障害幼児を保育する特別な幼稚園であった［柴崎 1997a：75］．また，親たちが自主グループを結成するなど，組織を作って障害幼児が通える保育施設の設立，行政へ働きかけるようになった．

5　統合保育の広がり

　1970年代に入り，一般の幼稚園や保育所でも障害幼児が徐々に受け入れられるようになってきた．1973（昭和48）年に滋賀県大津市が保育所での受け入れを始め，1974（昭和49）年に大阪府豊中市，翌年に吹田市と全国に広がっていった［佐藤 2005］．統合教育が広がった背景には，公的な補助が出されたことが大きい．1974年，幼稚園においては「心身障害児幼稚園助成事業補助金交付要綱」（公立幼稚園）と「私立幼稚園特殊教育費国庫補助金制度」，保育所においては「障害児保育事業実施要綱」が厚生省から出された．「障害児保育事業実施要綱」は保育所における障害児の受け入れに当たっての助成制度で「指定保育所方式」といわれ，地域の特定の保育所を指定し補助金を出すものであった．対象となる障害児は「おおむ

ね4歳以上」,「障害の程度が軽い」とされていた.しかし,保育所関係者から充分な支援が行えないという異議が多く出された［柴崎 1997b：677］.

1978（昭和53）年には児童家庭局長通知「保育所における障害児の受け入れについて」によって,障害児を受け入れる保育所は大幅に増加した.助成制度の改善は指定方式から一般方式となり,障害児を受け入れる保育所に障害の程度に応じて費用を助成するようになった.また,補助金制度ではなく保育士の人数加算に変更された.受け入れに関する方針では,保育に欠ける中程度の障害児で,集団保育が可能であり,日々通所できるものを対象とした.その後,1998（平成10）年には特別保育事業として位置づけられた.

第4節　特別支援教育のはじまり

1990年代に入り,小・中学校の通常の学級で,知的な遅れはないが学習面や行動面で困難をもつ子どもへの教育的ニーズが高まってきた.2002（平成14）年,文部科学省「通常の学級に在籍する特別な教育的支援を必要とする児童生徒に関する全国実態調査」によれば,知的障害を伴わない対象児童は通常学級在籍者の6.3％に該当すると推計された.それを受けて,2003（平成15）年文部科学省は「今後の特別支援教育の在り方について（最終報告）」にて「従来の特殊教育の対象の障害だけでなく,LD（学習障害）,ADHD（注意欠陥／多動性障害）,高機能自閉症を含めて障害のある児童生徒の自立や社会参加にむけて,その1人1人の教育的ニーズを把握して,その持てる力を高め,生活や学習上の困難を改善または克服するために適切な教育や指導を通じて必要な支援を行う」とした.

また,発達障害においても関心が高まり,早期発見・早期療育の開始,幼児期から成人まで各ライフステージを考慮した連続的な支援ができるように,2005（平成17）年には発達障害者支援法が施行された.2007（平成19）年に「学校教育法等の一部を改正する法律」によって特別支援教育制度が始まった.早期からの特別支援教育の推進を図るために,2008（平成20）年には,幼稚園教育要領や保育所保育指針の改定にて,個別の支援計画の作成や家庭や関係機関との連携や協力に努めることが明記された.

引用・参考文献

荒木穂積・宮嶋邦明・荒木美和子［1988］「日本の障害児保育の歴史と障害児保育研究の動向」『保育情報』 8.
藤島岳・大井清吉・清水　寛・津曲裕次・松矢勝宏・北沢清司［1988］精神薄弱問題史研究会編『人物でつづる障害者教育史〈日本編〉』日本文化科学社.
星野常夫「養護学校教育」日本精神薄弱者福祉連盟編『発達障害白書　戦後50年史』日本文化科学社.
細淵富夫［1989］「戦後精神薄弱児（者）施設処遇の変遷とノーマリゼーションへの課題　上」『長野大学紀要』 10（4）.
加藤正仁［1997］「早期療育」日本精神薄弱者福祉連盟編『発達障害白書　戦後50年史』日本文化科学社.
河合隆平［2012］『総力戦体制と障害児保育論の形成——日本障害児保育史研究序説——』緑蔭書房.
小林恵子［1986］「キリスト教保育の創始」キリスト教保育連盟百年史編纂委員会編『日本キリスト教保育百年史』キリスト教保育連盟.

文部省［1978］『特殊教育百年史』.
村田茂［1977］『日本の肢体不自由教育——その歴史的発展と展望——』慶應通信.
岡本稲丸［1997］『近代盲聾教育の成立と発展——古河太四郎の生涯から——』NHK出版.
柴崎正行［1997a］「早期教育」日本精神薄弱者福祉連盟編『発達障害白書　戦後50年史』日本文化科学社.
柴崎正行［1997b］「統合保育の歴史」『保健の科学』39.
末光茂［1997］「病院医療の福祉体系」日本精神薄弱者福祉連盟編『発達障害白書　戦後50年史』日本文化科学社.
佐藤陽子［2005］「障害児保育―特別な援助を必要とする子どもの保育―の歴史――寺子屋時代から今日まで――」『尚絅学院大学紀要』51.
吉川和幸［2015］「我が国の幼稚園における障害児保育の歴史的変遷と現代の課題」『北海道大学大学院教育学研究院紀要』123.

第2章

保健・医療における現状と課題

第1節　発達の遅れが疑わしい子どもへの対応

　保護者が子どもの発達の遅れを疑う場合，自治体や地域によって差があるものの一般的には，かかりつけ医を受診したり，乳幼児健診などの際に保健師に相談することが多い．医師や心理士等による診察を経て，必要があれば，専門医療機関や児童発達支援センターなどに紹介され受診し，診断あるいは継続的な診察を受けることになる．適応があればリハビリテーションを考慮される．継続受診やリハビリの頻度や期間は，状態などによって異なる．

　一方，保護者は発達の遅れの懸念を抱いておらず，保育者が遅れを疑わしいと感じる場合もある．その場合は，保護者に子どもの発達の遅れを指摘するのではなく，達成しにくい活動がどのような工夫で変わり得たかを伝える．つまり，「（他児より）できない」と伝えるのではなく「（こうしたら）できた」と親子を褒める．これを積み重ねることで，子ども自身の達成感を高め，保護者との関係が深まり，保護者が工夫に参加することや問題点を認識することを期待できる．認識できれば冒頭に述べた経路をとって受診や相談につながる可能性もある．

　あるいは，保育所等訪問支援を利用する方法もある．この制度は，子どもの集団生活や適応などに関して専門職員の訪問支援を受けることができるものである．対象児は，保育所等に通所している子どもで，児童福祉法第4条第2項に定める障害児であり，障害児の認定にあたっては医学的診断や障害者手帳の有無は問わない．保護者が必要性を感じて，保護者が自治体に申請することが手順である．訪問支援の訪問先は，保育所，幼稚園，認定こども園，小学校，特別支援学校，その他児童が集団生活を営む施設として市町村が認める施設（放課後児童クラブや中学校，高校など）である．訪問する専門職員は，児童指導員や保育士，作業療法士，心理士などである．支援内容は，子どもへの直接支援と職員への間接支援である．

　保護者の理解を得られないが支援を受ける必要性が高い場合は，障害児等療育支援事業による施設支援や巡回相談などを利用することも検討する．

第2節　医療的ケアを必要とする子どもの増加

　小児科医療，中でも新生児医療の進歩により，乳児や新生児の死亡率が顕著に減少してい

て，WHOの世界保健統計2016によると，日本では新生児1000人のうち死亡者は1人であり，米国4人，英国3人，独国2人などと比して，世界1位の救命率を誇る．出生児のうち，低出生体重児の割合が年々増加しており，現在，約10人に1人が低出生体重児ということを考慮すると素晴らしい実績である．また，乳児死亡率は1000人あたり2人で，これも世界1位である．

一方，低出生体重児が増えていることから，重症の新生児数も少なくなく，新生児集中治療室（NICU）のベッド数不足とNICU長期入院児数が減少しにくいことが問題となっている［田村 2011］．NICU長期入院児の発生数は2006年を境に減少したが，2010年以降再び増加傾向にある．NICUでの1年以上の長期入院児の年間発生数は，2012年にはNICU1000床あたり95人，出生1万人あたりで換算すると2.6人である［田村 2014］．このような背景があり，NICUを退院する児を

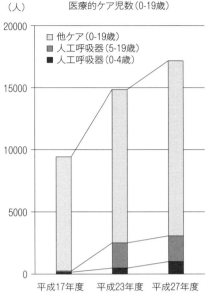

図2-1　医療的ケア児数の推移
（出所）奈倉道明［2016］をもとに作成．

含めて，0～19歳の医療的ケアを必要とする児は増加傾向にあり，平成27年度は約1.7万人であった．そのうち，人工呼吸器を必要とする児は急増しており，平成27年度は約3000人であり，5歳ごとの年齢群で比較すると，0～4歳群が1000人近くを占め，最も多い［奈倉 2016］．

医療的ケア児が増加しており，中でも人工呼吸器など高度医療を必要とする児が増加している現状をうけて，「障害者の日常生活及び社会生活を総合的に支援するための法律及び児童福祉法の一部を改正する法律」（平成28年法律第65号）が公布され，これに併せて，児童福祉法（昭和22年法律第164号）第56条の6第2項の規定が新設施行された．

> 地方公共団体は，人工呼吸器を装着している障害児その他の日常生活を営むために医療を要する状態にある障害児が，その心身の状況に応じた適切な保健，医療，福祉その他各関連分野の支援を受けられるよう，保健，医療，福祉その他の各関連分野の支援を行う機関との連絡調整を行うための体制の整備に関し，必要な措置を講ずるように努めなければならない．（児童福祉法第56条の6第2項）

子ども・子育て支援法に基づく基本指針（「教育・保育及び地域子ども・子育て支援事業の提供体制の整備並びに子ども・子育て支援給付及び地域子ども・子育て支援事業の円滑な実施を確保するための基本的な指針」（平成26年内閣府告示第159号）において，障害や疾病など社会的な支援の必要性が高い子どもやその家族を含め，全ての子どもや家族を対象とし，1人1人の子どもの健やかな育ちを等しく保障することを目指すことが示された．医療的ケアを必要とする子どもを理解することが重要である（第Ⅱ部8章第3節5を参照）．

引用・参考文献

奈倉道明［2016］「医療的ケア児数と資源把握」『「医療的ケア児に対する実態調査と医療・福祉・保健・教育等の連携に関する研究」の中間報告（平成28年度厚生労働科学研究費補助金（障害者政策総合研究事業））』.

田村正徳［2011］『「重症新生児に対する療養・療育環境の拡充に関する総合研究」研究報告書』（平成22年度厚生労働科学研究費補助金（成育疾患克服等次世代育成基盤研究事業））.

田村正徳［2014］『「重症の慢性疾患児の在宅での療養・療育環境の拡充に関する総合研究」研究報告書（平成23-25年度厚生労働科学研究費補助金（地域医療基盤開発推進研究事業））』.

第3章

福祉・教育における現状と課題

第1節　福祉の現状と課題

1　障害児福祉の経緯

　障害児支援施策は，これまで障害者施策と児童施策の間に置かれ，2003年に新設された児童デイサービスは支援費制度のもと成人期の障害者施策の中に位置づけられた．2006年の障害者自立支援法においても，障害児施設が措置制度から契約制度に変わるなど障害者施策の方向に近づく形をとった．しかし，2012年に児童福祉法が大きく改正され，障害種別に分かれていた施設が一元化し，それまでの通園施設と児童デイサービスが「児童発達支援」と「放課後等デイサービス」に整理され，「保育所等訪問支援」や「障害児相談支援」が新たに創設され，児童施策に戻ってきた．にもかかわらず，「児童」という時に「障害のある子ども」と「そうでない子ども」が相変わらず隔てられたままの対策であるという問題が残ったままという指摘もあった［佐藤 2014：10-17］．

　そのような中，障害者権利条約の批准を前に2014年の「障害児支援の在り方検討会」では，「障害児は『小さな障害者』ではなく『障害のある子ども』である」とし，障害児も「子ども」として子育て施策で支援し，障害に特化された部分を障害児施策によって「後方支援」されるべきだと考えられ，一般的な子育て支援施策との融合が求められるようになった［宮田 2014：18-26］．

　従来，障害児保育の専門性は療育という言葉で語られ，療育を行う施設における専門性について語られてきた．しかし，今後は通常の保育所や幼稚園の中で1人1人の子どもに合わせた保育を展開する上で，障害のある子どもに対しての保育もできるという障害のある子どものインクルージョンの実現こそが専門性といわれるようになるだろう．

2　障害児福祉の現状

　2012年の改正後に始まった障害児通所支援は，ここ数年で利用児数及び障害児給付費が月によって変動があるものの倍増している．中でも放課後等デイサービスなどの障害児通所支援の伸び率が著しい一方で，保護者からの相談を十分に受ける体制や職員の研修制度や相談員の配置等は十分に整備されていない状況がある．そのような中で2014年には厚生労働省から放課後等デイサービスのガイドラインが出され，質の向上と支援内容の適正化を図ること

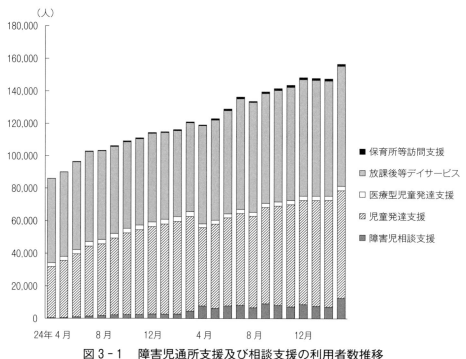

図3-1　障害児通所支援及び相談支援の利用者数推移

（出所）「平成26年障害福祉サービス等経営実態調査報告」より作成．

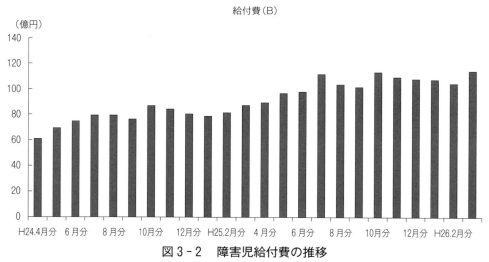

図3-2　障害児給付費の推移

（出所）「平成26年障害福祉サービス等経営実態調査報告」より作成．

を目的にその活用の徹底が強調されている．

　一般的な子育て支援の後方支援として位置づけられた障害児施策だが，利用状況をみても，結局のところ障害のある子どもとそうでない子どもの分離が促進されている可能性もある［厚生労働省HP］．

第2節　教育の現状と課題

1　特別支援教育の経緯

　戦後，義務教育制度が実施される中で，養護学校は義務化されず，就学免除，就学猶予の名のもと義務教育を受けることができない障害のある子どもが多く存在した．1979年に養護学校が義務化され，障害のある子どもとない子どもを分離する分離教育という批判を受けつつも，就学免除，就学猶予の数は激減し，教育保障される子どもが増えたことは事実である．
　国際的には，1994年にユネスコがスペインのサマランカで特別なニーズ教育に関する会議を開き，特別なニーズ教育に対する将来の方向性に関する勧告であるサマランカ声明が採択された．これによって，特別な教育的ニーズをもつ子どもへの教育の保障及び共生社会を築くためのインクルーシブ教育が強調された．このような国際的な動きの中で，日本では，2006年に学校教育法が改正され，特殊学校から特別支援学校に転換された．

2　特別支援教育の現状

　現在，障害のある子どもの教育の場には，特別支援学校，特別支援学級，通常の学級がある．特別支援学校は，視覚障害者，聴覚障害者，知的障害者，肢体不自由または病弱者を教育の対象にしており，幼稚部，小学部，中学部，高等部に分かれている．特別支援学校は2016年度には1125学校あり一貫して増加傾向にあり，その在籍者は1990年代に一度減少したが，2000年前後から増加し2016年度の在籍数は13万9821人である．
　特別支援学級の対象は，小中学校に設置され，比較的軽度の障害のある児童生徒を対象にしており，知的障害，肢体不自由，病弱，身体虚弱，弱視，難聴，言語障害，自閉症・情緒障害である．2014年現在は，小学校で3万5570学級，中学校で1万6482学級あり，在籍児童生徒数は小学校で12万9018人，中学校で5万8082人であり，養護学校が義務化された1979年以降に減少するものの，特別支援学校が始まった2000年以降から急増し，特別支援学校の在籍者数に追いついてきて過去最高になっている［文部科学省HP］．
　2009年の特別支援教育体制整備状況調査では，障害のある子どもの実態を把握し支援の在り方等を検討する校内委員会の開催は，年々実施状況が整ってきているものの，個別の教育支援計画については実施率が60％，専門家チームの活用については56％と低いことから，他領域と連携しながら1人1人に焦点を合わせた支援ができているとはいえない．
　特別支援学校では，在籍者数の増加により，教員不足や教室不足が問題となっている．また，特別支援学校の教員免許がなくても教員になることができ，特別支援学校における特別支援学校教諭等の免許状保有率は2014年の時点で全体の72.7％になっている．特別支援学級においても，小学校では32.4％，中学校では26.4％と低い保有率になっている［文部科学省HP］．
　障害児教育の専門性も特別支援という言葉で語られ，特別支援学校や学級における専門性

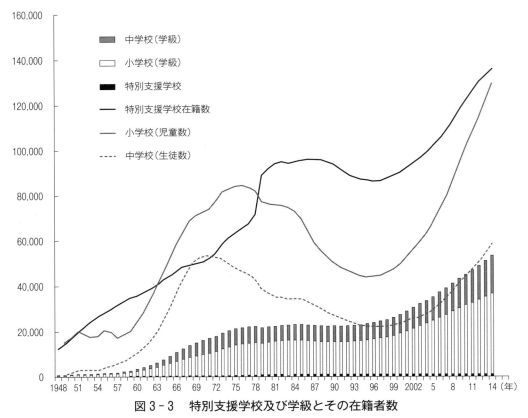

図 3-3　特別支援学校及び学級とその在籍者数
(出所)「平成26年障害福祉サービス等経営実態調査報告」より作成.

について議論されてきた．しかし，障害児保育同様に，今後は地域の学校の中で障害の有無に関わらず，1人1人の教育を保障できることが教育の専門性になることが望ましい．

3　障害者差別解消法

2013年6月に「障害を理由とする差別の解消の推進に関する法律」(以下,「差別解消法」)が成立した．差別解消法では，共生社会の実現を目指し，自治体や企業に対し「不当な差別的取り扱いの禁止」と「合理的配慮の提供」を義務付けている．当初,「合理的配慮の提供」について，企業は努力義務とされていたが，2022年に法律が改正され義務化になった．不当な差別的取り扱いの禁止は，正当な理由なく，障害を理由としてサービスの提供を拒否したり制限することをいい，例えば入店を拒否したり，学校の受験や入学を拒否することが事例として該当する．また，「合理的配慮の提供」とは，社会の中にあるバリアを取り除くために何らかの対応を必要としていると意志が伝えられた時に，負担が重すぎない範囲で対応することで，段差がある場合はスロープを使う，意思伝達の為に絵カードやタブレットなどを使うことが事例として挙げられる．

幼稚園や保育所は合理的配慮の義務があり，本人や保護者の意志が伝えられたとき，何ら

かの対応を検討することが必要であり，合理的配慮の事例の集積が始まっている．

　差別解消法により，障害があることによって排除されることなく，本人や保護者の意志を尊重し，望んだ場で1人1人に配慮され工夫された教育が当たり前に保障されるシステムの構築につながることを願う．

4　学習指導要領の改訂

　2017年3月に新学習指導要領が約10年ぶりに改訂された．新学習指導要領では「特別な配慮を必要とする児童に，障害のある児童，海外から帰国した児童などの学校生活への適応や日本語の習得に困難のある児童，不登校児童が含まれ対象が広がった．また，障害のある児童への指導内容や指導方法の工夫について言及しており，家庭や医療，福祉等の関係機関と連携するための個別の教育支援計画や，障害に応じた指導内容や指導方法の工夫を行うための個別の指導計画の作成することについて詳述されている．幼稚園教育要領でも同様に障害のある幼児に加え，海外から帰国した幼児や日本語の習得に困難のある幼児の幼稚園生活への適応が含まれた．

　今後は，インクルーシブ教育の実現に向け，障害の有無といった二元論ではなく特別な支援を必要とする子どもとしての配慮が求められる［時事通信出版局編 2017：31］．

引用・参考文献

「平成26年障害福祉サービス等経営実態調査報告」厚生労働省HP（http://www.mhlw.go.jp/houdou/2015/03/h0302-1.html）（2017年2月13日閲覧）．

「平成28年度学校基本調査」文部科学省HP（http://www.mext.go.jp/b_menu/toukei/chousa01/kihon/1267995.htm）（2017年2月13日閲覧）．

「平成28年度教育白書」文部科学省HP（http://www.mext.go.jp/b_menu/hakusho/html/hpab201701/1389013.htm）（2017年2月13日閲覧）．

柏女霊峰［2016］「今後の障害児支援の在り方――インクルーシヴな社会を目指して――」『ノーマライゼーション』421．

宮田広善［2014］「障害児通園施設の児童発達支援センターへの一元化――生活モデルの発達支援とは――」『季刊福祉労働』144．

佐藤進［2014］「子ども・子育て支援施策としての障害児支援を考える――共生社会への道のりを展望して――」『季刊福祉労働』144．

谷川和子・木村佳代・戸ケ里泰典・原田規章［2009］「自閉症児に関する保健・医療・福祉・教育の連携について――保育所・幼稚園での自閉症児受入れ状況からの検討――」『保健医療科学』58（2）．

時事通信出版局編［2017］『ひと目でわかる！　小学校「新学習指導要領」解説付き新旧対照本』時事通信出版社．

第 VIII 部

保育者の倫理と子どもの尊厳

　第VIII部では，近年大きな社会的関心を集めている出生前診断というテーマをいくつかの演習課題を通して考える．出生前診断に焦点を当てるのは，本診断が「障害」ということと不可分なものとして報道・議論されることが少なくないことによる．しかし，現時点で社会的関心を集め医療現場で行われている出生前診断も，これからの技術革新の動向によっては新しい診断法に取って代わられる可能性が多分にある．そのため，「障害」ということを考えていく際の視角のひとつとして出生前診断というテーマをとらえてほしい．なお，ここでの演習は読み手みずからが「調べ・知り・考える」という形式で進める．

第1章

出生前診断

第1節　出生前診断の目的と方法

　『産婦人科診療ガイドライン——産科編2017』によると，「出生前診断とは，妊娠中に実施する一群の診断や検査（通常超音波検査等も含む）のことを指し，検出される異常には発育異常，形態異常，胸水や貧血などの疾患，染色体異常ならびに遺伝性疾患などが含まれる．その目的は，疾病罹患児の予後向上にある．」［日本産科婦人科学会・日本産婦人科医会 2017：93］と説明されている．そもそもの前提として，妊娠における診療は，妊娠が安全に経過し分娩に至るとともに，児の健康の向上や適切な養育環境を提供することを目標にしている．ゆえに出生前診断の目的もそれに沿ったものでなければならない．これらのことをふまえると，出生前診断の目的は，次のように整理されよう．

① 妊娠が安全に経過し分娩に至るようにサポートすること
② 胎児が何らかの疾患に罹患している場合に胎児治療や出生後の速やかな治療に役立てること
③ 胎児が障害や疾患を伴って出生してくる場合に養育環境の準備につなげることなど

　現在，国内において出生前診断のために用いられている主な検査は，表1-1のように非侵襲的検査と侵襲的検査とに区分することができる．前者は胎児や母体にとってほぼ安全なものであるものの診断の確定性は低く，後者は流産や出血，破水等のリスクを伴うものの診断の確定性は高い．そのため，まずは非侵襲的検査を実施し，その結果をふまえて，必要であれば侵襲的検査を実施する．つまり，非侵襲的検査はスクリーニングの役割を果たす．

考える

　表1-1にある母体血を用いた新しい出生前遺伝学的検査（NIPT）ついては非侵襲的検査であるものの受検可能な対象者が限定されている（表1-1の注1参照）．前述した出生前診断の目的をふまえれば妊婦が利用しやすい検査である方が良いはずであるが，そのようになっていないのはなぜだろうか．

第 1 章　出生前診断

表 1-1　国内で行われている主な出生前検査

		検査の名称	検査の概要
非侵襲的検査	非確定的検査（場合によっては確定的検査にも）	通常超音波検査	超音波を発信するプローブという器具を用いてモニター画面に胎児の様子を写し出す検査で，一般の妊婦健診において妊娠の経過や胎児の発育状況等を確認するために行われている．主に胎児発育異常の診断を目的とするものの，本検査により胎児形態異常が発見される場合もある．
		胎児超音波検査	主に，胎児形態異常の発見を目的とする超音波検査であり，通常超音波検査とは大きく異なる．全妊婦を対象とする標準検査ではない．この検査により確定的になる形態異常もある．また，胎児の染色体異常に起因する可能性の高い胎児形態異常が発見されることがあるが，その結果は非確定的なものである．
	非確定的検査	母体血清マーカー検査	妊婦の血液中のホルモンやたんぱく質の量を測定し，胎児に21トリソミー，18トリソミー，開放性神経管奇形があるかどうか，その確率を調べる．検査の実施時期は妊娠15週-20週である．
		母体血を用いた新しい出生前遺伝学的検査（NIPT）	妊婦の血液中にある胎児の染色体を調べ，胎児に21トリソミー，18トリソミー，13トリソミーがあるかどうかを推測する．検査の実施時期は妊娠10週以降である．妊婦の血液から胎児の染色体異常の有無を非確定的に判断するという点は母体血清マーカー検査と同じであるが，本検査は母体血清マーカー検査よりも精度が高い[1][2]．
侵襲的検査	確定的検査	羊水検査	羊水には胎児の細胞が含まれていることから，妊婦の腹部に針を刺して子宮内の羊水を採取し，染色体疾患全般の有無を調べる．穿刺は超音波検査で胎児や胎盤の状態・位置を確認しながら行われる．検査の実施時期は妊娠15-16週以降である．穿刺時の破水等により，0.3～0.5％程度の確率で流産のリスクを伴う[3]．
		絨毛検査	胎盤をつくる組織の1つである絨毛を採取し，染色体疾患全般の有無を調べる．絨毛は胎児に由来する細胞でつくられることから，それを調べることによって胎児の染色体や遺伝子の情報を得ることができる．絨毛の採取は超音波検査で胎児や胎盤の状態・位置を確認しながら経腟法（腟に鉗子を挿入し採取）あるいは経腹法（腹部に針を刺し採取）によって行われる．検査の実施時期は妊娠11週以降であることから，羊水検査よりも早くに結果を知ることができる．1％程度の確率で流産のリスクを伴う[3]．

注（1）「母体血を用いた新しい出生前遺伝学的検査に関する指針」において検査対象者は次のように決められている．
　　① 胎児超音波検査で，胎児が染色体異常を有する可能性が示唆された者
　　② 母体血清マーカー検査で，胎児が染色体異常を有する可能性が示唆された者
　　③ 染色体異常を有する児を妊娠した既往のある者
　　④ 高齢妊娠の者
　　⑤ 両親のいずれかが均衡型ロバートソン転座を有していて，胎児が13トリソミーまたは21トリソミーとなる可能性が示唆される者
　（2）「『母体血を用いた新しい出生前遺伝学検査』についての共同声明」において，検査の実施施設は日本医学会が認定・登録することとなっている．
　（3）「出生前に行われる遺伝学的検査および診断に関する見解」において検査対象者は次のように決められている．
　　① 夫婦のいずれかが，染色体異常の保因者である場合
　　② 染色体異常症に罹患した児を妊娠，分娩した既往を有する場合
　　③ 高齢妊娠の場合
　　④ 妊婦が新生児期もしくは小児期に発症する重篤なX連鎖遺伝病のヘテロ結合体の場合
　　⑤ 夫婦の両者が，新生児期もしくは小児期に発症する重篤な常染色体劣性遺伝病のヘテロ結合体の場合
　　⑥ 夫婦の一方もしくは両者が，新生児期もしくは小児期に発症する重篤な常染色体優性遺伝病のヘテロ結合体の場合
　　⑦ その他，胎児が重篤な疾患に罹患する可能性のある場合
（出所）日本産科婦人科学会・日本産婦人科医会［2014］，西山深雪［2015］，河合蘭［2015］をもとに作成．

第2節　出生前診断の社会的・倫理的課題

　出生前診断は先に述べたような目的を持つものの，診断により胎児に障害や疾患が発見されたことが「命の選別」につながるのではないか，つまり診断の結果が人工妊娠中絶という決断に結びつきかねないことが危惧されている（このような人工妊娠中絶は「選択的中絶」と呼ばれることがある）．出生前診断におけるこうした社会的・倫理的課題については議論が尽きない．

　日本で初めて出生前診断に関する見解が述べられたのは，1988年に公表された日本産科婦人科学会による「先天異常の胎児診断，特に妊娠初期絨毛検査に関する見解」であった．当時は，超音波検査を除けば侵襲的検査しかなかったこともあり，社会的・倫理的課題については簡単に示唆されるに留まっていた．ところが1994年から国内でも行われるようになった母体血清マーカー検査の普及に伴い社会的・倫理的課題が浮き彫りとなり，1997年には障害者団体や女性団体から厚生省（現・厚生労働省）に検査実施の凍結を求める要望書が出されるなどした．厚生省は厚生科学審議会先端医療技術評価部会に「出生前診断に関する専門委員会」を設け，1999年「母体血清マーカー検査に関する見解」を発表した．この見解は1つの検査方法に焦点を当てているものの，内容は出生前診断全般にまたがる普遍的な「問題」を扱っており，この中では，「（出生前診断の）技術の一部は障害のある胎児の出生を排除し，ひいては障害のある者の生きる権利と命の尊重を否定することにつながる」懸念があることが記載された．その後，関係学会が共同でガイドラインを発表し，インフォームドコンセントやカウンセリングの十分な実施と，検査の慎重な実施について注意喚起がなされた（後の2013年，日本産科婦人科学会は，母体血清マーカー検査について「産婦人科医療の現場を見渡すと，現在においても，臨床遺伝学の知識を備えた専門医が診断前後に検査の説明と遺伝カウンセリングを行う姿勢が徹底されているとは言い難い」との見解を発表している）．

　2012年，新しい検査方法として「母体血を用いた新しい出生前遺伝学的検査」（以下，NIPTと記す）の国内導入に関する報道がなされると（本検査の国内での実施は2013年から），非侵襲的検査であるにも関わらず高い精度で胎児の異常を検出するこの画期的な診断法が国民の耳目を集め，再び社会的・倫理的課題を浮上させることとなった．日本産科婦人科学会は2013年に「母体血を用いた新しい出生前遺伝学的検査に関する指針」を公表した．この指針では，「出生前診断を行うことにより，障害が予測される胎児の出生を排除し，ついには障害を有する者の生きる権利と命の尊重を否定することにつながるとの懸念がある．（中略）その簡便さを理由に母体血を用いた新しい出生前遺伝学的検査が広く普及すると，染色体数的異常胎児の出生の排除，さらには染色体数的異常を有する者の生命の否定へとつながりかねない」との強い懸念を表明し，先述の母体血清マーカー検査における体制の不徹底に鑑み「遺伝カウンセリングを必要とする妊婦に対して臨床遺伝学の知識を備えた専門医が遺伝カウンセリングを適切に行う体制が整うまでは，母体血を用いた新しい出生前遺伝学的検査をわが国に

おいて広く一般産婦人科臨床に導入すべきではない」と述べた.

次いで同年,「出生前に行われる遺伝学的検査および診断に関する見解」を公表し,「出生前に行われる遺伝学的検査および診断には,胎児の生命にかかわる社会的および倫理的に留意すべき多くの課題が含まれており,遺伝子の変化に基づく疾患・病態や遺伝型を人の多様性として理解し,その多様性と独自性を尊重する姿勢で臨むことが重要」との見解を示すに至っている.

考える

日本産科婦人科学会「出生前に行われる遺伝学的検査および診断に関する見解」(2013年) の中で述べられた,出生前診断における「胎児の生命にかかわる社会的および倫理的に留意すべき多くの課題」とは,具体的にはどのような課題を指すと考えられるか.

調べる・知る

「胎児の生命にかかわる社会的および倫理的に留意すべき多くの課題が含まれて」いると指摘される出生前診断であるが,そもそも出生前診断のために用いられている各検査は,どのような目的で生み出されて,どのような用いられ方をしてきたのだろうか.

注
1) 出生前の診断についての説明ということ,出生前から「障害」ということを考える時代になってきたということ,胎児と出生後の児童の両方に関わる診断であるということを踏まえ,「子ども」ではなく,「児」としている.第2章も同様に「児」と記載している.

引用・参考文献
河合蘭 [2015]『出生前診断 出産ジャーナリストが見つめた現状と未来』朝日新聞出版.
日本産科婦人科学会・日本産婦人科医会 [2014]『産婦人科診療ガイドライン——産科編2014』.
西山深雪 [2015]『出生前診断』筑摩書房.
坂井律子 [1999]『ルポルタージュ出生前診断 生命誕生の現場に何が起きているのか?』日本放送出版協会.
坂井律子 [2013]『いのちを選ぶ社会 出生前診断のいま』NHK出版.
佐藤孝道 [1999]『出生前診断 いのちの品質管理への警鐘』有斐閣.
玉井真理子・渡部麻衣子編著 [2014]『出生前診断とわたしたち「新型出生前診断」(NIPT) が問いかけるもの』生活書院.

第2章

出生前診断の現実的課題

第1節 出生前診断と人工妊娠中絶

2013年4月から日本でも臨床研究として始まったNIPTについては，この診断を実施している病院グループ（NIPTコンソーシアム）により，定期的に検査の集計結果が公表されている．それによると，2013年4月から2019年3月までの6年間で7万2525人が受診し，そのうち染色体異常の疑いのある陽性と判定されたのは1300人で，陽性が確定したのは983人であり，陽性が確定した人の約91％にあたる898人が人工妊娠中絶を行ったということであった（ただし，追跡できない人もいる）（朝日新聞電子版2020年10月26日）．

ここで，人工妊娠中絶を取り巻く法的状況について整理しておく．日本の刑法には「堕胎の罪（第212-216条）」があり，人工妊娠中絶は処罰の対象である．しかし，母体保護法が定める次の要件を全て満たしている場合は処罰の対象とはならず容認される．

① 胎児が，母体外において，生命を保続することのできない時期であること．
② 本人及び配偶者の同意を得ていること．配偶者が知れないときもしくはその意思を表示することができないとき，または妊娠後に配偶者が亡くなったときは，本人の同意だけで足りる．
③ 人工妊娠中絶を行うのは医師会の指定する医師であること．
④ 妊娠の継続又は分娩が身体的又は経済的理由により母体の健康を著しく害するおそれのあるもの，または，暴行・脅迫によって，あるいは抵抗・拒絶することができない間に姦淫されて妊娠したものであること．

つまり，法的には出生前診断の結果を理由とした人工妊娠中絶は，厳密に言えば許容されていないことになる．

考える

出生前診断の結果を理由とした人工妊娠中絶が法的に認められていないにもかかわらず，確定診断により異常が確定した人の多くが人工妊娠中絶を選択している事実について考察しなさい．

第2節　妊婦や家族にとっての出生前診断

　出生前診断については，非侵襲的検査の結果が判明したり，確定診断を受けたりした後に，産まなかった（人工妊娠中絶を行った）という事例がクローズアップされて報道・議論されることが少なくなく，それが「障害児／者」差別と結びつけて議論されることもある．そもそも人工妊娠中絶の是非そのものに多様な議論がなされている中で，論点が十分に整理されないまま出生前診断について議論されるという状況も散見される．

　しかし，出生前検査を受けた1人1人に，またその結果をふまえて確定診断を受けた1人1人に，それぞれの決断に至る背景や過程がある．例えば，玉井真理子「出生前診断と自己決定」に次のような記述がある．「それに私（筆者注：「私」つまり玉井真理子氏は，執筆時，信州大学医学部附属病院遺伝子診療部で臨床心理士としても勤務している）は，世間一般には障害児／者と呼ばれる存在と日々の暮らしをともにしながら，出生前診断とその結果としての選択的中絶を選んだ何人かの女性を知っている．彼女たちが『そばで暮らすこと』をときに嬉々として引き受ける一方で，それでも，どうしても，出生前診断を受けない選択ができなかった，と忸怩たる思いを語る姿にも接している．身近に障害児／者がいるかいないかにかかわらず，『知らずに産んでしまえばどんな子どもでもきっと育てるんでしょうね』という自分の言葉とは裏腹に，羊水を抜かれるための処置台にあがっていった女性たち……．選択的中絶を見据えて出生前診断を受けることを選ぶからといって，障害児／者の『そばで暮らすこと』に対して拒否的というわけでは決してないのだ．（後略）」［玉井 2014：221］

　つまり，先に挙げた NIPT コンソーシアムの統計結果だけでは見えてこない「現実」というものもある．そのため，出生前診断について考えていく際には，その手法や社会的状況を知るとともに，受検・受診者の個別の背景や受検・受診の過程を丁寧に知っていく必要があるように思われる．

知る・考える

　妊婦や家族にとって，出生前診断とはどのようなものであり，受検・受診はどのような経験なのだろうか．次に紹介する文献からその現状の一端を知ってみよう．そして，他の多くの「声」にも耳を傾け，出生前診断というものを様々な角度から考えてほしい．
- 柘植あずみ・菅野摂子・石黒眞理（共著）［2009］『妊娠　あなたの妊娠と出生前検査の経験をおしえてください』洛北出版
- 野辺明子・加部一彦・横尾京子（編集）［1999］『障害を持つ子を産むということ　19人の経験』中央法規出版（※出生前診断の経験そのものに焦点を当てた文献ではないが，診断の経験にふれられている手記もある）

第3節　技術の進歩と新たな社会的・倫理的課題

　出生前診断が直面している課題は，技術の進歩と切り離しては考えられない．近年では，全妊婦を対象とする通常超音波検査の精度が飛躍的に向上してきており，この検査であっても胎児の形態異常や染色体異常に起因する可能性のある胎児形態異常が発見されることがある（ただし，染色体異常の有無は通常超音波検査のみで確定することはできない）．そのため，「高度な検査機器の使用が日常化した現代では，もはや産婦人科にかかること自体が出生前診断そのものになっている」（河合 2015：196）との指摘もある．様々な出生前検査を受けずとも，また，検査の対象者に該当していなくとも，出生前に，児に関する様々な情報が「わかる」ようになってきている．さらに，妊娠に至るよりも前の受精卵の段階でその染色体や遺伝子の情報を調べるという着床前診断（受精卵診断とも呼ばれる）という技術もすでに存在している．これからも様々な技術が生み出され，発達していくであろうことをふまえると，児の出生前や妊娠前にわかる「情報」はさらに増えていくことが予想される．

> **考える**
>
> 　児の出生前に，児に関する様々な情報がわかるということや，そうした情報を人々にもたらす技術が社会の中に存在しているということは，妊婦や家族，そして私たちにとってどのようなことなのだろうか．

第4節　「妊娠する・出産する」ということについて

　妊娠すると（本人の意思に反する妊娠は除き），そのまま出産に向かうという妊娠・出産に対する一般的イメージがある中で，産まないという決断と結びつくことがある出生前診断について考えを深めていくにあたっては，そもそも妊娠・出産というものが私たちの社会でどのようなものとしてあり続けてきたのかということにも，目を向けていく必要があると思われる．

　かつては，妊娠を望む場合は「自然」というものに身をゆだねるしか方法がなかった．しかし，現在では例えば，生殖補助医療技術により妊娠の方法は多様となり，「高齢妊娠」・「高齢出産」という言葉が流布するようになったほど，妊娠するということをかつてよりも長期間にわたって望み続けることができるようにもなった．つまり，妊娠するということ――踏み込んで言えば「命を生み出す」ということ――に私たちが主体的に関与できるようになってきたと言える．また，避妊の方法が発達，普及したことで人々が，妊娠する時期や出産する児の人数，あるいは児を授からないようにする等といったことを一定程度コントロールで

きるようにもなってきた．こうした妊娠・出産をとりまく状況の変化は妊娠・出産そのものや，それにつながる技術に対する人々の意識にも何らかの影響を及ぼしてきたのではないだろうか．

考える

妊娠・出産というものは私たちの社会においてどのようなものとして捉えられてきたのだろうか，その歴史的背景はどのようなものであったのだろうか．

　出生前診断に対しては従来，懸念の声が向けられてきた．しかし，出生前診断が行われるようになって初めて社会的・倫理的課題が生じるようになったわけではないだろう．また，出生前診断がなくなり技術革新が止まれば，社会的・倫理的課題が消滅してしまうというわけでもないだろう．技術を生み出すのも，それを使う・使うことを妊婦や家族に勧めるのも「私たち」であり，「私たち」が暮らす社会の中に存在している技術である以上，社会的・倫理的課題というものが一体どこから，どのようにして生まれてくるのかを「私たち」が考え続けていく必要があるだろう．

引用・参考文献
非配偶者間人工授精で生まれた人の自助グループ・長沖暁子編著［2014］『AIDで生まれるということ』萬書房．
河合香織［2018］『選べなかった命　出生前診断の誤診で生まれた子』文藝春秋．
河合蘭［2015］『出生前診断　出産ジャーナリストが見つめた現状と未来』朝日新聞出版．
小林亜津子［2011］『はじめて学ぶ生命倫理「いのち」は誰が決めるのか』筑摩書房．
小林亜津子［2014］『生殖医療はヒトを幸せにするのか　生命倫理から考える』光文社．
児玉真美［1998］『私は私らしい障害児の親でいい』ぶどう社．
倉本智明［2012］『だれか，ふつうを教えてくれ！』イースト・プレス．
厚生科学審議会先端医療技術評価部会　出生前診断に関する専門員会［1999］「母体血清マーカー検査に関する見解」．
蒔田備憲［2014］『難病カルテ―患者たちのいま』生活書院．
中西恵理子・関沢明彦（医療監修）［2015］『マンガはじめての出生前診断』かもがわ出版．
日本産科婦人科学会［1988］「先天異常の胎児診断，特に妊娠初期絨毛検査に関する見解」．
日本産科婦人科学会［2013a］「母体血を用いた新しい出生前遺伝学的検査に関する指針」．
日本産科婦人科学会［2013b］「出生前に行われる遺伝学的検査および診断に関する見解」．
日本産科婦人科学会・日本産婦人科医会（編集・監修）［2014］『産婦人科診療ガイドライン――産科編2014』日本産科婦人科学会事務局．
日本産科婦人科学会・日本産婦人科医会（編集・監修）［2017］『産婦人科診療ガイドライン――産科編2017』日本産科婦人科学会事務局．
西山深雪［2015］『出生前診断』筑摩書房．
野辺明子・加部一彦・横尾京子編［1999］『障害を持つ子を産むということ　19人の経験』中央法規出版．
流産・死産経験者で作るポコズママの会編［2007］『ともに生きる　たとえ産声をあげなくとも』中央法規出版．
坂井律子［1999］『ルポルタージュ出生前診断　生命誕生の現場に何が起きているのか？』日本放送出版協会．

最相葉月［2015］『れるられる（シリーズここで生きる）』岩波書店.
坂井律子［2013］『いのちを選ぶ社会　出生前診断のいま』NHK出版.
佐藤孝道［1999］『出生前診断　いのちの品質管理への警鐘』有斐閣.
島薗進［2016］『いのちを"つくって"もいいですか？　生命科学のジレンマを考える哲学講義』NHK出版.
玉井真理子・渡部麻衣子編著［2014］『出生前診断とわたしたち――「新型出生前診断」（NIPT）が問いかけるもの――』生活書院.
柘植あずみ・菅野摂子・石黒眞理［2009］『妊娠　あなたの妊娠と出生前検査の経験をおしえてください』洛北出版.
柘植あずみ［2010］『妊娠を考える〈からだ〉をめぐるポリティクス』NTT出版.

索　引

〈ア　行〉

ICIDH　2
ICF　2, 128
ICD-10　4
愛着　27, 80
アセスメント　127
遊びの発達段階　135
アテトーゼ型　37, 38
EE研究　171
石井亮一　239
胃食道逆流症　104
糸賀一雄　26, 228, 242
医療型障害児入所施設　22
医療的ケア　39, 44, 101, 109, 247
胃瘻　44, 109, 110
インクルーシブ教育　251
　　──システム　193
インクルーシブ保育　17, 18, 154
インクルージョン　13-15
インテーク　127
インテグレーション　12, 13
インフォームド・コンセント　184
インリアル・アプローチ　200
ヴァーカス　231
VOCA（Voice Output Communication Aids）　138
ヴォルフェンスベルガー　11
運動機能障害　35, 100, 112
エアーズ　222
絵カード　151
エピジェネティクス　78
エンパワーメント　228, 230, 232
大島分類　100
岡村重夫　127
岡本夏木　26
オージオグラム　58

〈カ　行〉

外反扁平　115
学習障害（LD）　91
喀痰吸引　109-111
確立操作　218
下肢装具　38
柏学園　240
柏倉松蔵　240
家族心理教育　179
課題分析　150, 220
片麻痺　37, 38
滑脳症　101
加配保育士　19
感音　57
感覚運動期　29
感覚調整障害　222
感覚統合障害　222
感覚統合療法　223
感覚統合理論　222
環境　136
　　──構成　134
環軸椎亜脱臼　41
感情表出　171
カンファレンス　186
キアリ奇形　39
気管切開　101, 103, 109-111
気になる子　7, 92, 95
機能連関　25
基本的生活習慣　145-147
共感　230, 234
協議会　187
筋強直性　39, 40
筋緊張　37, 104, 105, 109
筋ジストロフィー　36, 39, 40
経管栄養　44, 101, 103, 104, 110
傾聴　230, 234
経腸栄養　44
痙直型　37, 38
経鼻経管　44, 109, 110
痙攣　112
ケースワークの7つの原則　229
ケトン食　112
言語心理学的技法　202, 205, 206
嫌子
　　──出現の弱化　215

――消失の強化　215
行為機能障害　222
好子
　　――出現の強化　214
　　――消失の弱化　215
合指症　42
甲状腺機能　41
口唇口蓋裂　42
構造化　141
行動随伴性　214
絞扼輪症候群　36, 42
合理的（な）配慮　14, 72, 154, 155
口話法　62
股関節脱臼　37, 115
国際生活機能分類　18
骨形成不全症　36, 40
骨折　40, 44, 105, 115
個別支援計画　126
コミュニケーション　231
　言語的――　231
　非言語的――　231
コンサルテーション　184, 185

〈サ　行〉

座位保持装置　102, 137
サポートファイル　196
サポートブック　185
サマランカ声明　251
三項関係　27, 80, 83, 85, 87
視覚支援　141, 143
視覚障害　49, 50
　　――の等級　49
自己有用感　98
四肢欠損　42
四肢切断　42
四肢麻痺　37, 38, 45
肢体不自由　34, 36, 100
失調型　38
指導計画
　短期的な――　118
　長期的な――　118
児童相談所　187
児童発達支援　176, 246, 249
　　――事業　21
　　――センター　21, 176

死人テスト　211
自閉スペクトラム症（ASD）　78-80
社会的遊びの分類　134, 135
社会脳　78
弱視　50
シャルコマリートゥース病　36, 40
シャントバルブ　39
就学義務の猶予・免除　238
就学先決定の仕組み　193
就学指導委員会　194
就学への不安　194, 195
重症心身障害　100
出生前診断　256
主導権　200
受容　229, 234
手話　62
障害児相談支援　189, 249
　　――事業所　177
障害児通所支援　20
障害児入所支援　22, 176
障害児福祉手当　178
障害者基本法　5, 6
障害者総合支援法　7, 127, 177
障害者の権利に関する条約（障害者権利条約）　5, 14, 249
障害受容　169
障害を理由とする差別の解消の推進に関する法律（障害者差別解消法）　14, 252
消去　216
　　――バースト　216
情報共有　193, 195
褥瘡　39, 44, 105
神経管　38
人工肛門　109
人工呼吸器　101, 103, 109, 111, 247
人工内耳　63
人工妊娠中絶　258, 260
身体障害者福祉法　6, 34
スイッチ遊び　138
水頭症　36, 38, 39
髄膜瘤　38
睡眠困難　41, 114
睡眠時無呼吸症候群　113
頭蓋内出血　36, 100, 101
スクリーニング　67, 80

新生児—— 59
ストマ 109
ストレングス 129, 230, 232
スーパービジョン 184
スムーズな就学 193, 194
生活援助 145, 148, 150, 151
　　——における言語的援助 150
　　——における視覚的援助 150, 151
　　——における動作的援助 150
精神保健及び精神障害者に関する福祉法律（精神保健及び精神障害者福祉法） 6
脊髄 36, 38
脊髄髄膜瘤 38
脊髄性筋萎縮症 40, 101
脊柱側彎症 37, 39, 105, 115
染色体異常症 36, 41, 100, 101
全体的な計画 118
選択的中絶 258, 261
先天性心奇形 41, 100, 101
先天性白内障 41
先天性ミオパチー 36, 40, 101
SOUL 201
ソーシャル・ロール・バロリゼーション 11
ソーシャルワーク 228, 229, 231, 232

〈タ 行〉

代謝疾患 36, 100, 101
胎内感染症 36, 100, 101
ダウン症候群 36, 41
高木憲治 240
滝乃川学園 239
多指症 42
多発性関節拘縮症 36
ダブル・バインド 168
ダンピング 13
知覚障害 37-39
知的機能 65
知的障害 65
知的障害者福祉法 6
知能指数 66
着床前診断 262
注意欠如・多動性障害（ADHD） 91
中耳炎 41, 44, 114
中枢神経系 35, 36
聴覚障害 56, 57

超重症児 101
超低出生体重児 36, 100
聴力検査 58
腸瘻 44, 109, 110
対麻痺 38
DSM-5 4
低酸素性虚血性脳症 36, 100, 101, 107
dB（デシベル） 56, 58
適応行動 65, 67
デュシェンヌ型 36, 39, 40
伝音 57
てんかん 37, 44, 100, 101, 106, 112
伝達意図 200
統合保育 17, 154, 156, 158
導尿 39, 109, 110
特殊教育 241
特別支援教育 19
特別児童扶養手当 178
特別な支援が必要な子ども 16
トータル・コミュニケーション 62
トランスクリプト 203, 205
ドロター（Droter, D） 169

〈ナ 行〉

軟骨異栄養症 36, 41
軟骨低形成症 41
軟骨無形成症 41
難聴
　感音—— 58, 61
　軽度—— 56
　後天性—— 58
　高度—— 56, 63
　重度—— 56, 63
　先天性—— 57, 59
　中等度—— 56
　伝音—— 58, 60
二分脊椎 36, 38, 39
乳幼児健診 246
尿路感染症 38
認知 106, 107
熱性けいれん 113
脳性麻痺 35-38, 45, 100, 101
脳波 112
ノーマライゼーション 10-12

〈ハ 行〉

バイステック　229
発達指数　66
発達障害　39, 105, 112
発達障害者支援センター　187
発達障害者支援法　6
発達年齢　66
パーテン（Parten, B. M.）　134, 135
バンク＝ミケルセン　10
ピアジェ（Piaget, J.）　24, 29, 135
標準化　31, 65
表象機能　27
福祉型障害児入所施設　22
福島智　231
福山型　36, 39, 40, 101
復帰　216
プランニング　129
古河太四郎　238
分離保育　17
ペアレント・トレーニング　179
ペアレント・メンター　180
ベッカー型　39, 40
Hz（ヘルツ）　56, 58
ベンクド＝ニィリエ　11
弁別刺激　217
保育カンファレンス　124, 161, 162, 165, 166
保育・教育への意識の差　196
保育所等訪問支援　21, 22, 177, 188, 249
保育所と小学校との連携　192, 195, 196
保育所保育指針　118, 123, 131, 145, 161
保育の記録　123-125
保育の自己評価　123-125
放課後等デイサービス　20, 176, 177, 249
膀胱直腸障害　38, 39

ポジショニング　137
補助代替コミュニケーション　75
母体保護法　260
補聴器　61-63
哺乳不良　37, 41
本人・保護者の意向　192-194

〈マ 行〉

マクロ分析　203, 204
末梢神経　36, 40
麻痺　36
魔法のプロジェクト　75, 97
三木安正　241
ミクロ分析　203, 205
ミトコンドリア脳筋症　40
メインストリーミング　12, 13
盲　49
盲唖院　238, 239
モニタリング　130

〈ヤ 行〉

優生思想　168
ユニバーサルデザイン　18
養護学校の義務化　241, 242
幼児聴力検査　59
要保護児童対策地域協議会　188
横塚晃一　7, 173

〈ラ 行〉

立位保持装置　137
リプンスキー（Lipsky, D.K.）　175
両麻痺　38
裂手　42
裂足　42

《執筆者紹介》（執筆順，＊は編著者）

米倉裕希子（よねくら　ゆきこ）［第Ⅰ部第1章，第Ⅲ部第2章第1節，第Ⅳ部第1章，第2章，第Ⅴ部第1章，第Ⅶ部第3章］
　1977年生まれ．大阪府立大学大学院社会福祉学研究科博士後期課程修了，博士（社会福祉学）．現在，県立広島大学保健福祉学部准教授．
主要業績
　『特別支援保育に向けて──社会性を育む保育　その評価と支援の実際──』（共著），建帛社，2008年．『専門医のための精神科臨床リュミエール17巻　精神科治療における家族支援』（共著），中山書店，2010年．

＊鶴　　宏史（つる　ひろふみ）［第Ⅰ部第2章，第Ⅱ部第3章，第Ⅲ部第1章，第2章第2節，第4章，第6章］
　奥付参照．

木曽陽子（きそ　ようこ）［第Ⅰ部第3章，第Ⅵ部第1章第1節，第2節］
　1986年生まれ．大阪府立大学大学院人間社会学研究科博士後期課程修了，博士（社会福祉学）．現在，大阪公立大学現代システム科学域准教授．
主要業績
　『発達障害の可能性がある子どもの保護者支援──保育士による気づきからの支援──』晃洋書房，2016年．『公立保育所の民営化──公共性の継承をめぐって──』（共著），大阪公立大学共同出版会，2017年．

高井弘弥（たかい　ひろみ）［第Ⅱ部第1章，第5章，第6章，第7章］
　1960年生まれ．京都大学大学院文学研究科博士後期課程単位取得退学．元武庫川女子大学文学部教授．
主要業績
　『子どもの発達心理学を学ぶ人のために』（共著），世界思想社，2003年．『〈私〉という謎　自我体験の心理学』（共著），新曜社，2004年．『教育学科への招待』（共著），武庫川女子大学出版部，2015年．

宇野里砂（うの　りさ）［第Ⅱ部第2章，第8章，第9章，第Ⅶ部第2章］
　1968年生まれ．大阪大学大学院医学系研究科博士課程修了（医学博士）．医師．現在，武庫川女子大学教育学部教授．
主要業績
　『発達障害事典』（共著），丸善出版，2017年．『障害を持つ子どもたちのよりよい生活のために（改訂版）』（共著），大阪小児科医会，2017年．

佐藤智恵（さとう　ちえ）［第Ⅱ部第4章，第Ⅴ部第2章］
　1971年生まれ．広島大学大学院教育学研究科博士課程修了，博士（教育学）．現在，神戸親和大学教育学部教授．
主要業績
　「自己エスノグラフィーによる「保育性」の分析──「語られなかった」保育を枠組みとして──」『保育学研究』49（1），2011年．『発達が気になる子どもの行動が変わる保育者のためのABI（活動に根ざした介入）実践事例集』福村出版，2017年

春木裕美（はるき　ひろみ）［第Ⅲ部第3章，第Ⅶ部第1章］
　1968年生まれ．大阪府立大学大学院人間社会学研究科博士後期課程修了，博士（社会福祉学）．神戸市総合療育センター（グループ療育，自閉症児自立支援教室）元非常勤職員．現在，関西国際大学教育学部講師．
主要業績
　「障害児の母親の就労に関連する要因」『発達障害研究』37（2），2015年．「新奇な人とのかかわりを嫌がるASD児への支援」『つないで・創って　レッツ特別支援』15，2016年．「正規職員として働く障害児の母親における仕事と子育ての葛藤」『社会問題研究』67，2018年．

松尾 寛子（まつお　ひろこ）［第Ⅲ部第5章］
　1974年生まれ．聖和大学大学院教育学研究科博士後期課程単位取得満期退学．現在，神戸常盤大学教育学部准教授．
主要業績
　『本当に知りたいことがわかる！　保育所・施設実習ハンドブック』（共著），ミネルヴァ書房，2016年．『保育実践に生かす障がい児の理解と支援』改訂版（共著），嵯峨野書院，2017年．『新時代の保育双書乳児保育』第3版（共著），みらい，2018年．

岡田 佐和子（おかだ　さわこ）［第Ⅵ部第1章第3節］
　社会福祉法人みおつくし福祉会　湯里保育園　主任保育士．

田中 善大（たなか　よしひろ）［第Ⅵ部第2章］
　1980年生まれ．関西学院大学大学院文学研究科博士課程後期課程修了，博士（心理学）．現在，大阪樟蔭女子大学児童教育学部准教授．
主要業績
　『ACTハンドブック：臨床行動分析によるマインドフルなアプローチ』（共著），2011年，星和書店．『心理科学の射程』（共著），関西学院大学出版会，2012年．『ケースで学ぶ行動分析学による問題解決』（共著），金剛出版，2015年．

森本 誠司（もりもと　せいじ）［第Ⅵ部第3章］
　1962年生まれ．熊本学園大学大学院社会福祉学研究科博士後期課程修了，博士（社会福祉学）．現在，京都橘大学健康科学部准教授．
主要業績
　『感覚統合Q&A　改訂第2版』（共著），協同医書出版社，2013年．『保育・幼児教育のフロンティア』（共著），晃洋書房，2018年．『乳児保育のフロンティア』（共著），晃洋書房，2018年．

中村 明美（なかむら　あけみ）［第Ⅵ部第4章］
　龍谷大学大学院社会学研究科社会福祉学専攻博士後期課程修了，博士（社会福祉学）．現在，武庫川女子大学教育学部教授．
主要業績
　『コミュニケーション技術／生活支援技術Ⅰ・Ⅱ』（共著），法律文化社，2014年．『保育・幼児教育のフロンティア』（共著），晃洋書房，2018年．『障害児の保育・福祉と特別支援教育』（共著），ミネルヴァ書房，2019年．

神原 知香（こうばら　ちか）［第Ⅷ部第1章，第2章］
　大阪府立大学大学院社会福祉学研究科博士後期課程所定単位修得後退学．現在，奈良教育大学教育学部特任講師．
主要業績
　『保育と社会的養護』（共著），学文社，2014年．「児童養護施設等で暮らす子ども・若者の自立支援について——自治体の公的保証制度に焦点を当てて——」『社会問題研究』（大阪府立大学社会福祉学部），55（1），2008年．

《編著者紹介》

鶴　　宏史（つる　ひろふみ）

1975年生まれ．大阪府立大学大学院人間社会学研究科博士後期課程修了，博士（社会福祉学）．現在，武庫川女子大学教育学部教授．

主要業績

『特別支援保育に向けて』（共著），建帛社，2008年．「障害児保育の専門性の向上を目指した研修型コンサルテーションに関する基礎的研究」『帝塚山大学現代生活学部紀要』第9号，2013年．『保育者論（第2版）』（共著），中央法規，2017年．

障害児保育

2018年5月20日　初版第1刷発行　　＊定価はカバーに
2024年4月25日　初版第3刷発行　　　表示してあります

編著者　　鶴　　　宏　史 ©
発行者　　萩　原　淳　平
印刷者　　藤　森　英　夫

発行所　株式会社　晃洋書房

〒615-0026　京都市右京区西院北矢掛町7番地
電話　075(312)0788番(代)
振替口座　01040-6-32280

装丁　もろずみ としよ　　印刷・製本　亜細亜印刷㈱
ISBN 978-4-7710-3036-7

JCOPY 〈(社)出版者著作権管理機構 委託出版物〉
本書の無断複写は著作権法上での例外を除き禁じられています．複写される場合は，そのつど事前に，(社)出版者著作権管理機構（電話 03-5244-5088, FAX 03-5244-5089, e-mail: info@jcopy.or.jp）の許諾を得てください．

上尾真道・牧瀬英幹 編著
発達障害の時代とラカン派精神分析
──〈開かれ〉としての自閉をめぐって──

四六判 300頁
定価 4,180円（税込）

木曽陽子 著
発達障害の可能性がある子どもの保護者支援
──保育士による気づきからの支援──

A5判 156頁
定価 2,640円（税込）

藤澤三佳 著
生きづらさの自己表現
──アートによってよみがえる「生」──

A5判 238頁
定価 2,420円（税込）

福井逸子・山森　泉 著
エピソードから始まる保育の描き方・学び方

A5判 132頁
定価 1,980円（税込）

増田梨花 編著
絵本とともに学ぶ発達と教育の心理学

A5判 250頁
定価 3,080円（税込）

百瀬和夫 著
笑　育　ド　リ　ル
──"育てる"をもっと楽しく・おもしろく──

四六判 176頁
定価 1,980円（税込）

吉弘淳一 著
子育てにおける子どもとの上手なかかわり方
──現在を楽しく子どもと親の笑顔に出会うために──

四六判 180頁
定価 1,540円（税込）

晃 洋 書 房